# 建筑施工企业会计

## （第二版）

秦俊绒◎主编　庞渊◎副主编

图书在版编目(CIP)数据

建筑施工企业会计/秦俊绒主编. —2版. —上海：立信会计出版社，2024.5
ISBN 978-7-5429-7584-3

Ⅰ.①建… Ⅱ.①秦… Ⅲ.①建筑企业—工业会计 Ⅳ.①F407.906.72

中国国家版本馆CIP数据核字(2024)第097882号

策划编辑　　孙　勇
责任编辑　　孙　勇
美术编辑　　北京任燕飞工作室

建筑施工企业会计(第二版)
JIANZHU SHIGONG QIYE KUAIJI

| | | | | |
|---|---|---|---|---|
| 出版发行 | 立信会计出版社 | | | |
| 地　　址 | 上海市中山西路2230号 | 邮政编码 | 200235 | |
| 电　　话 | (021)64411389 | 传　　真 | (021)64411325 | |
| 网　　址 | www.lixinaph.com | 电子邮箱 | lixinaph2019@126.com | |
| 网上书店 | http://lixin.jd.com | | http://lxkjcbs.tmall.com | |
| 经　　销 | 各地新华书店 | | | |
| 印　　刷 | 浙江临安曙光印务有限公司 | | | |
| 开　　本 | 787毫米×1092毫米　　1/16 | | | |
| 印　　张 | 17.5 | | | |
| 字　　数 | 448千字 | | | |
| 版　　次 | 2024年5月第2版 | | | |
| 印　　次 | 2024年5月第1次 | | | |
| 书　　号 | ISBN 978-7-5429-7584-3/F | | | |
| 定　　价 | 49.00元 | | | |

如有印订差错,请与本社联系调换

# 第二版前言

2014年7月23日,时任财政部部长楼继伟颁布了"中华人民共和国财政部令第76号——财政部关于修改《企业会计准则——基本准则》的决定"(以下简称《决定》),根据该《决定》,财政部修改了基本会计准则并在此基础上修订了5项具体会计准则、新增3项具体会计准则和3个企业会计准则应用指南。其后,财政部每年对会计准则进行局部修订。2017年4月28日,财政部又发布了《企业会计准则第42号——持有待售的非流动资产、处置组和终止经营》(财会〔2017〕13号)。

2016年2月22日,住建部发布《关于做好建筑业营改增建设工程计价依据调整准备工作的通知》(以下简称《通知》),明确建筑业的增值税税率拟为11%。

2016年3月23日,财政部、国家税务总局发布的《关于全面推开营业税改征增值税试点的通知》(以下简称财税〔2016〕36号文),明确自2016年5月1日起,在全国范围内全面推开营业税改征增值税(以下简称"营改增")试点,建筑业、房地产业、金融业、生活服务业等全部营业税纳税人,纳入试点范围,由交纳营业税改为交纳增值税。

2018年4月4日,财政部、国家税务总局发布《关于调整增值税税率的通知》(以下简称财税〔2018〕32号文),将纳税人发生增值税应税销售行为或者进口货物,原适用的17%、13%税率分别调整为16%、10%。

2019年3月21日,财政部、国家税务总局、海关总署联合发布《关于深化增值税改革有关政策的公告》(2019年第39号),将纳税人发生增值税应税行为或者进口货物,原适用的16%、10%税率分别调至为13%、9%。

为了适应建筑业的发展和我国会计体制、税收体制的改革,配合企业会计准则、"营改增"全面有效地实施,我们编写了这本教材。

本教材主要有以下几个特点:

(1) 将2014年以来新增和修改的企业会计准则和应用指南的内容,全部体现在了本教材中。

(2) 全面贯彻财政部、国家税务总局的财税〔2016〕36号文,体现建筑业由交纳营业税改为交纳增值税。

(3) 全面贯彻住建部的《通知》、财税〔2018〕32号文和财政部、国家税务总局、海关总署2019年第39号公告,对相关税种和税率进行了调整。

(4) 为了适应学生报考初级会计专业技术资格考试的需求,在内容、体系上尽量与财政部会计资格评价中心编写的相关教材保持一致。本教材有助于学生参加全国会计专业技术资格考试。

（5）为了适应学生毕业以后的就业需求，本教材结合建筑施工行业的特点，大量运用了建筑施工企业的案例，一方面可以使学生学习会计知识，另一方面将会计知识和行业知识进行有机的结合。

（6）本教材每章课后都安排了复习思考题和实训练习题，有助于学生对所学知识的巩固。

（7）本教材最后通过二维码附有模拟实训题和模拟实训应用指南，有助于学生对建筑施工企业的经济业务有一个全面、系统的训练。

（8）模拟实训应用指南部分使用的财务软件为柠檬云财务软件，在此对柠檬方财务软件的开发方表示感谢。

本教材由西安理大学秦俊绒担任主编，庞渊为副主编，本教材适合作为高等院校经济管理类专业学生使用，亦可作为建筑施工企业会计人员的学习参考书。第二版相较第一版的主要变化是：体现最新会计准则；融入课程思政；以二维码形式增加实训应用指南。由于作者水平有限，本教材若有错误和疏漏之处，恳请各位专家、读者批评指正。

秦俊绒

2024年5月于西安理工大学

# 目 录

第一章 导论 ... 1
  第一节 会计概述 ... 2
  第二节 会计要素 ... 4
  第三节 会计的职能与方法 ... 7
  第四节 会计基本假设与会计基础 ... 9
  第五节 会计信息的使用者及其质量要求 ... 11
  第六节 会计准则体系 ... 13
  复习思考题 ... 14

第二章 会计核算方法 ... 15
  第一节 会计等式 ... 16
  第二节 会计科目及账户 ... 19
  第三节 复式记账法 ... 25
  第四节 会计凭证 ... 35
  第五节 会计账簿 ... 39
  第六节 账务处理程序 ... 44
  复习思考题 ... 47
  实训练习题 ... 47

第三章 货币资金及应收、预付款项 ... 51
  第一节 货币资金 ... 52
  第二节 应收及预付款项 ... 57
  复习思考题 ... 64
  实训练习题 ... 64

第四章 存货 ... 67
  第一节 存货概述 ... 68
  第二节 材料的核算 ... 73
  第三节 周转材料的核算 ... 81

第四节　存货清查 ································· 85
　　第五节　存货减值 ································· 87
　　复习思考题 ······································· 88
　　实训练习题 ······································· 89

## 第五章　投资
　　第一节　金融资产 ································· 92
　　第二节　长期股权投资 ····························· 105
　　第三节　投资性房地产 ····························· 112
　　复习思考题 ······································ 117
　　实训练习题 ······································ 117

## 第六章　固定资产
　　第一节　固定资产概述 ····························· 122
　　第二节　固定资产的核算 ··························· 123
　　第三节　临时设施 ································ 137
　　复习思考题 ······································ 140
　　实训练习题 ······································ 140

## 第七章　无形资产
　　第一节　无形资产概述 ····························· 144
　　第二节　无形资产的核算 ··························· 145
　　第三节　其他资产 ································ 149
　　复习思考题 ······································ 149
　　实训练习题 ······································ 150

## 第八章　负债
　　第一节　短期借款 ································ 152
　　第二节　应付及预收款项 ··························· 153
　　第三节　应付职工薪酬 ····························· 158
　　第四节　应交税费 ································ 162
　　第五节　应付股利及其他应付款 ····················· 168
　　第六节　长期借款 ································ 169
　　第七节　应付债券 ································ 171
　　第八节　长期应付款 ······························ 172

复习思考题 …………………………………………………………… 173
　　实训练习题 …………………………………………………………… 174

## 第九章　所有者权益 ……………………………………………………… 175
　　第一节　实收资本 …………………………………………………… 176
　　第二节　资本公积 …………………………………………………… 179
　　第三节　留存收益 …………………………………………………… 182
　　复习思考题 …………………………………………………………… 185
　　实训练习题 …………………………………………………………… 185

## 第十章　收入 ……………………………………………………………… 187
　　第一节　收入概述 …………………………………………………… 188
　　第二节　建造合同收入 ……………………………………………… 188
　　第三节　其他业务收入 ……………………………………………… 196
　　复习思考题 …………………………………………………………… 198
　　实训练习题 …………………………………………………………… 198

## 第十一章　工程成本和费用 ……………………………………………… 201
　　第一节　工程成本核算对象概述 …………………………………… 202
　　第二节　辅助生产费用 ……………………………………………… 205
　　第三节　工程实际成本 ……………………………………………… 208
　　第四节　期间费用 …………………………………………………… 219
　　复习思考题 …………………………………………………………… 221
　　实训练习题 …………………………………………………………… 221

## 第十二章　利润 …………………………………………………………… 225
　　第一节　营业外收支 ………………………………………………… 226
　　第二节　所得税费用 ………………………………………………… 229
　　第三节　本年利润 …………………………………………………… 230
　　复习思考题 …………………………………………………………… 232
　　实训练习题 …………………………………………………………… 233

## 第十三章　财务报告 ……………………………………………………… 235
　　第一节　财务报告概述 ……………………………………………… 236
　　第二节　资产负债表 ………………………………………………… 236

第三节　利润表 …………………………………………………………… 245
　　第四节　所有者权益变动表 ……………………………………………… 249
　　第五节　附注 ……………………………………………………………… 251
　　复习思考题 ………………………………………………………………… 255
　　实训练习题 ………………………………………………………………… 256

**模拟实训题** …………………………………………………………………… 258

**附录1　关于做好建筑业营改增建设工程计价依据调整准备工作的通知** ……… 268
**附录2　财政部　国家税务总局　关于全面推开营业税改征增值税试点的通知** ……… 269
**附录3　关于调整增值税税率的通知** …………………………………………… 270
**附录4　模拟实训应用指南** ……………………………………………………… 271

**参考文献** ……………………………………………………………………… 272

# 第一章 导论

**课程思政**

过程越是按社会的规模进行,簿记就越是必要;因此,簿记对资本主义生产,比对手工业和农民的分散生产更为必要,对公有生产,比对资本主义生产更为必要。

——马克思,《资本论》(第二卷 第六章:流通费用)

节省每一个铜板,为着战争和革命事业,为着我们的经济建设,是我们的会计制度的原则。

——毛泽东,1934年1月在江西瑞金召开的第二次全国工农兵代表大会上的报告,《我们的经济政策》

"不做假账"是会计从业人员的基本职业道德和行为准则,所有会计人员必须以诚信为本,操守为重,遵循准则,不做假账,保证会计信息的真实、可靠。

——朱镕基,2001年10月29日在考察北京国家会计学院时的讲话

## 第一节　会计概述

### 一、会计的产生和发展

会计随着人类社会生产的发展和经济管理的需要而产生、发展,并不断得到完善。会计的发展可分为古代会计、近代会计和现代会计三个阶段。

#### (一) 古代会计阶段

古代会计阶段是从会计产生一直到借贷复式记账法出现之前的阶段,这是会计发展史上最漫长的一段时期。古埃及、古巴比伦、古罗马和古希腊等都留下了对会计活动的记载。

我国有关会计事项记载的文字最早出现于商朝的甲骨文。西周时期,奴隶社会发展达到鼎盛阶段,据《周礼·天官》记载:"司会掌邦之六典、八法、八则……以逆群吏之治,而听其会计。"这是关于会计的最早记载。

#### (二) 近代会计阶段

会计发展到近代阶段以借贷复式记账法的产生和"簿记论"的问世为标志。1494 年意大利数学家卢卡·帕乔利出版了《算术、几何、比及比例概要》一书,这是有关会计理论和方法的最早的著作,其中的"簿记论"[①]较为详细地介绍了威尼斯复式记账法的原理和方法,该书的出版标志着近代会计的开始。

#### (三) 现代会计阶段

现代会计根据服务对象不同,主要分为财务会计和管理会计。20 世纪 20 年代末 30 年代初发生于美国的经济危机促成了美国《证券法》和《证券交易法》的颁布及美国各界对财务会计准则的系统研究和制定。财务会计准则体系的形成不仅奠定了现代会计理论体系的基础,而且促进了传统会计向现代会计的转变。进入 20 世纪 50 年代,在会计规范进一步完善的同时,顺应现代管理科学的发展,以全面提高企业经济效益为目的、以决策会计为主要内容的管理会计逐渐形成。1952 年,国际会计师联合会正式使用"管理会计"这一专业术语,标志着会计正式形成财务会计和管理会计两大领域。

### 二、会计的基本概念

会计是以货币为主要计量单位,运用专门的方法,核算和监督一个单位经济活动的一种经济管理工作。

单位是国家机关、社会团体、公司、企业、事业单位和其他组织的统称。未特别说明时,本教材内容主要以我国《企业会计准则》为依据,介绍建筑施工企业经济业务的会计处理。

会计已经成为现代企业的一项重要的管理工作。企业的会计工作主要通过一系列会计

---

① 该书的第三篇"计算和记录详论"通称"簿记论"。

程序,对企业的经济活动和财务收支进行核算和监督,反映企业的财务状况和经营成果、现金流量以及企业管理层受托责任履行情况,为会计信息使用者提供对决策有用的信息,并积极参与经营管理决策,提高企业经济效益,促进市场经济的健康有序发展。

### 三、会计对象

会计对象是指会计核算和监督的内容,具体是指社会再生产过程中能以货币表现的经济活动,即资金运动或价值运动。

不同单位在社会再生产中所处的地位、担负的任务及经济活动的方式各不相同,经济业务的内容也不尽相同,其具体的资金运动就有所区别。下面以建筑施工企业(本教材中建筑施工企业和建筑企业、施工企业通用;建筑工程施工和工程施工通用)为例,说明资金运动的过程。

(一)建筑施工企业简介

建筑施工企业从事房屋建筑、公路、水利、电力、桥梁、矿山等土木工程施工,包括建筑企业、设备安装企业、建筑装饰工程企业、地基与基础工程企业、土石方工程企业、机械施工企业等。

建筑施工企业具有下述主要特点:

(1) 生产的流动性。生产的流动性表现在两个方面:一是建筑施工机构随着建筑物或构筑物坐落位置的变化而转移生产地点;二是在同一个工程的施工过程中,施工人员和各种机械、电气设备随着施工部位的不同而沿着施工对象上下、左右流动,不断转移操作场所。

(2) 产品的形式多样。因建筑物其所处的自然条件和用途的不同,其工程的结构、造型和材料亦不同。

(3) 施工技术复杂。建筑施工常需要根据建筑结构情况进行多工种作业,由多单位(土石方、土建、吊装、安装、运输等)交叉配合施工,所用的物资和设备种类繁多,因而施工组织和施工技术管理的要求较高。

(4) 露天和高处作业多。建筑产品的体形庞大、生产周期长,施工多在露天和高处进行,常常受到自然气候条件的影响。

(二)建筑施工企业资金运动

1. 资金的投入

投入的资金包括投资者投入的资金和向债权人借入的资金,前者形成所有者权益,后者属于债权人权益——企业的负债。资金的投入是单位取得资金的过程,是资金运动的起点。投入企业的资金主要用于购买机器设备和原材料并支付职工的工资等。这样投入的资金最终构成企业的流动资产、非流动资产和费用。

2. 资金的运用

企业的资金运用是指从资金投入企业后,企业使它在物资供应、施工生产、工程结算等环节不断循环与周转。资金的循环与周转就是资金从货币资金开始依次转化为储备资金、生产资金、产品资金,最后又回到货币资金的过程。

建筑施工企业的资金运动,一般要经历物资供应、施工生产和工程结算三个阶段。

(1) 物资供应阶段。企业用货币资金购买各种财产物资,为施工生产进行必要的储备,这样资金从货币资金形态转化为储备资金形态。

(2) 施工生产阶段。储备物资不断投入施工生产,其实物形态也发生变化,构成正在施工过程中的在建工程,从而使资金形态由储备资金形态转化为生产资金形态。

(3) 工程结算阶段。工程完工后,资金形态变为产品资金。之后,企业将已完工工程交给发包单位,并通过工程结算收回工程价款,这时产品资金又转化为货币资金。

综上所述,资金的循环就是从货币资金开始依次转化为储备资金、生产资金、产品资金,最后回到货币资金的过程,资金这样周而复始的循环称为资金的周转。

3. 资金的退出

资金的退出是指资金离开本单位,退出本单位的资金循环与周转。资金退出是资金运动的终点,主要包括偿还各种债务、依法交纳各种税费以及向所有者分配利润等。

## 第二节 会计要素

### 一、会计要素的含义与分类

#### (一) 会计要素的含义

会计要素是指根据交易或者事项的经济特征对财务会计对象所做的基本分类。会计要素也是会计对象的具体化,是会计核算和监督的具体对象和内容,是构成会计对象的具体内容的主要因素。会计要素定义是否合理,直接影响着会计实践质量的高低。

#### (二) 会计要素的分类

我国《企业会计准则——基本准则》将会计要素按照其性质划分为资产、负债、所有者权益、收入、费用和利润六大类。其中,资产、负债和所有者权益侧重于反映企业某一特定日期的财务状况,是对企业资金运动的静态反映,是构成资产负债表的要素;收入、费用和利润侧重于反映企业一定时期的经营成果,是对企业资金运动的动态反映,是构成利润表的要素。会计要素的界定和分类可以使财务会计系统更加科学严密,为投资者等财务报告使用者提供更加有用的信息。

### 二、会计要素的确认

#### (一) 资产

资产是指企业过去的交易或者事项形成的、由企业拥有或者控制的、预期会给企业带来经济利益的资源。根据资产的含义,资产具有以下特征:

(1) 资产是由企业过去的交易或者事项形成的。只有过去的交易或者事项才能形成资产,企业预期在未来发生的交易或者事项不形成资产。

(2) 资产是企业拥有或控制的资源。企业拥有一项资源的所有权,并不是确认资产的绝对标准,在有些情况下,资产虽不为企业所拥有,但是企业实际控制了该项资产,能够从资产中获取经济利益,则该项资产也符合资产的定义。

(3) 资产预期会给企业带来经济利益。企业以前已经确认为资产的项目,如果未来不能再为企业带来经济利益,也就不能再确认为企业的资产。

资产按其流动性可以分为流动资产和非流动资产。

### (二) 负债

负债是指企业过去的交易或者事项形成的、预期会导致经济利益流出企业的现时义务。根据负债的含义,负债具有以下特征:

(1) 负债是指企业过去的交易或者事项形成的。企业将在未来发生的承诺、签订的合同等交易或者事项,不构成负债。

(2) 现时义务是指企业在现行条件下已承担的义务。未来发生的交易或者事项形成的义务,不属于现时义务,不应当确认为负债。

(3) 负债预期会导致经济利益流出企业。无论以哪种方式清偿负债,企业都要付出相应的代价,从而导致经济利益流出企业,除非债权人放弃债权,不用偿还。

负债按其偿还期限可以分为流动负债和非流动负债。

### (三) 所有者权益

所有者权益是指企业资产扣除负债后由所有者享有的剩余权益。公司的所有者权益又称为股东权益。根据所有者权益的含义,所有者权益具有以下特征:

(1) 除非发生减资、清算或分派现金股利,企业不需要偿还所有者权益。

(2) 企业清算时,只有在清偿所有的负债后,所有者权益才能返还给所有者。

(3) 所有者凭借所有者权益能够参与企业利润的分配。

所有者权益按其来源可以分为所有者投入的资本(实收资本、股本)、直接计入所有者权益的利得和损失(其他综合收益、资本公积)、留存收益(盈余公积、未分配利润)等。

### (四) 收入

收入是指企业在日常活动中形成的、会导致所有者权益增加的、与所有者投入资本无关的经济利益的总流入。根据收入的含义,收入具有以下特征:

(1) 收入是在企业日常活动中形成的。

(2) 收入会导致所有者权益的增加。

(3) 收入是与所有者投入资本无关的经济利益的总流入。

收入只有在经济利益很可能流入从而导致企业资产增加或者负债减少,且经济利益的流入额能够可靠计量时才能予以确认。

收入按与日常经营的关系可分为营业收入和非营业收入。

### (五) 费用

费用是指企业在日常活动中发生的、会导致所有者权益减少的、与向所有者分配利润无关的经济利益的总流出。根据费用的含义,费用具有以下特征:

(1) 费用是在企业日常活动中发生的。企业所从事或发生的某些经济活动或事项虽然也会导致经济利益流出企业,但不属于企业的日常活动所导致的经济利益流出,不构成企业的费用。

(2) 费用会导致所有者权益的减少。不能导致所有者权益减少的经济利益的流出不符合费用的定义,不应确认为费用。

(3) 费用是与向所有者分配利润无关的经济利益的总流出,其表现形式包括现金或者现金等价物的流出,存货、固定资产和无形资产等的流出或者消耗等。

费用可分为生产费用与期间费用。

## (六) 利润

利润是指企业在一定会计期间的经营成果。利润反映收入减去费用后的净额、直接计入当期利润的利得减去损失后的净额。

利润按照构成可分为营业利润、利润总额和净利润。

## 三、会计要素的计量

会计要素的计量是为了将符合确认条件的会计要素登记入账并列报于财务报表而确定其金额的过程。企业应当按照规定的会计计量属性进行会计计量,确定相关金额。

### (一) 会计计量属性及其构成

会计计量属性是指会计要素的数量特征或外在表现形式,反映了会计要素金额的确定基础,主要包括历史成本、重置成本、可变现净值、现值和公允价值。

#### 1. 历史成本

历史成本又称实际成本,是指为取得或制造某项财产物资实际支付的现金或其他等价物。在历史成本计量模式下,资产按照购置时支付的现金或者其他等价物的金额,或者按照购置时付出对价的公允价值计量;负债按照其因承担现时义务而实际收到的款项或者资产的金额,或者承担现时义务的合同金额,或者按照日常活动中为偿还负债预期需要支付的现金或者其他等价物的金额计量。

历史成本计量,要求对企业资产、负债、所有者权益等项目的计量应当基于经济业务的实际交易成本,而不考虑随后市场价格变动的影响。

#### 2. 重置成本

重置成本又称现行成本,是指按照当期市场条件重新取得同样一项资产需要支付的现金或者现金等价物金额。在重置成本计量模式下,资产按照现在购买相同或者类似资产所需要支付的现金或现金等价物的金额计量;负债按照偿付该项债务所需支付的现金或者现金等价物的金额计量。

在实务中,重置成本多应用于盘盈固定资产的计量等。

#### 3. 可变现净值

可变现净值是指在正常的生产经营过程中,预计售价减去进一步加工成本和预计销售费用以及相关税费后的净值。在可变现净值计量模式下,资产按照其正常对外销售所能收到的现金以及现金等价物的金额扣减该资产至完工时估计将要发生的成本、估计的销售费用以及相关税费后的金额计量。

可变现净值在不考虑货币时间价值的情况下,计量资产在正常经营过程中可带来的预期净现金流入或流出。可变现净值通常应用于存货减值情况下的后续计量。

#### 4. 现值

现值是指对未来现金流量以恰当的折现率进行折现后的价值,是考虑货币时间价值的一种计量属性,在现值计量模式下,资产按照预计从其持续使用和最终处置中所产生的未来净现金流入量的折现金额计量;负债按照预计期限内需要偿还的未来净现金流出量的折现金额计量。相对于可变现净值,现值计量考虑了货币时间价值因素的影响。

现值通常应用于非流动资产可收回金额和以摊余成本计量的金融资产价值的确定。

5. 公允价值

公允价值是指市场参与者在计量日发生的有序交易中,出售一项资产所能收到或者转移一项负债所需支付的价格;也是指在公平交易中,熟悉情况的交易双方自愿进行资产交换或者债务清偿的金额。

公允价值是独立于企业主体之外的,由交易双方站在市场的角度,达成的市场价格,是对资产和负债以当前市场情况为依据进行价值计量的结果。公允价值主要应用于交易性金融资产其他筹投资的计量等。相对于历史成本,公允价值计量所提供的会计信息具有更高的相关性。

(二) 计量属性的运用原则

企业在对会计要素进行计量时,一般应当采用历史成本。采用重置成本、可变现净值、现值、公允价值计量的,应当保证所确定的会计要素金额能够持续取得并可靠计量。

# 第三节 会计的职能与方法

## 一、会计的基本职能

会计的职能是指会计在经济管理过程中所具有的功能。

(一) 基本职能

1. 核算职能

会计核算职能又称会计反映职能,是指会计以货币为主要计量单位,对特定主体的经济活动进行确认、计量和报告。

确认是指运用特定会计方法,界定某个会计事项是什么或者不是什么的会计程序。

计量是指确定会计确认中用于描述某一交易或事项的金额的会计程序。具体来讲,就是要确定这个会计项目的金额是多少。

报告是指在确认和计量的基础上,将特定主体的财务状况、经营成果和现金流量信息以财务报表等形式向有关各方报告。

会计核算是会计最基本的职能,是其他经济管理工作的基础。

2. 监督职能

会计监督职能又称会计控制职能,是指对特定主体经济活动和相关会计核算的真实性、合法性和合理性进行监督检查。

真实性审查是指检查各项会计核算是否根据发生的经济业务进行。合法性审查是指检查各项经济业务是否符合国家有关法律法规,是否遵守财经纪律,是否执行国家的各项方针政策,以杜绝违法乱纪行为。合理性审查是指检查各项财务收支是否符合客观经济规律及企业经营管理方面的要求,保证各项财务收支符合特定的财务收支计划,实现预算目标。

会计监督是一个过程,它分为事前监督、事中监督和事后监督。事前监督是对将要发生的经济活动进行会计监督,充分发挥会计人员的专业优势,有效地规避经济业务执行前期可能出现的失误造成的无法弥补的损失和影响,防患于未然;事中监督是指在日常会计工作中,对正在发生的经济活动进行会计监督,有利于及时发现问题,及时采取补救措施;事后监督是指按事先制定的目标,利用会计核算提供的资料,对已发生的经济活动进行考核和评价,便于全面、真实、准确地检查经济活动的全过程,提高会计监督的准确性。企业应结合具体情况,灵活选择各种监督的方法。

(二) 拓展职能

会计除了具有核算和监督两项基本职能,还具有预测经济前景、参与经济决策、评价经营业绩等拓展职能。随着生产力水平的日益提高,社会经济关系的日益复杂和管理理论的不断发展,会计发挥的作用日益重要,其职能也在不断地丰富和发展,会计的职能将随着经济的发展而不断发展、变化。

## 二、会计核算方法

会计方法包括会计核算方法、会计分析方法、会计检查方法,其中会计核算方法是会计方法中最基本的方法,它是指对会计对象进行连续、系统、全面、综合地确认、计量和报告所采用的各种方法。

(一) 会计核算方法体系

会计核算方法体系是由设置会计科目和账户、复式记账、填制和审核会计凭证、成本计算、财产清查、登记会计账簿、编制财务会计报告等专门方法构成的。

1. 设置会计科目和账户

设置会计科目和账户是企业根据生产经营特点和管理要求在会计制度中事先确定会计科目,然后根据这些科目在账簿中开立账户,分门别类地连续记录各项经济业务。

2. 复式记账

复式记账是指对任何一笔经济业务,都以相等的金额在两个或两个以上相互联系的账户中进行登记,全面、系统地反映会计要素增减变化及其结果的一种记账方法。

3. 填制和审核会计凭证

填制和审核会计凭证是指为了审查经济业务是否真实、合法,保证会计记录正确、完整而采用的一种专门方法。填制和审核会计凭证是会计核算工作程序第一环节。任何一项经济业务发生后,业务人员都必须取得或填制会计凭证,并经过会计机构、会计人员审核。正确填制和审核会计凭证,是进行会计核算和实施会计监督的基础。

4. 成本计算

成本计算是指对生产经营活动中发生的各项费用,按照不同的成本计算对象进行归集和分配,以计算确定各个对象的总成本和单位成本的一种专门方法。

5. 财产清查

财产清查是指通过对货币资金、实物资产和往来款项等的盘点与核对,确定其实存数,查明账存数与实存数是否相符的一种专门方法。

**6. 登记会计账簿**

登记会计账簿简称登账,是指以审核无误的会计凭证为依据,将会计凭证记录的经济业务,分类、连续、完整地记入有关账簿中相关账户的一种专门方法。

**7. 编制财务会计报告**

编制财务会计报告是指按照会计准则制度的要求,定期向财务报告使用者提供各种财务报表和其他应当在财务报告中披露的相关信息和资料的一种专门方法。

以上七种会计核算方法不是孤立的,它们在会计核算过程中相互联系、紧密配合,确保会计工作有序进行。

### (二)会计循环

会计循环是指按照一定的步骤反复运行的会计程序。从会计工作流程来看,会计循环由确认、计量和报告等环节组成;从会计核算的具体内容来看,会计循环由填制和审核会计凭证、设置会计科目和账户、复式记账、登记会计账簿、成本计算、财产清查、编制财务会计报告等组成。填制和审核会计凭证是会计核算的起点。

## 第四节 会计基本假设与会计基础

### 一、会计基本假设

会计基本假设是企业进行会计确认、计量和报告的前提,它是对会计核算所处时间、空间环境等所做的合理假定。会计基本假设包括会计主体、持续经营、会计分期和货币计量。

#### (一)会计主体

会计主体是指企业会计确认、计量和报告的空间范围,即会计核算和监督的特定单位或组织。

会计主体这一假设要求会计人员只核算和监督所在主体的经济活动,其主要意义在于:一是将特定主体的经济活动与该主体所有者及职工个人的经济活动区别开来;二是将该主体的经济活动与其他单位的经济活动区别开来。

准确把握会计主体假设,应注意会计主体和法律主体的不同,一般而言,法律主体必然是会计主体。但是会计主体不一定是法律主体。

#### (二)持续经营

持续经营是指企业在可以预见的将来,将会按当期的规模和状态继续经营下去,不会停业,也不会大规模削减业务。在持续经营假设下,会计确认、计量和报告应当以企业持续、正常的经营活动为前提。

企业是否持续经营,在会计准则和会计方法上会有较大差异,只有假定企业在可预期的未来不会破产清算,企业的会计核算才可正常进行,否则将依据破产清算时的特殊规定进行会计处理。而当有确凿证据证明企业已经不能再持续经营时,该假设会自动失效,此时企业将由清算小组接管,会计核算方法随之改为破产清算会计。

### (三) 会计分期

会计分期是指将一个企业持续的经济活动划分为一个个连续的、长短相同的期间,以便分期结算账目和编制财务会计报告。在会计分期假设下,企业应当划分会计期间,分期结算账目和编制财务会计报告。会计期间通常分为年度和中期(在我国,中期通常包括半年度、季度和月度)。正是由于会计分期这一假设,才产生了当期与以前期间、以后期间的差别,从而形成了权责发生制和收付实现制这两种不同的会计基础。

持续经营假设和会计分期假设规定了企业会计确认、计量和报告的时间范围。

### (四) 货币计量

货币计量是指会计主体在会计确认、计量和报告时以货币作为计量尺度,反映会计主体的经济活动。

会计以货币作为统一的计量尺度,但由于企业的经济活动可能涉及多种货币,这就要求企业在会计核算中选择某一种具体的货币作为基本货币单位来统一反映企业的财务状况和经营成果等。这种基本的货币单位就叫作记账本位币。

我国会计核算以人民币为记账本位币。业务收支以人民币以外的货币为主的单位,也可以选定其他一种货币作为记账本位币,但编制的财务报表应当折算为人民币反映。在境外设立的中国企业向国内报送的财务报表,也应当折算为人民币反映。

## 二、会计基础

会计基础是指会计确认、计量和报告的基础,是会计主体确认一定会计期间的收入、费用,从而确定当期经营成果的标准。会计实务中的会计基础有两种——权责发生制和收付实现制。我国《企业会计准则——基本准则》第九条规定:"企业应当以权责发生制为基础进行会计确认、计量和报告。"

### (一) 权责发生制

权责发生制也称"应计制"或"应收应付制",是指收入、费用的确认应当以收入和费用的实际发生而不是款项是否收付作为确认标准,来确认当期损益的一种会计基础。

在权责发生制下,凡是当期已经实现的收入和已经发生或应当负担的费用,无论款项是否收付,都作为本期的收入和费用确认;凡不属于当期的收入和费用,即使款项在当期收付,也不应当作为本期的收入和费用确认。为了真实、公允地反映特定时点的财务状况和特定期间的经营成果,企业在会计确认、计量和报告中应当以权责发生制为基础。

### (二) 收付实现制

收付实现制也称"现金制"或"实收实付制",是以收到或支付现金作为确认收入和费用的标准,是与权责发生制相对应的一种会计基础。

行政单位会计核算采用收付实现制。事业单位会计核算一般采用收付实现制。事业单位部分经济业务或者事项,以及部分行业事业单位的会计核算采用权责发生制核算的,由财政部在相关会计制度中具体规定。

## 第五节 会计信息的使用者及其质量要求

### 一、会计信息的使用者

会计信息的使用者主要包括投资者、债权人、企业管理者、政府及其相关部门和社会公众等。

（一）投资者

投资者通常关心企业的盈利能力和发展能力，他们需要借助会计信息等相关信息来决定是否调整、更换管理层和加强企业的内部控制等。

（二）债权人

债权人关心的主要是企业能否如期还本付息。基于此，他们需要了解企业资产与负债的总体结构，分析企业资产的流动性，评价企业的盈利能力以及产生现金流量的能力，从而作出向企业提供贷款、维持原贷款数额、追加贷款、收回贷款或改变信用条件的决策。

（三）企业管理者

企业管理者是会计信息的内部使用者。企业要完成既定的经营目标，就必须对经营过程中遇到的各种重大问题进行决策，而正确的决策必须以相关的、可靠的信息为基础。

（四）政府及其相关部门

政府及其相关部门需要通过企业会计信息来监管企业的有关活动（尤其是经济活动）、制定国家税收政策、进行税收征管和国民经济统计等，以便有效地实现其经济监管职能。

（五）社会公众

社会公众可以了解企业产品质量和价格的变动情况、企业在同行中所处的地位、企业所承担的社会责任及其信誉情况，监督企业的生产经营活动，保护自身合法权益。当然，社会公众也是企业潜在的投资人和债权人。

### 二、会计信息质量要求

会计信息质量要求是对企业财务会计报告所提供的高质量会计信息的基本规范，是财务会计报告提供的会计信息对投资者等使用者决策有用应具备的基本特征，主要包括可靠性、相关性、明晰性、可比性、实质重于形式、重要性、谨慎性和及时性等。

（一）可靠性

可靠性要求企业应当以实际发生的交易或者事项为依据进行确认、计量和报告，如实反映符合确认和计量要求的会计要素及其他相关信息，保证会计信息真实可靠、内容完整。

会计信息要有用，必须以可靠为基础，如果财务会计报告所提供的会计信息基本是不可靠的，就会对投资者等使用者的决策产生误导甚至给投资者带来损失。

（二）相关性

相关性要求企业提供的会计信息应当与投资者等财务会计报告使用者的经济决策需要

相关,有助于投资者等财务会计报告使用者对企业过去、现在或未来的情况作出评价或者预测。

会计信息是否有用,是否具有价值,关键是看其与使用者的决策是否相关,是否有助于决策或者提高决策水平。

### (三) 明晰性

明晰性要求企业提供的会计信息应当清楚明了,便于投资者等财务会计报告使用者理解和使用。

企业编制财务会计报告、提供会计信息的目的在于使用,而要让使用者有效使用会计信息,应当让其了解会计信息的内涵,弄懂会计信息的内容,这就要求财务会计报告所提供的会计信息应当清晰明了,易于理解。

### (四) 可比性

同一企业不同时期发生的相同或者相似的交易或者事项,应当采用一致的会计政策,不得随意变更。确需变更的,应当在附注中说明。

不同企业发生的相同或者相似的交易或者事项,应当采用规定的会计政策,确保会计信息口径一致、相互可比。

### (五) 实质重于形式

这里的"实质"强调经济业务的经济实质,"形式"强调经济业务的法律形式,即经济实质要重于法律形式。

实质重于形式要求企业应当按照交易或者事项的经济实质进行会计确认、计量和报告,不应仅以交易或者事项的法律形式为依据。

### (六) 重要性

重要性要求企业提供的会计信息应当反映与企业财务状况、经营成果和现金流量有关的所有重要交易或者事项。

财务会计报告提供的会计信息的省略或者错报会影响投资者等使用者据此作出决策的,则该信息就具有重要性。重要性的应用需要依赖职业判断,企业应当根据其所处环境和实际情况,从项目的性质和金额大小两方面加以判断。例如,企业发生的某些支出金额较小,从支出受益期来看,可能需要在若干会计期间进行分摊,但根据重要性要求,可以一次计入当期损益。

### (七) 谨慎性

谨慎性要求企业对交易或者事项进行会计确认、计量和报告时应当保持应有的谨慎,不应高估资产或者收益、低估负债或者费用。谨慎性的应用并不允许企业设置秘密准备。

### (八) 及时性

及时性要求企业对已经发生的交易或者事项,应当及时进行确认、计量和报告,不得提前或延后。

会计信息的价值在于帮助信息使用者作出经济决策,应当具有时效性。会计确认、计量和报告应贯彻及时性原则:一是及时收集会计信息;二是及时处理会计信息;三是及时传递会计信息,便于使用者及时使用和及时决策。

## 第六节 会计准则体系

### 一、会计准则的构成

会计准则是反映经济活动、确认产权关系、规范收益分配的会计技术标准,是生成和提供会计信息的重要依据,也是政府调控经济活动、规范经济秩序、引导社会资源合理配置、保护投资者和社会公众利益以及开展国际经济交往的重要手段。

会计准则具有严密和完整体系。我国已颁布的会计准则有《企业会计准则》《小企业会计准则》《事业单位会计准则》和《政府会计准则》。

### 二、企业会计准则

2006年2月15日,财政部发布了《企业会计准则》,自2007年1月1日起在上市公司范围内实行。2014年、2017年、2018年、2019年和2022年,财政部对企业会计准则进行了修订和增补,进一步完善了我国企业会计准则体系。我国的企业会计准则包括基本准则、具体准则、应用指南和解释公告等。

#### (一)基本准则

2017年修订的基本准则包括11章50条,涉及总则、会计信息质量要求、资产、负债、所有者权益、收入、费用、利润、会计计量、财务会计报告和附则等内容。

#### (二)具体准则

具体准则主要规范企业发生的具体交易或者事项的会计处理,为企业处理会计实务问题提供具体而统一的标准,其具体构成包括一般会计准则、特殊行业的特定业务和报告类准则3个部分。目前,财政部已发布包括存货、长期股权投资、公允价值计量、合营安排以及在其他主体中权益的披露等42个具体准则。

#### (三)应用指南

应用指南对基本准则和具体准则的实务应用进行指导,是具体准则的操作指引,由会计准则解释、会计科目和主要财务处理两部分组成,为企业执行会计准则提供操作性规范。

#### (四)解释公告

解释公告是对企业会计准则实施过程中发现的新情况、新问题所作出的解释。解释公告与具体准则有同等效用。

### 三、小企业会计准则

2011年10月18日,财政部发布了《小企业会计准则》,要求符合适用条件的小企业自2013年1月1日起执行,并鼓励提前执行。《小企业会计准则》一般适用于在我国境内依法设立、经济规模较小的企业。

## 四、事业单位会计准则

2012年12月6日,财政部修订发布了《事业单位会计准则》,自2013年1月1日起在各级各类事业单位施行。该准则对我国事业单位的会计工作予以规范。

## 五、政府会计准则

2015年10月23日,财政部发布的《政府会计准则——基本准则》,自2017年1月1日起,在各级政府、各部门、各单位施行。我国的政府会计准则体系由政府会计基本准则、具体准则和应用指南3部分组成。该准则对我国政府的会计核算予以规范。

### 复习思考题

1. 什么是会计?会计的基本职能是什么?
2. 什么是会计对象?什么是建筑施工企业资金运动的三个阶段?
3. 什么是会计要素?会计要素的分类如何?
4. 什么是资产?它的确认条件是什么?它一般分为哪两类?
5. 什么是负债?它的确认条件是什么?它一般分为哪两类?
6. 什么是所有者权益?它的确认条件是什么?它是如何分类的?
7. 负债和所有者权益的区别是什么?
8. 什么是收入?它的确认条件是什么?它是如何分类的?
9. 什么是费用?它的确认条件是什么?它是如何分类的?
10. 什么是利润?它的确认条件是什么?它是如何分类的?
11. 什么是会计要素的计量方法?什么是会计属性,它主要包括哪些方面?
12. 什么是会计核算方法?它具体有哪几种核算方法?
13. 什么是会计基本假设?它具体包括哪几个?
14. 什么是会计基础?会计基础有哪几种?目前使用的是哪种会计基础?
15. 会计信息的使用者有哪些?
16. 什么是会计信息质量要求?它具体有哪些要求?

# 第二章
# 会计核算方法

**会计文化：** 中式簿记与西式簿记的比较

中西簿记法优劣之争久矣。崇尚西式者，每以为中式簿记一切皆不足法，不值得改良。尊信中式者又谓中西式簿记法不同，改良中式簿记，不可取法西式。二者之立论不同，而其昧于中西簿记法之实质则一也。近年本事务所有改良中式簿记运动，推究中式收付簿记法之帐理，知其便于借贷簿记法，则保存之充实之。又详考其帐簿帐户之组织及记帐范围记帐方法等，知其缺乏规律，则采取西式之科学精神而整理之。西式簿记家或以改良方案为迁就旧习，为不彻底。中式簿记家又或以为规律太严，迁就西习。而不知凡所保存者及改革者，胥以合于本国环境，并有益实际应用为主旨，即所谓科学方法的改良者是也。

……

（1）簿记之主体：中式记帐之所谓收付，乃属于款项之收入或付出也，其分别收付之标准，均出于营业者之主观的观察。西式簿记之所谓借贷，乃对手方之属于借主或贷主也，其分别借贷之标准，均出于营业者之客观的观察。

（2）簿记之范围：西式簿记之记帐，以整理财产之增减变化为对象，故凡属于资产负债损失利益之增减变化，莫不为之记录计算。中式簿记往往重存该而不重损益，重对人帐目而不重对物帐目，重收支帐目而不重成本帐目。

（3）簿记之组织：近世西式簿记之进步，大半出于帐簿组织之能分化及集合，盖惟帐簿分化，帐务乃可分掌，记帐乃可迅速，又惟帐簿能集合，帐目乃可统辖，手续乃可节省也。近世会计组织之能与企业组织日臻复杂并日臻伟大者，帐簿分合便利之功，为不可没也。

（4）簿记之根据：西式簿记最重凭证。中式则信义通商，传为美谈。

……

（摘选自：潘士浩. 中式簿记与西式簿记之比较[J]. 会计杂志，1934，3(1)：114-119.）

# 第一节 会计等式

## 一、两类会计等式

### (一) 财务状况等式

财务状况等式亦称会计基本等式或静态会计等式,是指用以反映企业某一特定时点资产、负债和所有者权益三者之间平衡关系的会计等式,即:

$$资产=负债+所有者权益$$

这一等式既是复式记账的基础,也是编制资产负债表的依据。

任何企业要进行正常的经营活动,都必须拥有一定数量和质量的能给企业带来经济效益的资产。这些资产分布在企业经济活动的各个方面,表现为不同的存在形态,如货币资金、原材料、机器设备、房屋建筑物等,而企业用于生产经营活动的资产,又是从一定的渠道取得的。企业资产最初来源于两个方面:一是由企业所有者投入;二是企业向债权人借入。所有者和债权人将其拥有的资产提供给企业使用,这种投入不是无偿的,所以所有者和债权人就相应地对企业的资产享有一种要求权或者求偿权,这种对资产的要求权或者求偿权在会计上被称为"权益"。

资产表明企业拥有什么经济资源和拥有多少经济资源;权益表明经济资源的来源渠道,即谁提供了经济资源和提供了多少经济资源。可见,资产和权益是同一事物的两个方面,两者相互依存,不可分割,没有无资产的权益,也没有无权益的资产。因此,资产和权益两者在数量上必然相等,在任一时点都必须保持恒等的关系,可用公式表示为:

$$资产=权益$$

企业的资产来源于企业债权人和所有者,前者是通过借贷方式形成权益,后者是通过投资方式形成权益。所以,权益又分为债权人权益(负债)和所有者权益,因此,"资产=权益"也可以写成:

$$资产=负债+所有者权益$$

随着生产经营活动的进行,企业要发生各种各样的经济活动,必然会引起会计要素数量上的增减变化,但是经济活动的发生并不能也不会破坏这一基本的平衡关系。

需要注意的是,在"资产=负债+所有者权益"这一恒等式中,负债是排在所有者权益前面的,也可以表述为"资产-负债=所有者权益"。这一等式表明,所有者权益是企业的全部资产扣减全部负债后的余额,债权人的求偿权要高于所有者,从这个意义上,所有者权益又被称为"剩余权益"。当企业资不抵债时,剩余权益就为零或者负数。

### (二) 经营成果等式

经营成果等式亦称动态会计等式,是指用以反映企业一定时期收入、费用和利润恒等关系的会计等式。

企业在一定的时间段内经营的目的是获取收入,实现盈利。企业在取得收入的同时,必然要发生相应的费用。企业将一定会计期间所形成的全部收入与发生的全部费用相比较,其差额就是企业在这一期间从事经营活动的成果。如果收入大于费用,其差额就是利润;反之,就是亏损。因此,确定实现的利润总额,在不考虑利得和损失的情况下,它们之间的关系用公式表示为:

$$收入-费用=利润$$

这一等式是对基本会计等式的补充和发展,它表明企业在一定会计期间的经营成果与相应的收入和费用的关系,说明企业利润的实现过程。这一等式是编制利润表的依据。

(三) 财务状况与经营成果相结合的等式

企业在一定时期内取得的经营成果能够对资产、负债和所有者权益产生影响。收入可导致资产的增加或负债的减少,最终会导致所有者权益的增加;费用可导致资产的减少或负债的增加,最终会导致所有者权益的减少。所以,一定会计期间的经营成果必然会影响一定时点的财务状况。在一定会计期间的经营成果必然会影响一定时点的财务状况。在一定会计期间,将六大会计要素联系起来看,就可以得出:

期末结账前:     资产=负债+所有者权益+(收入-费用)
或者:     资产=负债+所有者权益+利润
期末结账后:     资产=负债+所有者权益

结账后的等式中所有者权益包括"当期实现的利润"。

"资产=负债+所有者权益+(收入-费用)"还可变形为:

$$资产+费用=负债+所有者权益+收入$$

## 二、经济业务对会计等式的影响

经济业务又称会计事项,是指在经济活动中使会计要素发生增减变动的交易或者事项。企业经营活动中发生的各种经济业务都会引起会计要素的增减变动,但是对任何一个企业来说,任何一项经济业务都不会影响资产与权益的恒等关系,都不会打破"资产=负债+所有者权益"这一恒等式。

企业经济业务按其对财务状况的影响不同,可以分为以下 9 种基本类型:①一项资产增加,另一项资产减少;②一项资产增加,一项负债增加;③一项资产增加,一项所有者权益增加;④一项资产减少,一项负债减少;⑤一项资产减少,一项所有者权益减少;⑥一项负债增加,一项负债减少;⑦一项所有者权益增加,一项所有者权益减少;⑧一项负债减少,一项所有者权益增加;⑨一项负债增加,一项所有者权益减少。

【例 2-1】 A 企业期初资产总额为 800 000 元,负债为 300 000 元,所有者权益为 500 000 元,A 企业在 2×22 年 2 月份发生以下经济业务。

(1) 以银行存款购入材料一批,价值为 2 000 元。

这笔业务引起资产中材料增加 2 000 元,同时又引起资产中银行存款减少 2 000 元,对会计等式的影响表述如下:

$$800\,000=300\,000+500\,000$$
$$+2\,000$$
$$-2\,000$$
$$\overline{800\,000=300\,000+500\,000}$$

(2) 向银行借入 6 个月的短期借款 20 000 元,存入银行。

这笔业务引起资产中银行存款增加 20 000 元,同时又引起负债中短期借款增加 20 000 元。对会计等式的影响表述如下:

$$800\,000=300\,000+500\,000$$
$$+20\,000$$
$$+20\,000$$
$$\overline{820\,000=320\,000+500\,000}$$

(3) 接受 B 企业投入资金 100 000 元,存入银行。

这笔业务引起资产中银行存款增加 100 000 元,同时又引起所有者权益中实收资本增加 100 000 元。对会计等式的影响表述如下:

$$820\,000=320\,000+500\,000$$
$$+100\,000$$
$$+100\,000$$
$$\overline{920\,000=320\,000+600\,000}$$

(4) 以银行存款偿还以前所欠的账款 5 000 元。

这笔业务一方面引起资产中银行存款减少 5 000 元,另一方面又引起负债中应付账款也减少 5 000 元。对会计等式的影响表述如下:

$$920\,000=320\,000+600\,000$$
$$-5\,000$$
$$-5\,000$$
$$\overline{915\,000=315\,000+600\,000}$$

(5) 企业依法将银行存款退给投资者 10 000 元。

这笔业务一方面引起资产中银行存款减少 10 000 元,另一方面又引起所有者权益实收资本减少 10 000 元。对会计等式的影响表述如下:

$$915\,000=315\,000+600\,000$$
$$-10\,000$$
$$-10\,000$$
$$\overline{905\,000=315\,000+590\,000}$$

(6) 以银行借款偿付所欠供应单位账款 10 000 元。

这笔业务一方面引起负债内部银行借款增加 10 000 元,另一方面又引起负债内部应付账款减少 10 000 元。对会计等式的影响表述如下:

$$905\,000 = 315\,000 + 590\,000$$
$$+10\,000$$
$$-10\,000$$
$$905\,000 = 315\,000 + 590\,000$$

(7) 将 40 000 元的盈余公积转增资本,有关增资手续已办妥。

这笔业务一方面引起所有者权益中的实收资本增加 40 000 元,另一方面又引起所有者权益中的盈余公积减少 40 000 元,对会计等式的影响表述如下:

$$905\,000 = 315\,000 + 590\,000$$
$$+40\,000$$
$$-40\,000$$
$$905\,000 = 315\,000 + 590\,000$$

(8) 将一笔 50 000 元的长期借款转为对企业的投资。

这笔业务一方面引起负债中的长期借款减少 50 000 元,另一方面又引起所有者权益中的实收资本增加 50 000 元,对会计等式的影响如下:

$$905\,000 = 315\,000 + 590\,000$$
$$-50\,000$$
$$+50\,000$$
$$905\,000 = 265\,000 + 640\,000$$

(9) 核算本期应交销售税金 8 000 元。

这笔业务涉及费用要素中的税金及附加项目和负债要素中的应交税费项目,它导致应交税费增加 8 000 元,税金及附加增加 8 000 元,发生税金及附加增加必然减少本期利润,引起所有者权益的减少。对会计等式的影响如下:

$$905\,000 = 265\,000 + 640\,000$$
$$+8\,000$$
$$-8\,000$$
$$905\,000 = 273\,000 + 632\,000$$

从以上例子中可以看出,经济业务发生的结果,只是使资产与权益的总额由期初的 800 000 元变为 905 000 元,并未影响资产总额与权益总额的平衡关系。由此可知,无论经济业务的发生引起企业的资产、负债及所有者权益发生怎样的增减变动,都不会破坏三者之间的平衡关系。

# 第二节 会计科目及账户

## 一、会计科目

### (一) 会计科目的概念

会计科目简称科目,是对会计要素的具体内容进行分类核算的项目,是进行会计核算和提供会计信息的基础。

经济业务的发生会引起各项会计要素的增减变动。企业的经济业务错综复杂,即使涉及同一项会计要素,也往往具有不同的性质和内容。会计要素仅是对会计对象的基本分类,6项会计要素对会计的对象来说,并不能满足有关各方面对会计信息的需要。因此,需要对会计要素进行更具体的分类,于是便有了会计科目。

(二)会计科目的设置原则

各单位由于经济活动的具体内容、规模大小与业务繁简程度不尽相同,在具体设置会计科目时,应考虑其自身特点和具体情况,努力做到科学、合理、实用。设置会计科目一般应遵循下列原则。

1. 合法性原则

合法性原则是指设置的会计科目应当符合国家统一的会计制度的规定。我国现行的统一会计制度均对企业设置的会计科目作出规定,以保证不同企业对外提供的会计信息具有可比性。

2. 相关性原则

相关性原则是指设置的会计科目应当为提供有关各方所需要的会计信息服务,满足对外报告与对内管理的要求。根据企业会计准则的规定,企业财务会计报告提供的信息必须满足各方面的需要,而设置会计科目必须服务于会计信息的提供,必须与财务会计报告的编制相协调、相关联。

3. 实用性原则

实用性原则是指设置的会计科目应符合单位自身特点,满足单位实际需要。企业的组织形式、所处行业、经营内容及业务种类不同,在会计科目的设置上亦应有所区别。在合法的基础上,企业应根据自身特点,设置符合企业需要的会计科目。

4. 清晰性原则

会计科目作为对会计要素分类核算的项目,应简单明确、字义相符、通俗易懂。同时,企业对每个会计科目所反映的经济内容也必须做到界限明确,既要避免不同会计科目所反映的内容重叠,也要防止全部会计科目不能涵盖企业某些经济内容。

(三)会计科目的分类

会计科目可按反映的经济内容(即所属的会计要素)、提供信息的详略程度及其统驭关系分类。

1. 按反映的经济内容分类

会计科目按其反映的经济内容不同可分为资产类科目、负债类科目、共同类科目、所有者权益类科目、成本类科目和损益类科目。每一大类会计科目可按照一定标准再分为若干个具体科目。

2. 按提供信息的详略程度及其统驭关系分类

会计科目按提供信息的详略程度及其统驭关系可以分为总分类科目和明细分类科目。

(1)总分类科目又称总账科目或一级科目,是指对会计要素具体内容所做的总括分类,是提供总括信息的会计科目。按照我国会计准则规定,总分类科目一般由财政部统一制定。

(2)明细分类科目又称明细科目,是指对总分类科目作进一步分类,提供更为详细、具体的会计信息的科目,它是反映会计要素的具体内容的科目。除了会计准则规定设置的明细分类科目,企业可以根据本单位经济管理的需要和经济业务的具体内容自行设置。如果某一总分类科目所辖的明细分类科目较多,可在总分类科目下设置二级明细科目,在二级明细科目下设置三级明细科目。

总分类科目对其所辖的明细科目具有统驭和控制作用,而明细科目是对其所归属的总分类科目的补充和说明。总分类科目和明细分类科目共同反映经济业务既概括又详细的情况。

(四) 常用会计科目表

常用会计科目表如表 2-1 所示。

表 2-1　常用会计科目表

| 序号 | 编号 | 会计科目 | 序号 | 编号 | 会计科目 |
| --- | --- | --- | --- | --- | --- |
| | | 一、资产类 | 24 | 1474 | 持有待售资产减值准备 |
| 1 | 1001 | 库存现金 | 25 | 1473 | 合同资产 |
| 2 | 1002 | 银行存款 | 26 | 1474 | 合同资产减值准备 |
| 3 | 1012 | 其他货币资金 | 27 | 1475 | 合同履约成本 |
| 4 | 1101 | 交易性金融资产 | 28 | 1476 | 合同履约成本减值准备 |
| 5 | 1121 | 应收票据 | 29 | 1477 | 合同取得成本 |
| 6 | 1122 | 应收账款 | 30 | 1478 | 合同取得成本减值准备 |
| 7 | 1123 | 预付账款 | 31 | 1485 | 应收退货成本 |
| 8 | 1131 | 应收股利 | 32 | 1501 | 债权投资 |
| 9 | 1132 | 应收利息 | 33 | 1502 | 债权投资减值准备 |
| 10 | 1221 | 其他应收款 | 34 | 1503 | 其他债权投资 |
| 11 | 1231 | 坏账准备 | 35 | 1504 | 其他权益工具投资 |
| 12 | 1321 | 代理业务资产 | 36 | 1524 | 长期股权投资 |
| 13 | 1401 | 材料采购 | 37 | 1525 | 长期股权投资减值准备 |
| 14 | 1402 | 在途物资 | 38 | 1526 | 投资性房地产 |
| 15 | 1403 | 原材料 | 39 | 1527 | 投资性房地产累计折旧 |
| 16 | 1404 | 材料成本差异 | 40 | 1528 | 投资性房地产累计摊销 |
| 17 | 1405 | 库存商品 | 41 | 1529 | 投资性房地产减值准备 |
| 18 | 1406 | 发出商品 | 42 | 1601 | 固定资产 |
| 19 | 1407 | 商品进销差价 | 43 | 1602 | 累计折旧 |
| 20 | 1408 | 委托加工物资 | 44 | 1603 | 固定资产减值准备 |
| 21 | 1411 | 周转材料 | 45 | 1604 | 在建工程 |
| 22 | 1471 | 存货跌价准备 | 46 | 1605 | 工程物资 |
| 23 | 1473 | 持有待售资产 | 47 | 1606 | 固定资产清理 |

(续表)

| 序号 | 编号 | 会计科目 | 序号 | 编号 | 会计科目 |
|---|---|---|---|---|---|
| 48 | 1701 | 无形资产 | 79 | 4101 | 盈余公积 |
| 49 | 1702 | 累计摊销 | 80 | 4103 | 本年利润 |
| 50 | 1703 | 无形资产减值准备 | 81 | 4104 | 利润分配 |
| 51 | 1711 | 商誉 | 82 | 4201 | 库存股 |
| 52 | 1801 | 长期待摊费用 | 83 | 4301 | 专项储备 |
| 53 | 1811 | 递延所得税资产 | 84 | 4401 | 其他权益工具 |
| 54 | 1901 | 待处理财产损溢 | | | 五、成本类 |
| | | 二、负债类 | 85 | 5001 | 生产成本 |
| 55 | 2001 | 短期借款 | 86 | 5101 | 制造费用 |
| 56 | 2101 | 交易性金融负债 | 87 | 5201 | 劳务成本 |
| 57 | 2201 | 应付票据 | 88 | 5301 | 研发支出 |
| 58 | 2202 | 应付账款 | 89 | 5401 | 工程施工 |
| 59 | 2203 | 预收账款 | 90 | 5402 | 工程结算 |
| 60 | 2206 | 合同负债 | 91 | 5403 | 机械作业 |
| 61 | 2211 | 应付职工薪酬 | | | 六、损益类 |
| 62 | 2221 | 应交税费 | 92 | 6001 | 主营业务收入 |
| 63 | 2231 | 应付利息 | 93 | 6051 | 其他业务收入 |
| 64 | 2232 | 应付股利 | 94 | 6101 | 公允价值变动损益 |
| 65 | 2241 | 其他应付款 | 95 | 6111 | 投资收益 |
| 66 | 2245 | 持有待售负债 | 96 | 6115 | 资产处置损益 |
| 67 | 2401 | 递延收益 | 97 | 6117 | 其他收益 |
| 68 | 2501 | 长期借款 | 98 | 6301 | 营业外收入 |
| 69 | 2502 | 应付债券 | 99 | 6401 | 主营业务成本 |
| 70 | 2701 | 长期应付款 | 100 | 6402 | 其他业务成本 |
| 71 | 2702 | 未确认融资费用 | 101 | 6403 | 税金及附加 |
| 72 | 2271 | 租赁负债 | 102 | 6601 | 销售费用 |
| 73 | 2711 | 专项应付款 | 103 | 6602 | 管理费用 |
| 74 | 2801 | 预计负债 | 104 | 6603 | 财务费用 |
| 75 | 2901 | 递延所得税负债 | 105 | 6701 | 资产减值损失 |
| | | 三、共同类(略) | 106 | 6702 | 信用减值损失 |
| | | 四、所有者权益类 | 107 | 6711 | 营业外支出 |
| 76 | 4001 | 实收资本(股本) | 108 | 6801 | 所得税费用 |
| 77 | 4002 | 资本公积 | 109 | 6901 | 以前年度损益调整 |
| 78 | 4003 | 其他综合收益 | | | |

## 二、账户

### (一)账户的概念

会计科目是对会计要素的具体内容进行的分类,但它只是分类的名称而没有一定的格式。因此,会计科目不能把发生的经济业务连续、系统地记录下来,以取得经营管理所需的信息资料。为了实现这一目的,企业必须根据规定的会计科目设置账户。

账户是根据会计科目设置的,具有一定格式和结构,用于分类反映会计要素的增减变动情况及其结果的载体。企业利用具有一定结构的账户记录交易或事项,有利于分门别类,连续、系统地记录和反映各项经济业务及其所引起的有关会计要素内容的增减变化和结果。

### (二)账户的分类

账户可按其核算的经济内容、提供信息的详略程度及其统驭关系进行分类。

1. 按核算的经济内容分类

与会计科目的分类相对应,账户按其反映的经济内容不同,可分为资产类账户、负债类账户、共同类账户、所有者权益类账户、成本类账户和损益类账户6类。其中资产类账户、负债类账户和所有者权益类账户存在备抵账户。备抵账户又称抵减账户,是指用来抵减被调整账户余额,以确定被调整账户实有数额为目的而设置的独立账户。

2. 按提供信息的详略程度及其统驭关系分类

按提供信息的详略程度及其统驭关系,账户分为总分类账户和明细分类账户。

(1) 总分类账户。总分类账户是指根据总分类科目设置的、用于对会计要素具体内容进行总括分类核算的账户,简称总账账户、总账或一级账户。在总分类账户中,只能使用货币计量单位。总分类账户可以提供总括的核算资料和指标,是对其所辖的明细分类账户资料的综合。

(2) 明细分类账户。明细分类账户是根据明细分类科目设置的、用来对会计要素具体内容进行明细分类核算的账户,简称明细账户。明细分类账户的核算除了使用货币计量,必要时还可以使用实物计量、劳动计量。明细分类账户是提供明细核算资料的指标,它是对总分类账户的具体化和补充说明。

总分类账户和所辖明细分类账户核算的内容相同,只是反映内容的详细程度有所不同,两者相互补充、相互制约、相互核对。总分类账户统驭和控制所辖明细分类账户,明细分类账户从属于总分类账户。

### (三)账户的功能

账户的功能在于连续、系统、完整地提供企业经济活动中各会计要素增减变动及其结果的具体信息。其中,账户所提供的会计要素在特定会计期间增加和减少的金额,分别称为账户的"本期增加发生额"和"本期减少发生额",两者统称为"本期发生额";会计要素在会计期末的增减变动结果,称为账户的"余额",余额按其时点不同,具体表现为期初余额和期末余额,账户上期的期末余额转入本期即为本期的期初余额,账户本期的期末余额转入下期即为下期的期初余额。

账户的期初余额、期末余额、本期增加发生额、本期减少发生额统称为账户的四个金额要素。通常,对于同一账户而言,四个金额要素之间的基本关系为:

期末余额＝期初余额＋本期增加发生额－本期减少发生额

**（四）账户的结构**

账户的结构是指账户的组成部分及其相互关系。

账户通常由以下内容组成：①账户名称，即会计科目；②日期，即记账凭证注明的日期；③凭证字号，即记账凭证的编号；④摘要，即经济业务的简要说明；⑤金额，即增加发生额、减少发生额和余额。

在实务中的总分类账使用的账页，均包括上述五项内容，具体如表2-2所示。

表2-2 账户的基本结构

总 分 类 账

账户名称：

| 年 | | 凭证字号 | 摘要 | 借 方 | 贷 方 | 借或贷 | 余额 |
|---|---|---|---|---|---|---|---|
| 月 | 日 | | | | | | |
| | | | | | | | |
| | | | | | | | |
| | | | | | | | |
| | | | | | | | |
| | | | | | | | |

从账户名称、记录增加发生额和减少发生额的左右两方来看，账户结构在整体上类似于汉字"丁"和大写的英文字母"T"，因此，账户的基本结构在实务中被形象地称为"丁"字账户或者"T"形账户，如图2-1所示。

左方　　　　　　　　　　　会计科目　　　　　　　　　　　右方

图2-1 "T"形账户示例

根据我国企业会计准则的规定，我国会计核算采用的方法是借贷记账法，具体涉及的会计账户金额登记在哪一方由涉及会计账户的性质和所记录经济内容的性质决定。

### 三、会计科目与账户的联系和区别

从理论上来讲，会计科目和账户既有联系，又有区别。会计科目与账户都是对会计对象的具体内容的分类，两者核算内容一致，性质相同。会计科目是账户的名称，也是设置账户的依据；账户是会计科目的具体运用，具有一定的结构和格式，并通过其结构反映某项经济业务的增减变动及其余额。

不过，在实际工作中，人们对账户和会计科目这两个概念经常可以不加严格区分地使用。

## 第三节 复式记账法

### 一、单式记账法和复式记账法

所谓记账方法，是指根据特定会计主体所发生的经济业务（或会计事项），采用特定的记账符号，运用一定的记账原理（程序或方法），在账户中进行登记的方法。记账方法按记录经济业务方式的不同划分为单式记账法和复式记账法。

#### （一）单式记账法

单式记账法是指对每一项经济业务只在一个账户登记的记账方法。其特点是平时只登记现金、银行存款的收付业务和各种往来账项。例如，用银行存款购买材料，只记"银行存款"账，不记"原材料"账；购买材料，货款未付时，只记"应付账款"账，不记"原材料"账；收到应收款或偿付应付款时，则登记"库存现金"（或"银行存款"账）或"应收账款"账（或"应付账款"账）。对于固定资产折旧、材料物资的耗用等经济业务，因不涉及现金或银行存款的收付，不予登记。

这种记账方法的优点是手续简便，但其缺点是只登记一个账户不能反映出经济业务的来龙去脉，不能反映经济业务的全貌，也不便于对记账结果进行核对检查。随着社会生产力的发展和经济活动日趋复杂，单式记账逐渐被复式记账所替代。

#### （二）复式记账法

复式记账法是指对发生的每一项经济业务，都必须用相等的金额在两个或两个以上相互联系的账户中进行登记，全面系统地反映会计要素增减变化的一种记账方法。它是单式记账法的对称。现代会计运用复式记账法。

任何一项经济业务的发生都会引起会计要素的至少两个具体项目的增减变化，而且，为了全面、系统地核算和监督经济活动过程，对发生的每一笔经济业务都应该以相同的金额同时在两个或两个以上的账户中进行登记，复式记账法正好满足了这一要求。

复式记账法按记账符号的不同，可分为借贷记账法、增减记账法和收付记账法。借贷记账法是目前国际通用的记账方法，我国《企业会计准则——基本准则》规定应当采用借贷记账法记账。

### 二、借贷记账法

#### （一）借贷记账法的概念

借贷记账法是以"借"和"贷"作为记账符号来记录经济业务的一种复式记账法。借贷记账法是以"借"和"贷"作为记账符号，分别表示账户的左方和右方，发展至今，"借""贷"两字已失去原有的含义，而演变为纯粹的记账符号，用来标明记账方向。

#### （二）借贷记账法下账户的结构

1. 基本结构

在借贷记账法下，账户的左方为"借方"，右方为"贷方"。所有账户的借方和贷方按相反方向记录增加数和减少数,即一方登记增加额,另一方就登记减少额。至于是"借方"表示增加,还是"贷方"表示增加,则取决于账户的性质与所记录经济业务的性质。

通常而言,资产、成本和费用类账户的增加用"借"表示,减少用"贷"表示;负债、所有者权益和收入类账户的增加用"贷"表示,减少用"借"表示。备抵账户①的结构与其所调整的账户正好相反。

2. 资产和成本类账户的结构

在借贷记账法下,资产类、成本类账户的借方登记增加额,贷方登记减少额,期末余额一般在借方,有些账户可能无余额。其计算公式为:

期末借方余额=期初借方余额+本期借方发生额-本期贷方发生额

资产和成本类账户结构用 T 形账户表示,如图 2-2 所示。

| 借方 | 账户名称(会计科目) | | 贷方 |
|---|---|---|---|
| 期初余额 | ××× | | |
| 本期增加额 | ××× | 本期减少额 | ××× |
| …… | | …… | |
| 本期借方发生额 | ××× | 本期贷方发生额 | ××× |
| 期末余额 | ××× | | |

图 2-2 资产和成本类账户的结构

3. 负债和所有者权益类账户的结构

在借贷记账法下,负债类、所有者权益类账户的借方登记减少额,贷方登记增加额,期末余额一般在贷方,有些账户可能无余额。其计算公式为:

期末贷方余额=期初贷方余额+本期贷方发生额-本期借方发生额

负债和所有者权益类账户结构用 T 形账户表示,如图 2-3 所示。

| 借方 | 账户名称(会计科目) | | 贷方 |
|---|---|---|---|
| | | 期初余额 | ××× |
| 本期减少额 | ××× | 本期增加额 | ××× |
| …… | | …… | |
| 本期借方发生额 | ××× | 本期贷方发生额 | ××× |
| | | 期末余额 | ××× |

图 2-3 负债和所有者权益类账户的结构

---

① 资产类账户中常用的备抵账户有"坏账准备""周转材料——摊销""累计折旧""累计摊销""×××减值准备"等,这类账户虽然属于资产类账户的备抵账户,但是其结构与一般资产类账户结构正好相反,贷方表示增加,借方表示减少,余额通常在贷方。

还有一类备抵附加调整账户,是既可以用来抵减又可以用来增加被调整账户的余额,以求得被调整账户实际余额的账户。当被调整账户余额与调整账户余额的方向相反时,属于备抵账户,当被调整账户余额与调整账户余额的方向相同时,属于附加账户。例如,材料按计划成本计价时,"材料成本差异"是"原材料"的备抵附加账户。

#### 4. 损益类账户的结构

损益类账户主要包括收入类账户和费用类账户。

（1）收入类账户的结构。收入类账户结构与负债类和所有者权益类账户结构类似。在借贷记账法下，收入类账户的借方登记减少额，贷方登记增加额。本期收入净额在期末转入"本年利润"账户，用以计算当期损益，结转后无余额。收入类账户结构用 T 形账户表示，如图 2-4 所示。

| 借方 | 账户名称（会计科目） | | 贷方 |
|---|---|---|---|
| 本期减少额<br>…… | ××× | 本期增加额<br>…… | ××× |
| 本期借方发生额 | ××× | 本期贷方发生额 | ××× |

图 2-4　收入类账户的结构

（2）费用类账户的结构。费用类账户结构与资产类账户结构类似。在借贷记账法下，费用类账户的借方登记增加额，贷方登记减少额。本期费用净额在期末转入"本年利润"账户，用以计算当期损益，结转后无余额。费用类账户结构用 T 形账户表示，如图 2-5 所示。

| 借方 | 账户名称（会计科目） | | 贷方 |
|---|---|---|---|
| 本期增加额<br>…… | ××× | 本期减少额<br>…… | ××× |
| 本期借方发生额 | ××× | 本期贷方发生额 | ××× |

图 2-5　费用类账户的结构

### （三）借贷记账法下的记账规则

记账规则是指采用某种记账方法登记具体经济业务时应遵循的规律。

记账规则是通过编制记账凭证与会计分录表现出来的。由于借贷记账法是复式记账法，对每一项经济业务都要在两个或两个以上的相关账户中进行分类记录，记入一个账户的借方，同时必须记入另一个账户或几个账户的贷方；记入一个账户的贷方，同时必须记入另一个账户或几个账户的借方。记入借方的金额与记入贷方的金额必须相等。因此，借贷记账法的记账规则可以概括为"有借必有贷，借贷必相等"。即对于每一笔经济业务都要在两个或两个以上相互联系的账户中以借方和贷方相等的金额进行登记。

### （四）借贷记账法下的账户对应关系和会计分录

#### 1. 账户对应关系

账户的对应关系是指采用借贷记账法对每笔交易或事项进行记录时，相关账户之间形成的应借、应贷的相互关系。存在对应关系的账户称为对应账户。

2. 会计分录

1) 会计分录的含义

会计分录简称分录,是对每项经济业务列示出应借、应贷的账户名称及其金额的一种会计记录。会计分录由应借应贷方向、相互对应的科目及金额3个要素构成。在我国,会计分录记载于记账凭证中。

2) 会计分录的书写格式

会计分录的书写格式要求如下:

(1) 先借后贷,分别列示,"借"和"贷"之后均加冒号,其后紧跟会计科目,各科目的金额列在其后适当位置。"贷"字适当后错一个或两个字符,贷方金额与借方金额适当错开。

(2) 在复合会计科目中,"借""贷"通常只列示于第一个借方科目和第一个贷方科目前,其他科目前不再列示"借""贷"。所有借方、贷方以及科目的首个文字各自保持左对齐,所有借方、贷方金额的个位数各自保持右对齐。

(3) 当分录需要列示明细科目时,应按科目高低从左到右列示,二级科目前加破折号,三级科目放在一对小圆括号中,即"一级科目——二级科目(三级科目)"。

(4) 借方或贷方会计科目中有两个或两个以上的二级科目同属于一个一级科目时,所属一级科目只在第一个二级科目前列出,其他省略,每个二级科目各占一行,其前均应保留破折号,且保持左对齐。

3) 会计分录的编制步骤

会计分录按下列步骤编制:

(1) 分析经济业务所涉及的会计科目。

(2) 确定涉及的会计科目的金额是增加还是减少。

(3) 根据会计科目所属类别及其账户结构,明确各会计科目应借、应贷的方向及其金额。

(4) 按正确的格式编制会计分录,并检查是否符合记账规则。

(五) 借贷记账法下的试算平衡

1. 试算平衡的含义

试算平衡是指根据借贷记账法的记账规则和资产与权益的恒等关系,通过对所有账户的发生额和余额的汇总计算和比较,来检查分录是否正确的一种方法。

2. 试算平衡的分类

(1) 发生额平衡法。发生额平衡法是指全部账户的本期借方发生额合计和全部账户的本期贷方发生额合计保持平衡的方法,即:

全部账户本期借方发生额合计=全部账户本期贷方发生额合计

发生额试算平衡的直接依据是借贷记账法的记账规则。

当经济业务发生时,运用借贷记账法的记账规则编制会计分录,借贷双方的发生额必然是相等的。当一定期间内的全部会计分录都记入账户后,全部账户的借方发生额合计数与贷方发生额的合计数也必然相等。

(2) 余额试算平衡法。余额试算平衡是指全部账户的借方期末(初)余额合计和全部账户的贷方期末(初)余额合计保持平衡。即：

$$全部账户借方期末(初)余额合计＝全部账户贷方期末(初)余额合计$$

余额试算平衡的直接依据是财务状况等式。

在借贷记账法下，资产类账户的余额一般在借方，负债和所有者权益账户的余额一般在贷方，根据基本会计等式，全部账户借方余额合计和全部账户贷方余额合计也必然相等。

3. 试算平衡表的编制

试算平衡是通过编制试算平衡表进行的。试算平衡表通常是在期末结出各账户的本期发生额合计和期末余额后编制的，试算平衡表一般应设置"期初余额""本期发生额"和"期末余额"三大栏目，其下分设"借方"和"贷方"两个小栏。各大栏中的借方合计和贷方合计应该平衡相等，否则，便存在记账错误。

经过试算后，如果借贷双方金额不平衡，可以肯定账户的记录或计算有错误，应查明原因，予以更正。但是如果借贷金额平衡，并不意味着记账绝对没有错误，这是因为可能存在不影响借贷双方金额平衡的错误。

综上所述，借贷记账法是以"资产＝负债＋所有者权益"为理论基础，用"借"和"贷"作为记账符号，按照"有借必有贷，借贷必相等"的记账规则，对发生的每一笔经济业务，都必须以相等的金额在两个或两个以上相互联系的账户中进行全面记录的一种复式记账方法。

【例 2-2】 某建筑施工企业 2×17 年 5 月 31 日相关账户余额如表 2-3 所示。

表 2-3　某建筑施工企业相关账户余额表

2×17 年 5 月 31 日

| 资产 | 金额 | 负债及所有者权益 | 金额 |
| --- | --- | --- | --- |
| 库存现金 | 12 000 | 短期借款 | 140 000 |
| 银行存款 | 588 000 | 应付账款 | 360 000 |
| 原材料 | 900 000 | 应付票据 | 100 000 |
| 库存商品 | 1 000 000 | 应付债券 | 1 200 000 |
| 应收账款 | 50 000 | 实收资本 | 3 500 000 |
| 预付账款 | 50 000 | 资本公积 | 1 000 000 |
| 固定资产 | 3 700 000 | | |
| 总计 | 6 300 000 | 总计 | 6 300 000 |

该企业 2×17 年 6 月发生如下经济业务：

(1) 企业购入材料 50 000 元，料款暂欠。

(2) 国家向企业投资 500 000 元，已转入企业存款户。

(3) 企业用银行存款 100 000 元归还银行借款。

(4) 国家收回投资 200 000 元，办妥相关手续，企业用银行存款支付。

(5) 企业用一台新设备对外进行长期投资，双方协商按该设备原价 500 000 元作为投资入账。

(6) 企业原签发并承兑的一张 50 000 元应付票据到期无款支付,按规定转作应付账款。

(7) 经批准,企业用资本公积 600 000 转增资本。

(8) 经双方协商,企业将所欠 A 公司的货款 300 000 元转为 A 公司对企业的投资。

(9) 双方经过协商并经批准,B 公司抽走对企业的投资 150 000 元,企业签发并承兑一张商业汇票。

会计基本等式、账户对应关系和会计分录如下:

(1) 企业购入材料 50 000 元,料款暂欠。

该经济业务引起资产和负债同时增加,"原材料(资产)"增加 50 000 元,资产增加记借方;"应付账款(负债)"增加 50 000 元,负债增加记贷方,如图 2-6 所示。

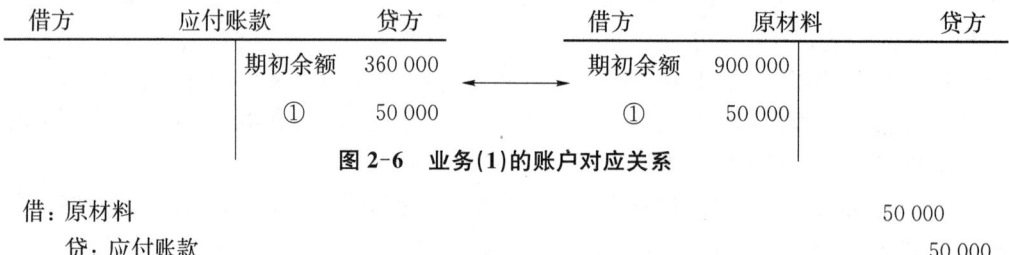

图 2-6 业务(1)的账户对应关系

借:原材料　　　　　　　　　　　　　　　　　　　　　　　　50 000
　　贷:应付账款　　　　　　　　　　　　　　　　　　　　　　　　50 000

(2) 国家向企业投资 500 000 元,已转入企业存款户。

该经济业务引起资产和所有者权益同时增加,"银行存款(资产)"增加 500 000 元,资产增加记借方;"实收资本(所有者权益)"增加 50 000 元,所有者权益增加记贷方,如图 2-7 所示。

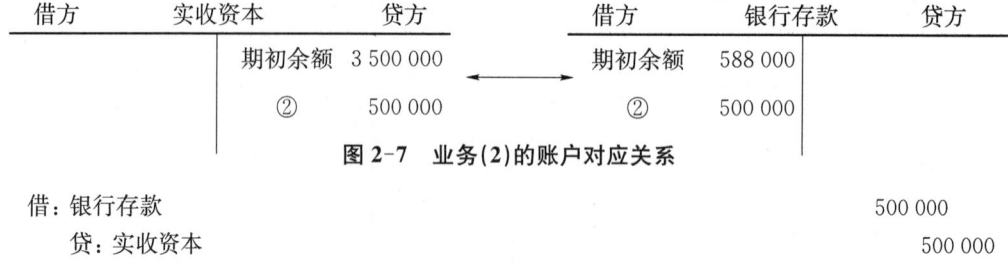

图 2-7 业务(2)的账户对应关系

借:银行存款　　　　　　　　　　　　　　　　　　　　　　　500 000
　　贷:实收资本　　　　　　　　　　　　　　　　　　　　　　　　500 000

(3) 企业用银行存款 100 000 元归还短期借款。

该经济业务引起资产和负债同时减少,"短期借款(负债)"减少 100 000 元,负债减少记借方;"银行存款(资产)"减少 100 000 元,资产减少记贷方,如图 2-8 所示。

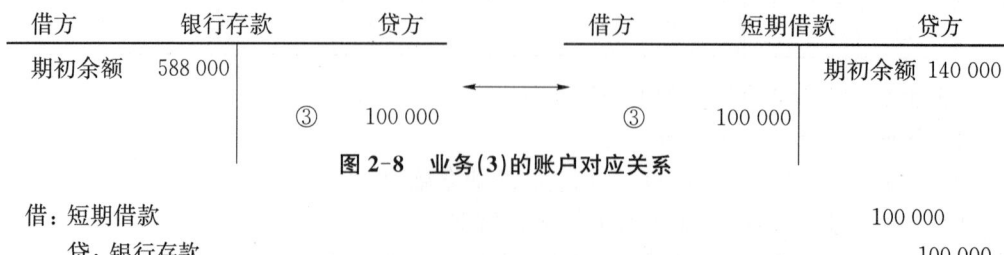

图 2-8 业务(3)的账户对应关系

借:短期借款　　　　　　　　　　　　　　　　　　　　　　　100 000
　　贷:银行存款　　　　　　　　　　　　　　　　　　　　　　　　100 000

(4) 国家收回投资 200 000 元,办妥相关手续,企业用银行存款支付。

该经济业务引起资产和所有者权益同时减少,"银行存款(资产)"减少 200 000 元,资产减少记贷方;"实收资本(所有者权益)"减少200 000元,所有者权益减少记借方,如图2-9所示。

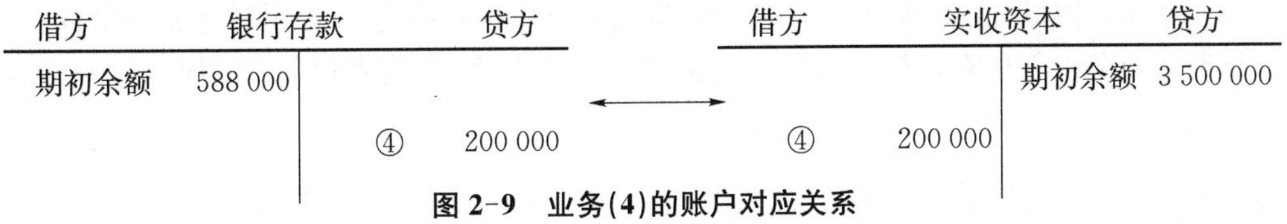

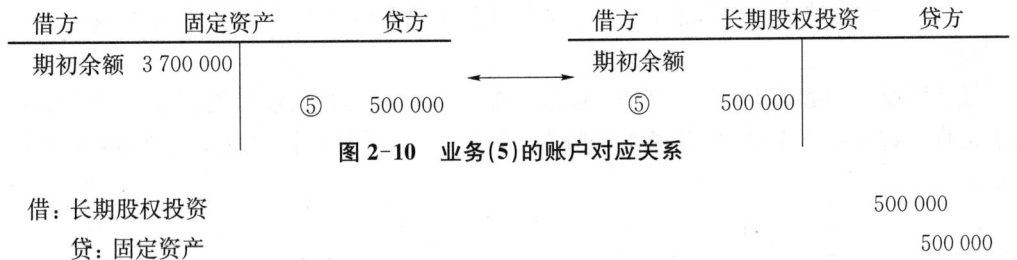

图2-9 业务(4)的账户对应关系

借:实收资本　　　　　　　　　　　　　　　　　　　　　　　　　　200 000
　　贷:银行存款　　　　　　　　　　　　　　　　　　　　　　　　　　　200 000

(5) 企业用一台新设备对外进行长期投资,双方协商按该设备原价500 000元作为投资入账。

该经济业务引起一项资产增加、另一项资产减少,"固定资产(资产)"减少500 000元,资产减少记借方;"长期股权投资(资产)"增加500 000元,资产减少记贷方,如图2-10所示。

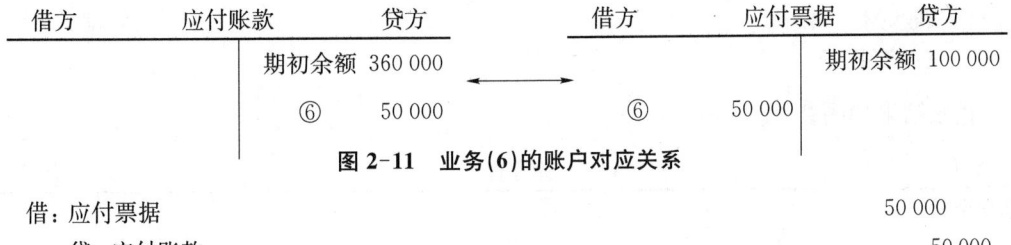

图2-10 业务(5)的账户对应关系

借:长期股权投资　　　　　　　　　　　　　　　　　　　　　　　　500 000
　　贷:固定资产　　　　　　　　　　　　　　　　　　　　　　　　　　　500 000

(6) 企业原签发并承兑的一张50 000元应付票据到期无款支付,按规定转作应付账款。

该经济业务引起一项负债增加、另一项负债减少,"应付账款(负债)"增加50 000元,负债增加记贷方;"应付票据(负债)"减少50 000元,负债减少记借方,如图2-11所示。

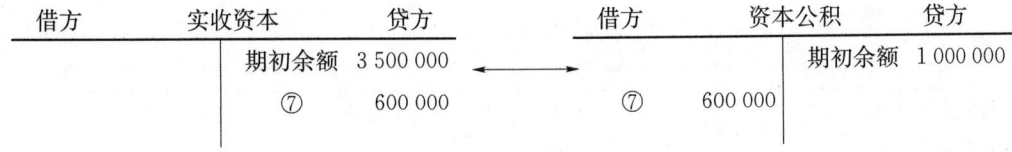

图2-11 业务(6)的账户对应关系

借:应付票据　　　　　　　　　　　　　　　　　　　　　　　　　　　50 000
　　贷:应付账款　　　　　　　　　　　　　　　　　　　　　　　　　　　　50 000

(7) 经批准,企业用资本公积600 000转增资本。

该经济业务引起一项所有者权益增加、另一项所有者权益减少,"实收资本(所有者权益)"增加600 000元,所有者权益增加记借方;"资本公积(所有者权益)"减少600 000元,所有者权益减少记借方,如图2-12所示。

图2-12 业务(7)的账户对应关系

借：资本公积　　　　　　　　　　　　　　　　　　　　　　　　600 000
　　贷：实收资本　　　　　　　　　　　　　　　　　　　　　　　　　600 000

(8) 经双方协商,企业将所欠 A 公司的货款 300 000 元转为 A 公司对企业的投资。

该经济业务引起所有者权益增加、负债减少,"实收资本(所有者权益)"增加 300 000 元,所有者权益增加记借方；"应付账款(负债)"减少 300 000 元,负债减少记借方,如图 2-13 所示。

| 借方 | 实收资本 | 贷方 | | 借方 | 应付账款 | 贷方 |
|---|---|---|---|---|---|---|
| | 期初余额 | 3 500 000 | | | 期初余额 | 360 000 |
| | ⑧ | 300 000 | | ⑧ | 300 000 | |

图 2-13　业务(8)的账户对应关系

借：应付账款　　　　　　　　　　　　　　　　　　　　　　　　300 000
　　贷：实收资本　　　　　　　　　　　　　　　　　　　　　　　　　300 000

(9) 双方经过协商并经批准,B 公司抽走对企业的投资 150 000 元,企业签发并承兑一张商业汇票。

该经济业务引起所有者权益减少、负债增加。"应付票据(负债)"增加 150 000 元,负债增加记贷方；"实收资本(所有者权益)"减少 150 000 元,所有者权益减少记借方,如图 2-14 所示。

| 借方 | 应付票据 | 贷方 | | 借方 | 实收资本 | 贷方 |
|---|---|---|---|---|---|---|
| | 期初余额 | 100 000 | | | 期初余额 | 3 500 000 |
| | ⑨ | 150 000 | | ⑨ | 150 000 | |

图 2-14　业务(9)的账户对应关系

借：实收资本　　　　　　　　　　　　　　　　　　　　　　　　150 000
　　贷：应付票据　　　　　　　　　　　　　　　　　　　　　　　　　150 000

登账结果如图 2-15 所示：

| 借方 | 库存现金 | 贷方 | |
|---|---|---|---|
| 期初余额 | 12 000 | | |
| 本期借方发生额 | 0 | 本期贷方发生额 | 0 |
| 期末余额 | 12 000 | | |

| 借方 | 银行存款 | 贷方 | |
|---|---|---|---|
| 期初余额 | 588 000 | | |
| ② | 500 000 | ③ | 100 000 |
| | | ④ | 200 000 |
| 本期借方发生额 | 500 000 | 本期贷方发生额 | 300 000 |
| 期末余额 | 788 000 | | |

| 借方 | 原材料 | | 贷方 |
|---|---|---|---|
| 期初余额 | 900 000 | | |
| ① | 50 000 | | |
| 本期借方发生额 | 50 000 | 本期贷方发生额 | 0 |
| 期末余额 | 950 000 | | |

| 借方 | 库存商品 | | 贷方 |
|---|---|---|---|
| 期初余额 | 1 000 000 | | |
| 本期借方发生额 | 0 | 本期贷方发生额 | 0 |
| 期末余额 | 1 000 000 | | |

| 借方 | 应收账款 | | 贷方 |
|---|---|---|---|
| 期初余额 | 50 000 | | |
| 本期借方发生额 | 0 | 本期贷方发生额 | 0 |
| 期末余额 | 50 000 | | |

| 借方 | 预付账款 | | 贷方 |
|---|---|---|---|
| 期初余额 | 50 000 | | |
| 本期借方发生额 | 0 | 本期贷方发生额 | 0 |
| 期末余额 | 50 000 | | |

| 借方 | 固定资产 | | 贷方 |
|---|---|---|---|
| 期初余额 | 3 700 000 | | |
| | | ⑤ | 500 000 |
| 本期借方发生额 | 0 | 本期贷方发生额 | 500 000 |
| 期末余额 | 3 200 000 | | |

| 借方 | 长期股权投资 | | 贷方 |
|---|---|---|---|
| 期初余额 | 0 | | |
| ⑤ | 500 000 | | |
| 本期借方发生额 | 500 000 | 本期贷方发生额 | 0 |
| 期末余额 | 500 000 | | |

| 借方 | 短期借款 | | 贷方 |
|---|---|---|---|
| | | 期初余额 | 140 000 |
| ③ | 100 000 | | |
| 本期借方发生额 | 100 000 | 本期贷方发生额 | 0 |
| | | 期末余额 | 40 000 |

| 借方 | | 应付账款 | 贷方 |
|---|---|---|---|
| | | 期初余额 | 360 000 |
| ⑧ | 300 000 | ① | 50 000 |
| | | ⑥ | 50 000 |
| 本期借方发生额 | 300 000 | 本期贷方发生额 | 100 000 |
| | | 期末余额 | 160 000 |

| 借方 | | 应付票据 | 贷方 |
|---|---|---|---|
| | | 期初余额 | 100 000 |
| ⑥ | 50 000 | ⑨ | 150 000 |
| 本期借方发生额 | 50 000 | 本期贷方发生额 | 150 000 |
| | | 期末余额 | 200 000 |

| 借方 | | 应付债券 | 贷方 |
|---|---|---|---|
| | | 期初余额 | 1 200 000 |
| 本期借方发生额 | 0 | 本期贷方发生额 | 0 |
| | | 期末余额 | 1 200 000 |

| 借方 | | 实收资本 | 贷方 |
|---|---|---|---|
| | | 期初余额 | 3 500 000 |
| ④ | 200 000 | ② | 500 000 |
| ⑨ | 150 000 | ⑦ | 600 000 |
| | | ⑧ | 300 000 |
| 本期借方发生额 | 350 000 | 本期贷方发生额 | 1 400 000 |
| | | 期末余额 | 4 550 000 |

| 借方 | | 资本公积 | 贷方 |
|---|---|---|---|
| | | 期初余额 | 1 000 000 |
| ⑦ | 600 000 | | |
| 本期借方发生额 | 600 000 | 本期贷方发生额 | |
| | | 期末余额 | 400 000 |

图 2-15 登账结果

试算平衡如表 2-4 所示：

表 2-4 某施工企业 2×17 年 6 月 30 日相关账户试算平衡表

| 会计账户 | 期初余额 | | 本期发生额 | | 期末余额 | |
|---|---|---|---|---|---|---|
| | 借方 | 贷方 | 借方 | 贷方 | 借方 | 贷方 |
| 库存现金 | 12 000 | | | | 12 000 | |
| 银行存款 | 588 000 | | 500 000 | 300 000 | 788 000 | |
| 原材料 | 900 000 | | 50 000 | | 950 000 | |
| 库存商品 | 1 000 000 | | | | 1 000 000 | |

(续表)

| 会计账户 | 期初余额 | | 本期发生额 | | 期末余额 | |
| --- | --- | --- | --- | --- | --- | --- |
| | 借方 | 贷方 | 借方 | 贷方 | 借方 | 贷方 |
| 应收账款 | 50 000 | | | | 50 000 | |
| 预付账款 | 50 000 | | | | 50 000 | |
| 固定资产 | 3 700 000 | | | 500 000 | 3 200 000 | |
| 长期股权投资 | | | 500 000 | | 500 000 | |
| 短期借款 | | 140 000 | 100 000 | | | 40 000 |
| 应付账款 | | 360 000 | 300 000 | 100 000 | | 160 000 |
| 应付票据 | | 100 000 | 50 000 | 150 000 | | 200 000 |
| 应付债券 | | 1 200 000 | | | | 1 200 000 |
| 实收资本 | | 3 500 000 | 350 000 | 1 400 000 | | 4 550 000 |
| 资本公积 | | 1 000 000 | 600 000 | | | 400 000 |
| 合计 | 6 300 000 | 6 300 000 | 2 450 000 | 2 450 000 | 6 550 000 | 6 550 000 |

## 第四节 会计凭证

### 一、会计凭证概述

（一）概念

会计凭证是指记录经济业务发生或完成情况的书面证明，包括原始凭证和记账凭证，是登记账簿的依据。会计凭证是记录经济信息的载体。

（二）作用

填制和审核会计凭证是会计核算的一种专门方法，是会计工作的起点和依据。会计凭证的作用主要有：①记录经济业务，提供记账依据；②明确经济责任，强化内部控制；③监督经济活动，控制经济运行。

（三）分类

会计凭证按照填制程序和用途不同，可分为原始凭证和记账凭证。

原始凭证是指在经济业务发生或完成时，用以记录或证明经济业务的发生或完成情况的原始凭据。原始凭证作为记账依据的最初的书面证明文件，如出差乘坐的车船票、采购材料的发货票、到仓库领料的领料单等，都是原始凭证。

记账凭证又称记账凭单，是会计人员根据审核无误的原始凭证，按照经济业务的内容加以归类并据以确定会计分录后所编制的会计凭证,是登记账簿直接依据的会计凭证。

## 二、原始凭证

(一) 原始凭证的种类

1. 按取得的来源不同分类

(1) 自制原始凭证,是指在经济业务发生、执行或完成时,由本单位的经办人员自行填制的仅供内部使用的原始凭证,如收料单、领料单、产品入库单等。

(2) 外来原始凭证,是指本单位在同外单位发生经济往来关系时,从外单位取得的凭证。外来原始凭证都是一次凭证,如企业购买材料、商品时,从供货单位取得的发货票,就是外来原始凭证。

2. 按格式的不同分类

(1) 通用凭证,是指由有关部门统一印制、在一定范围内使用的、具有统一格式和使用方法的原始凭证,如由国家税务总局确定的企业统一印制的增值税专用发票、由中国人民银行统一印制的银行转账结算凭证等。

(2) 专用凭证,是指由单位自行印制、仅在本单位内部使用的原始凭证,如某企业的领料单、出库单、差旅费报销单、借款单、工资结算汇总表、产品成本计算表。

(二) 原始凭证的基本内容

原始凭证的格式和内容因经济业务和经营管理的要求不同而存在差异,但应当具备以下基本内容:①凭证的名称;②填制凭证的日期;③填制凭证单位名称和填制人姓名;④经办人员的签名或者盖章;⑤接受凭证单位名称;⑥经济业务内容;⑦数量、单价和金额等。

(三) 原始凭证的填制要求

(1) 记录真实。企业对经济业务的发生情况应如实地进行记录,填列的经济业务日期、内容、数字等必须真实可靠,不得伪造、编造、弄虚作假。

(2) 内容完整。原始凭证所要求填写的项目应逐一填写,不得省略或遗漏。原始凭证的填制日期按实际日期填写;经济业务的内容、数量、金额都必须填写明确,不得少填、漏填;一式几联的原始凭证,应当注明各联的用途,只能以一联作为报销凭证。

(3) 手续完整。只有手续完备,才能保证凭证的合法性和真实性。

(4) 书写清楚、规范。填制原始凭证字迹必须清楚、工整、易于辨认,文字使用简明规范,不得使用未经国务院公布的简化汉字。

(5) 连续标号。原始凭证应连续编号,并在填制时按照编号的次序使用。跳号的凭证和因错作废的凭证应当加盖"作废"戳记,连同存根一起保存,不得撕毁。

(6) 不得涂改、刮擦、挖补。原始凭证记载的各项内容均不得涂改。原始凭证有错误的,应当由开出单位重开或者更正,更正处应当加盖开出单位的公章。其中,原始凭证金额有错误的,应当由出具单位重开,不得在原始凭证上更正。

(7) 填制及时。原始凭证应在发生、完成业务时填写,不得拖延时日或事后追记填写,并应及时送交相关部门审核。

(四) 原始凭证的审核

为了如实反映经济业务的发生和完成情况,充分发挥会计的监督职能,保证会计信息的真实、合法、完整和准确,会计人员必须对原始凭证进行严格审核,审核的内容主要包括:①原始凭证的真实性;②原始凭证的合法性;③原始凭证的合理性;④原始凭证的完整性;⑤原始凭证的正确性;⑥原始凭证的及时性。

### 三、记账凭证

#### (一) 记账凭证的种类

**1. 专用记账凭证**

专用记账凭证是指分类反映经济业务的记账凭证。按其反映的经济内容,可分为收款凭证、付款凭证和转账凭证。规模较大、业务量较多的单位一般采用专用记账凭证。

(1) 收款凭证。收款凭证(表2-5)是用来记录现金和银行存款等货币资金收款业务的记账凭证,收款凭证可以分为库存现金收款凭证和银行存款收款凭证。

**表 2-5 收款凭证**

借方科目:银行存款　　　　　2024年5月2日　　　　　银收字第1号

| 摘要 | 贷方科目 | | √ | 金额 | | | | | | | | |
|---|---|---|---|---|---|---|---|---|---|---|---|---|
| | 总账科目 | 明细科目 | | 百 | 十 | 万 | 千 | 百 | 十 | 元 | 角 | 分 |
| 收到工程款 | 应收账款 | 海邦五金交电 | | | 1 | 2 | 9 | 6 | 0 | 0 | 0 | 0 |
| | | | | | | | | | | | | |
| | | | | | | | | | | | | |
| | | | | | | | | | | | | |
| | | | | | | | | | | | | |
| 合计 | | | ¥ | | 1 | 2 | 9 | 6 | 0 | 0 | 0 | 0 |

会计主管　　　　记账　　　　审核　　　　出纳　　　　制单

附件 张

(2) 付款凭证。付款凭证(表2-6)是用来记录现金和银行存款等货币资金支付的记账凭证,付款凭证可以更详细地分为库存现金付款凭证和银行存款付款凭证。

**表 2-6 付款凭证**

贷方科目:现金　　　　　2024年5月7日　　　　　现付字第10号

| 摘要 | 借方科目 | | √ | 金额 | | | | | | | | |
|---|---|---|---|---|---|---|---|---|---|---|---|---|
| | 总账科目 | 明细科目 | | 百 | 十 | 万 | 千 | 百 | 十 | 元 | 角 | 分 |
| 预借差旅费 | 其他应收款 | 李煜 | | | | | | 2 | 0 | 0 | 0 | 0 |
| | | | | | | | | | | | | |
| | | | | | | | | | | | | |
| | | | | | | | | | | | | |
| | | | | | | | | | | | | |
| 合计 | | | ¥ | | | | | 2 | 0 | 0 | 0 | 0 |

会计主管　　　　记账　　　　审核　　　　出纳　　　　制单

附件 张

(3) 转账凭证。转账凭证(表2-7)是指用于记录不涉及现金和银行存款业务的记账凭证。

**表2-7 转账凭证**

2024年5月10日　　　　　　　　　　　　　　　　　　　　转字第8号

| 摘要 | 会计科目 | | √ | 借方金额 | | | | | | | | 贷方金额 | | | | | | | | |
|---|---|---|---|---|---|---|---|---|---|---|---|---|---|---|---|---|---|---|---|---|
| | 总账科目 | 明细科目 | | 百 | 十 | 万 | 千 | 百 | 十 | 元 | 角 | 分 | 百 | 十 | 万 | 千 | 百 | 十 | 元 | 角 | 分 |
| 领用木材 | 工程施工 | A工程 | | | | 8 | 0 | 0 | 0 | 0 | 0 | 0 | | | | | | | | | |
| 领用木材 | 原材料 | 木材 | | | | | | | | | | | | | 8 | 0 | 0 | 0 | 0 | 0 | 0 |
| | | | | | | | | | | | | | | | | | | | | | |
| | | | | | | | | | | | | | | | | | | | | | |
| | | | | | | | | | | | | | | | | | | | | | |
| 合计 | | | | ¥ | | 8 | 0 | 0 | 0 | 0 | 0 | 0 | ¥ | | 8 | 0 | 0 | 0 | 0 | 0 | 0 |

附件　张

会计主管　　　　　　记账　　　　　　审核　　　　　　出纳　　　　　　制单

**2. 通用记账凭证**

通用记账凭证是指用来反映所有经济业务的记账凭证,为各类经济业务所共同使用,其格式与转账凭证相同。通用记账凭证主要适用于经济业务比较简单的单位。

**(二)记账凭证的基本内容**

记账凭证(表2-8)是登记账簿的依据,因其所反映经济业务的内容不同、各单位规模大小及其对会计核算繁简程度的要求不同,记账凭证的内容也有所差异,但应当具备以下基本内容:①填制凭证的日期;②凭证编号;③经济业务摘要;④会计科目;⑤金额;⑥所附原始凭证张数;⑦填制凭证人员、稽核人员、会计机构负责人、会计主管人员签名和盖章。

**表2-8 记账凭证**

2024年5月10日　　　　　　　　　　　　　　　　　　　　记字第12号

| 摘要 | 会计科目 | | √ | 借方金额 | | | | | | | | 贷方金额 | | | | | | | | |
|---|---|---|---|---|---|---|---|---|---|---|---|---|---|---|---|---|---|---|---|---|
| | 总账科目 | 明细科目 | | 百 | 十 | 万 | 千 | 百 | 十 | 元 | 角 | 分 | 百 | 十 | 万 | 千 | 百 | 十 | 元 | 角 | 分 |
| 领用木材 | 工程施工 | A工程 | | | | 8 | 0 | 0 | 0 | 0 | 0 | 0 | | | | | | | | | |
| 领用木材 | 原材料 | 木材 | | | | | | | | | | | | | 8 | 0 | 0 | 0 | 0 | 0 | 0 |
| | | | | | | | | | | | | | | | | | | | | | |
| | | | | | | | | | | | | | | | | | | | | | |
| | | | | | | | | | | | | | | | | | | | | | |
| 合计 | | | | ¥ | | 8 | 0 | 0 | 0 | 0 | 0 | 0 | ¥ | | 8 | 0 | 0 | 0 | 0 | 0 | 0 |

附件　张

会计主管　　　　　　记账　　　　　　审核　　　　　　出纳　　　　　　制单

**(三)记账凭证的填制要求**

(1)记账凭证各项内容必须完整。

(2) 记账凭证的书写应当清楚、规范。

(3) 记账凭证除结账和更正错账可以不附原始凭证外,其他记账凭证必须附原始凭证。

(4) 不得将不同内容和类别的原始凭证汇总填制在一张记账凭证上。

(5) 记账凭证应连续编号。

(6) 填制记账凭证时,若发生错误,应当重新填制。

(7) 记账凭证填制完成后,如有空行,应当将自金额栏最后一笔数字下的空行至合计数上的空行处划线注销。

(四) 记账凭证的审核

为了保证会计信息的质量,记账前应由有关稽核人员对记账凭证进行严格的审核,审核的内容主要包括:①内容是否真实;②项目是否完整;③科目是否正确;④金额是否正确;⑤书写是否规范;⑥手续是否齐备。

# 第五节 会 计 账 簿

## 一、会计账簿的概述

(一) 会计账簿的概念

会计账簿是指由具有一定格式而且互相联系的账页所组成,用以全面、系统、连续记录各项经济业务的簿籍。设置和登记账簿,既是填制和审核会计凭证的延伸,也是编制财务报表的基础,是连接会计凭证和财务报表的中间环节。

(二) 会计账簿的作用

设置和登记账簿的作用主要表现在以下几个方面:①记载和储存会计信息;②分类和汇总会计信息;③检查和矫正会计信息;④编制和输出会计信息。

(三) 会计账簿的基本内容

在实际工作中,由于各种会计账簿所记录的经济业务不同,账簿的格式也多种多样,但各种账簿应具备以下基本内容。

(1) 封面。封面主要用来注明账簿名称和记账单位。账簿名称如总分类账、现金日记账、原材料明细账等。

(2) 扉页。扉页用来列明账簿的使用信息,通常由"账簿启用及经管人员一览表"和"科目索引"组成。

(3) 账页。账页是账户的具体存在形式和载体,账页包括以下基本内容:①账户名称;②日期栏;③凭证种类与编号栏;④摘要栏;⑤金额栏;⑥总页次和分户页次。

(四) 会计账簿和账户的关系

账簿和账户的关系是形式和内容的关系。账簿是由若干账页组成的一个整体,账簿中每一页就是账户的具体存在形式和载体,没有账簿,账页就无法存在;账簿序时、分类地记录经济业务,是在各个具体的账户中完成的。因此账簿是账户的外在形式,账户是账簿的实质内容。

(五)会计账簿的种类

会计账簿的种类很多,不同类别的会计账簿可以提供不同的信息,满足不同的需要。

1. 按用途分类

(1)序时账簿,又称日记账,是指按照经济业务发生或完成时间的先后顺序逐日逐笔进行登记的账簿。会计部门按照收到会计凭证号码的先后顺序登记序时账簿,因而习惯地称序时账簿为日记账。序时账簿按其记录内容的不同,又分为普通日记账和特种日记账两种。

(2)分类账簿,是指对全部经济业务事项按照会计要素的具体类别而设置的分类账户进行登记的账簿。分类账簿按其提供核算指标的详细程度不同,又分为总分类账和明细分类账。

(3)备查账簿,又称辅助账簿,是指对某些在序时账簿和分类账簿等主要账簿中都不予登记或登记不够详细的经济业务事项进行补充登记时使用的账簿。备查账簿的设置应视实际需要而定,并非一定要设置,而且没有固定格式,如企业可以设置租入固定资产登记簿、代销商品登记簿等。

2. 按账页格式分类

(1)两栏式账簿,是指只有借方和贷方2个金额栏目的账簿。普通日记账一般采用两栏式账簿。

(2)三栏式账簿,是指设有借方、贷方和余额3个基本栏目的账簿。特种日记账、总分类账以及资本、债权、债务明细账都可采用三栏式账簿。

(3)多栏式账簿,是指在账簿的2个金额栏目(借方和贷方)按需要分设若干专栏的账簿。费用、成本和收入明细账一般采用多栏式账簿。

(4)数量金额式账簿,是指在账簿的借方、贷方和金额3个栏目内都分设数量、单价和金额三小栏,用以反映财产物资的实物数量和价值量的账簿。原材料、库存商品、产成品等明细账一般采用此格式。

(5)横线登记式账簿,又称平行式账簿,是指将前后密切相关的经济业务登记在同一行上,以便检查每笔业务的发生和完成情况的账簿。在途物资、材料采购、应收票据和一次性备用金等明细账一般采用此格式。

3. 按外形特征分类

(1)订本式账簿,简称订本账,是指在启用前将编有顺序页码的一定数量账页装订成册的账簿,主要适用于总分类账、库存现金日记账、银行存款日记账。

(2)活页式账簿,简称活页账,是指将一定数量的账页置于活页夹内,可根据记账内容的变化而随时增加或减少部分账页的账簿,主要适用于各类明细分类账。

(3)卡片式账簿,简称卡片账,是指将一定数量的卡片式账页存放于专设的卡片箱中,账页可以根据需要随时增添的账簿。卡片账主要适用于记录比较复杂的财产明细账,在我国,企业一般只对固定资产明细核算采用卡片式账簿。

## 二、日记账的格式与登记方法

日记账是按照经济业务发生或完成的时间先后顺序逐日、逐笔进行登记的账簿。设置日记账的目的是使经济业务按时间顺序清晰地反映在账簿中。日记账按其核算和监督经济业务的范围,可分为特种日记账和普通日记账。在我国,大多数企业一般只设置库存现金日记账和银行存款日记账。

(一)现金日记账的格式与登记方法

库存现金日记账是指用来核算和监督库存现金日常收、付和结存情况的序时账簿。库存现金日记账的格式主要有三栏式和多栏式两种,下面着重介绍三栏式库存现金日记账。

1. 库存现金日记账的格式

三栏式库存现金日记账设置借方、贷方和余额 3 个金额栏目,一般将其分别称为收入、支出和结余 3 个基本栏目。三栏式库存现金日记账是由出纳人员根据现金收款凭证、现金付款凭证以及银行存款付款凭证,按照现金收、付款业务和银行付款业务发生时间的先后顺序逐日、逐笔登记。

三栏式现金日记账的格式如表 2-9 所示。

表 2-9 库存现金日记账(三栏式)

第　　页

| 2×18年 | | 凭证 | | 摘要 | 对方科目 | 收入 | 支出 | 结余 |
| --- | --- | --- | --- | --- | --- | --- | --- | --- |
| 月 | 日 | 字 | 号 | | | | | |
| | | | | | | | | |
| | | | | | | | | |
| | | | | | | | | |
| | | | | | | | | |

2. 库存现金日记账的登记方法

(1)日期:按记账凭证上的日期填写账页上的"年、月、日"。

(2)凭证字号:登记入账的收、付款凭证的种类和标号,如"现付01""现收01",便于查账与核对。

(3)摘要:简明扼要地说明经济业务的内容。

(4)对方科目:会计凭证中,与现金增加或减少对应的会计科目,表明现金的来源和支出情况。

(5)金额:"收入"栏登记现金的增加,"支出"栏登记现金的减少,"结余"栏登记每笔业务发生后的结余额。

(二)银行存款日记账的格式与登记方法

银行存款日记账是用来核算和监督银行存款日常收、付和结存情况的序时账簿。银行存款日记账应按企业在银行开立的账户和币种分别设置,每个银行账户设置一本日记账。银行存款日记账由出纳人员根据与银行存款收、付业务有关的记账凭证,按照时间先后顺序逐日、逐笔登记。根据银行存款收款凭证和有关现金付款凭证登记其收入栏,根据银行存款付款凭证登记其支出栏,每日结出存款余额。

银行存款日记账一般也采用三栏式或多栏式,其格式和登记方法与库存现金日记账的格式和登记方法基本相同,只是增加了一栏"结算凭证",用来证明业务的结算凭证种类和号码。银行存款日记账的具体登记方法可参照库存现金日记账登记方法的说明,在此不再重述。

银行存款日记账应定期与银行存款对账单核对,至少每月核对 1 次,月份终了,本单位账面结余数与银行对账单如有差额,必须逐笔查明原因进行处理,并按月编制"银行存款余额调节表"。

### 三、总分类账的格式与登记方法

总分类账是指按照总分类账户分类登记以提供总括会计信息的账簿。总分类账只要求提供金额指标,因此,账页中只有金额的登记,没有数量的登记。总分类账最常用的格式为三栏式,设有借方、贷方和余额 3 个金额栏目。总分类账格式如表 2-10 所示。

表 2-10 总分类账

会计科目: 第 页

| 2×18年 | | 凭证 | | 摘要 | 借方 | 贷方 | 借或贷 | 余额 |
|---|---|---|---|---|---|---|---|---|
| 月 | 日 | 字 | 号 | | | | | |
| | | | | | | | | |
| | | | | | | | | |
| | | | | | | | | |
| | | | | | | | | |

总分类账的登记方法因登记的依据不同而有所不同。经济业务少的小型单位的总分类账可以根据记账凭证逐笔登记。经济业务多的大中型企业的总分类账可以根据记账凭证汇总表(又称科目汇总表)或汇总记账凭证等定期登记。

### 四、明细分类账的格式与登记方法

明细分类账是根据有关明细分类账设置并登记的账簿。它能提供交易或事项比较详细、具体的核算资料,并补充总账所提供核算资料的不足,因此,企业在设置总账的同时,还应设置必要的明细账。明细分类账一般采用活页式账簿、卡片式账簿。

明细分类账常用格式主要有三栏式、多栏式、数量金额式、横线登记式 4 种类型。

(一) 三栏式

三栏式账页设有借方、贷方和余额 3 个栏目,用以分类核算各项经济业务,提供详细的核算资料。其格式与三栏式总账相同。这种格式的明细分类账适用于只登记金额不反映数量的账户,如用于登记应收账款、应付账款、预收账款、预付账款、实收资本等的明细分类核算。

## (二)多栏式

多栏式账页将属于同一个总账科目的各个明细科目合并在一张账页上进行登记,即在这种格式账页的借方或贷方金额栏内按照明细项目设若干专栏。这种格式适用于收入、成本、费用等科目的明细核算,如"管理费用""工程施工""主营业务收入"等科目的明细核算,多栏式明细分类账(工程施工明细分类账)如表2-11所示。

表2-11 工程施工明细分类账

明细科目: 　　　　　　　　　　　　　　　　　　　　　　　　　　　　　　　第　　页

| 2×18年 | | 凭证 | | 摘要 | 借方 | | | | | 贷方 | 余额 |
|---|---|---|---|---|---|---|---|---|---|---|---|
| 月 | 日 | 字 | 号 | | 材料消耗 | 职工薪酬 | 机械使用费 | 水电费 | 办公费 | | |
| | | | | | | | | | | | |
| | | | | | | | | | | | |
| | | | | | | | | | | | |
| | | | | | | | | | | | |
| | | | | | | | | | | | |
| | | | | | | | | | | | |
| | | | | | | | | | | | |

## (三)数量金额式

数量金额式账页适用于既要进行金额核算又要进行数量核算的账户,如原材料、周转材料、委托加工物资、库存商品等存货账户,其借方(收入)、贷方(发出)和余额(结存)都分别设有数量、单价和金额3个专栏。数量金额式明细分类账(原材料明细分类账)如表2-12所示。

表2-12 原材料明细分类账

明细科目: 　　　　　　　　　　　　　　　　　　　　　　　　　　　　　　　第　　页

| 2×18年 | | 凭证 | | 摘要 | 收入 | | | 发出 | | | 结存 | | |
|---|---|---|---|---|---|---|---|---|---|---|---|---|---|
| 月 | 日 | 字 | 号 | | 数量 | 单价 | 金额 | 数量 | 单价 | 金额 | 数量 | 单价 | 金额 |
| | | | | | | | | | | | | | |
| | | | | | | | | | | | | | |
| | | | | | | | | | | | | | |
| | | | | | | | | | | | | | |
| | | | | | | | | | | | | | |

## (四)横线登记式

横线登记式账页采用横线登记,即将每一相关的业务登记在一行,从而可根据每一行各个栏目的登记是否齐全来判断该项业务的进展情况。这种格式适用于登记材料采购、在途物资、应收票据和一次性备用金业务等。横线登记式明细分类账(材料采购明细分类账)如表 2-13 所示。

表 2-13　材料采购明细分类账

明细科目：　　　　　　　　　　　　　　　　　　　　　　　　　　　　总　页
　　　　　　　　　　　　　　　　　　　　　　　　　　　　　　　　　　分　页

| 2×18年 | | 凭证 | | 摘要 | 借方 | | | 贷方 | 金额 |
| --- | --- | --- | --- | --- | --- | --- | --- | --- | --- |
| 月 | 日 | 字 | 号 | | 买价 | 采购费用 | 合计 | | |
| | | | | | | | | | |
| | | | | | | | | | |
| | | | | | | | | | |
| | | | | | | | | | |

### 五、总分类账和明细分类账的平行登记

**(一)总分类账和明细分类账的关系**

总分类账户是所辖明细分类账户的统驭账户，对所辖明细分类账户起着控制作用；明细分类账户则是总分类账户的从属账户，对其隶属的总分类账户起着辅助作用。总分类账户及其所辖明细分类账户的核算对象是相同的，它们所提供的核算资料相互补充，只有把两者结合起来，才能既总括又详细地反映统一核算对象内容。因此，总分类账户和明细分类账户必须平行登记。

**(二)总分类账和明细分类账平行登记的要点**

平行登记是指对所发生的每项经济业务都以会计凭证为依据，一方面记入有关总分类账户，另一方面记入所辖明细分类账户的方法。

总分类账户与明细分类账户平行登记的要素包括以下几点：
(1) 方向相同。
(2) 期间一致。
(3) 金额相等。

## 第六节　账务处理程序

### 一、账务处理程序概述

账务处理程序又称会计核算组织程序或会计核算形式，是指会计凭证、会计账簿、财务报表相结合的方式，包括账簿组织和记账程序。

科学、合理地选择账务处理程序,具有以下重要意义:①有利于规范会计工作、保证会计信息加工过程的严密性,提高会计信息质量;②有利于保证会计记录的完整性和正确性,增强会计信息的可靠性;③有利于减少不必要的会计核算环节,提高会计工作效率,保证会计信息的及时性。

根据登记总分类账的依据和方法的不同,账务处理程序可以分为记账凭证账务处理程序、汇总记账凭证账务处理程序和科目汇总表账务处理程序等。

## 二、记账凭证账务处理程序

记账凭证账务处理程序是指对发生的经济业务事项,根据原始凭证或汇总原始凭证编制记账凭证,然后直接根据记账凭证逐笔登记总分类账的一种账务处理程序,是基本的账务处理程序。

### (一)记账凭证账务处理程序的一般步骤

(1)根据原始凭证编制汇总原始凭证。
(2)根据原始凭证或汇总原始凭证,编制记账凭证。
(3)根据收款凭证、付款凭证逐笔登记库存现金日记账和银行存款日记账。
(4)根据原始凭证、汇总原始凭证和记账凭证,登记各种明细分类账。
(5)根据记账凭证逐笔登记总分类账。
(6)期末,将库存现金日记账、银行存款日记账和明细分类账的余额与有关总分类账的余额核对相符。
(7)期末,根据总分类账和明细分类账的记录,编制会计报表。

记账凭证账务处理程序的一般步骤如图 2-16 所示。

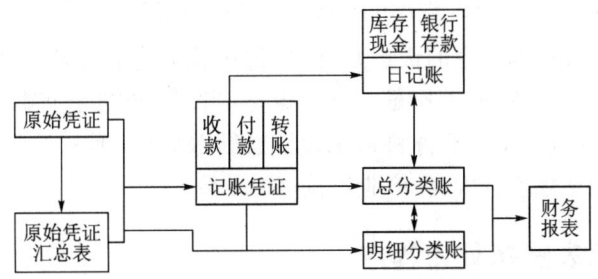

图 2-16 记账凭证账务处理程序的一般步骤

### (二)记账凭证账务处理程序的优缺点及适用范围

记账凭证账务处理程序的优点是:简单明了,易于理解,总分类账可以较详细地反映经济业务的发生情况。其缺点是:登记总分类账的工作量较大。该财务处理程序适用于规模较小、经济业务量较少的单位。

## 三、汇总记账凭证账务处理程序

汇总记账凭证账务处理程序是指根据原始凭证或汇总原始凭证编制记账凭证,定期根据记账凭证分类编制汇总收款凭证、汇总付款凭证和汇总转账凭证,再根据汇总记账凭证登记总分类账的一种账务处理程序。

(一) 汇总记账凭证账务处理程序的一般步骤

(1) 根据原始凭证编制汇总原始凭证。

(2) 根据原始凭证或汇总原始凭证,编制收款凭证、付款凭证和转账凭证,也可以填制通用记账凭证。

(3) 根据收款凭证、付款凭证逐笔登记库存现金日记账和银行存款日记账。

(4) 根据原始凭证、汇总原始凭证和记账凭证,登记各种明细分类账。

(5) 根据各种记账凭证编制有关汇总记账凭证。

(6) 根据各种汇总记账凭证登记总分类账。

(7) 期末,核对库存现金日记账、银行存款日记账和明细分类账的余额与有关总分类账的余额确认其相符。

汇总记账凭证账务处理程序的一般步骤如图 2-17 所示。

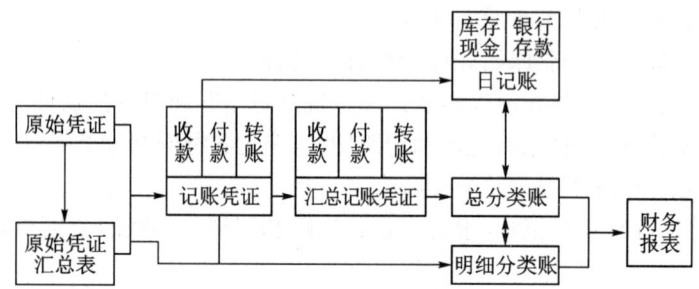

图 2-17 汇总记账凭证账务处理程序的一般步骤

(二) 汇总记账凭证账务处理程序的优缺点及适用范围

汇总记账凭证账务处理程序的优点是:汇总记账凭证能够清晰反映账户之间的对应关系,大大减轻了登记总分类账的工作量。其缺点是:当汇总转账凭证较多时,编制汇总转账凭证的工作量较大,并且按每一贷方科目编制汇总转账凭证,不利于会计核算的日常分工。该账务处理程序适用于规模较大、经济业务较多的单位。

## 四、科目汇总表账务处理程序

科目汇总表账务处理程序又称记账凭证汇总表账务处理程序,是指根据记账凭证定期编制科目汇总表,再根据科目汇总表登记总分类账的一种账务处理程序。

(一) 汇总记账凭证账务处理程序的一般步骤

(1) 根据原始凭证编制汇总原始凭证。

(2) 根据原始凭证或汇总原始凭证填制记账凭证。

(3) 根据收款凭证、付款凭证逐笔登记库存现金日记账和银行存款日记账。

(4) 根据原始凭证、汇总原始凭证和记账凭证,登记各种明细分类账。

(5) 根据各种记账凭证编制科目汇总表。

(6) 根据科目汇总表登记总分类账。

(7) 期末,核对库存现金日记账、银行存款日记账和明细分类账的余额与有关总分类账的余额,确认其相符。

(8) 期末,根据总分类账和明细分类账的记录,编制会计报表。

科目汇总表账务处理程序的一般步骤如图 2-18 所示。

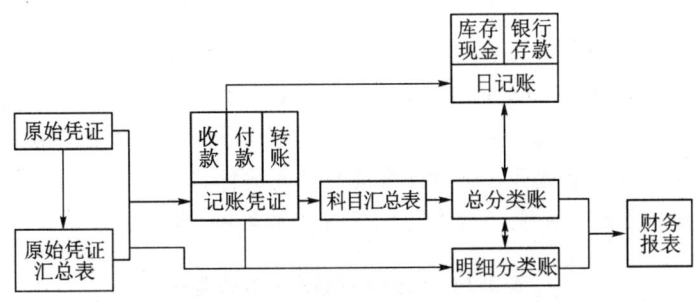

图 2-18 科目汇总表账务处理程序的一般步骤

(二) 科目汇总表账务处理程序的优缺点及适用范围

科目汇总表账务处理程序的优点是:减轻了登记总分类账的工作量,易于理解,便于学习,且会计人员可利用科目汇总表提前进行试算平衡;其缺点是:科目汇总表不能反映各个账户之间的对应关系,不便于查对账目。该财务处理程序适用于经济业务较多的单位。

## 复习思考题

1. 什么是会计基本等式?经济业务是如何影响会计等式的?
2. 什么是会计科目?会计科目是如何分类的?
3. 什么是账户?账户是如何分类的?
4. 会计科目和会计账户的区别与联系是什么?
5. 什么是记账方法、复式记账法、借贷记账法?借贷记账法的记账规则是什么?
6. 什么是试算平衡?试算平衡等式有哪两个?
7. 什么是会计分录?会计分录的三要素是什么?
8. 什么是会计凭证?它是如何分类的?
9. 什么是会计账簿?它是如何分类的?
10. 常用的账务处理程序有哪几种?

## 实训练习题

### 练习题一

(一) 目的:了解经济业务及其类型。

(二) 资料:某公司发生如下经济业务:

某公司 2×18 年 7 月初的资产总额为 400 000 元,负债总额为 130 000 元,所有者权益总额为 270 000 元。经验证,三者的金额关系满足"资产=负债+所有者权益"这一会计等式。该公司 7 月份发生如下经济业务:

(1) 从银行提取现金 30 000 元备用。

(2) 向银行借款50 000元(1年期)归还到期的应付账款50 000元。

(3) 公司召开董事会,决定从盈余公积中拿出22 000元转增实收资本,并办理相关手续。

(4) 投资者代该公司偿还到期的银行借款本金100 000元(1年期),并同意作为对该公司的追加投资100 000元,已办理有关手续。

(5) 该公司的某一债转股股东退股,金额为18 000元,尚未支付。

(6) 一位新的投资者向该公司增加货币投资1 000 000元,资金已存入银行。

(7) 该公司向企业借款100 000元(1年期)存入银行。

(8) 该公司的原投资者之一减少对本公司的投资50 000元,用银行存款支付。

(9) 该公司偿还短期借款30 000元,用银行存款支付。

(三) 要求:分析上述经济业务对财务状况等式的影响,并将编号填入表2-14。

表2-14 区分各项经济业务的类型

| 经济业务类型 | 经济业务编号 |
| --- | --- |
| 1. 一项资产增加,另一项资产减少 | |
| 2. 一项资产增加,一项负债增加 | |
| 3. 一项资产增加,一项所有者权益增加 | |
| 4. 一项资产减少,一项负债减少 | |
| 5. 一项资产减少,一项所有者权益减少 | |
| 6. 一项负债增加,另一项负债减少 | |
| 7. 一项所有者权益增加,另一项所有者权益减少 | |
| 8. 一项负债增加,一项所有者权益减少 | |
| 9. 一项负债减少,一项所有者权益增加 | |

## 练 习 题 二

(一) 目的:练习经济业务对会计基本等式的影响。

(二) 资料:某企业2×18年5月初各账户余额如表2-15所示。

表2-15 某企业2×18年5月初各账户余额

| 资产 | 金额(元) | 负债和所有者权益 | 金额(元) |
| --- | --- | --- | --- |
| 库存现金 | 7 000 | 短期借款 | 100 000 |
| 银行存款 | 23 000 | 应付账款 | 125 000 |
| 应收账款 | 54 000 | 应付职工薪酬 | 20 000 |
| 其他应收款 | 20 000 | | |
| 生产成本 | 2 000 | 实收资本 | 460 000 |
| 原材料 | 80 000 | 盈余公积 | 80 000 |
| 库存商品 | 170 000 | 未分配利润 | 71 000 |
| 固定资产 | 500 000 | | |
| 合计 | 856 000 | 合计 | 856 000 |

5 月份,本企业发生下列经济业务(不考虑相关税费):
(1) 向甲公司购入原材料一批,价值 30 000 元,材料验收入库,货款尚未支付。
(2) 生产车间领用材料 60 000 元,投入生产。
(3) 向银行借入短期借款 7 000 元,存入银行。
(4) 收到某投资者投入资本 60 000 元,存入银行。
(5) 以银行存款偿还前欠 A 公司购货款 50 000 元。
(6) 收回应收账款 30 000 元存入银行。
(7) 从银行提取现金 3 000 元。
(8) 以现金支付职工福利 7 000 元。
(9) 以银行存款购入机器设备一台,价值 45 000 元。
(10) 将盈余公积 60 000 元转增资本。
(三) 要求:根据上述业务,编制 2×18 年 5 月底的试算平衡表。

## 练 习 题 三

(一) 目的:练习借贷记账法。
(二) 资料:同练习题二所列各项经济业务。
(三) 要求:根据上述资料,编制会计分录。

# 第三章
## 货币资金及应收、预付款项

**案例研究：** 中铁一局城轨分公司——"资金管理出效益"

中铁一局城轨分公司在2006年四季度的实地调研中发现，公司内部资金闲置与资金紧张的情况同时并存：有的项目资金闲置造成浪费，有的项目因资金紧张致使"隐性成本"增加，影响项目正常施工生产。

2007年1月，城轨分公司以"钱账分离，额度管理，集中调配，奖罚兑现"十六字原则为指导，开始推行资金集中管理。要求：各项目的当地结算银行存款额度最高不超过200万元，超额部分由公司本部"资金池"平台统一管理调配；低于额度的，向公司本部提出资金使用申请，公司本部在2个工作日内补足额度。随着资金集中管理工作的顺利推进，城轨分公司在2007年6月中旬开始尝试低资金存量运行：在保证8个在建项目正常生产的基础上，城轨分公司整体资金存量(含项目资金)始终控制在700万元左右。通过实践，城轨分公司实现高达90%的资金集中度，形成了巨大的"资金池"效应，对各项目的顺利施工起到了强有力的资金保障作用。

"货币资金"的集中管理实现"以闲置补短缺，以有余补不足"，使得项目的资金流始终保持在相对均衡状态，与项目生产中的资金需求相匹配。同时，公司本部牢牢掌握项目部的资金流向，确保项目资金在公司本部的监控下"透明"流动；如有违规，公司本部可以第一时间采取应对措施，将问题解决在萌芽阶段。另外，在资金集中管理的实施过程中也实现了公司本部与各项目部之间资金的高效流动，增强了企业内部财务管理工作的顺畅性。

(陈强. 建筑施工企业资金集中管控实践与思考——以某施工企业为例[J]. 财会通讯，2009(32)：84-85.)

## 第一节　货币资金

货币资金是指企业生产经营过程中处于货币状态的资产,包括库存现金、银行存款和其他货币资金。

### 一、库存现金

库存现金是指存放于企业财会部门、由出纳人员管理的货币,是企业流动性最强的资产。企业应当遵守国家有关现金管理制度,正确进行现金收支的核算,监督现金使用的合法性与合理性。

#### (一)现金的账务处理

为了核算和监督企业库存现金的收入、支出和结存情况,企业应当设置"库存现金"账户,借方登记企业库存现金的增加,贷方登记企业库存现金的减少,期末借方余额反映期末实际持有的库存现金的金额。企业内部各部门周转使用的备用金,可以单独设置"备用金"账户进行核算。

为了全面、连续地核算和监督库存现金的收支和结存情况,企业应当设置库存现金总账和库存现金日记账,分别进行库存现金的总分类核算和明细分类核算。

库存现金日记账由出纳人员根据收付款凭证,按照业务发生顺序逐笔登记。每日终了,应当在库存现金日记账上计算出当日的现金收入合计额、现金支出合计额和结余额,并将库存现金日记账的余额与实际库存现金额相核对,保证账款相符。月度终了,库存现金日记账的余额与库存现金总账的余额核对,做到账账相符。

#### (二)现金的清查

为了保证现金的安全完整,企业应当按规定对库存现金进行定期和不定期的清查,一般采用实地盘点法,对于清查的结果应当编制现金盘点报告单。如果有挪用、白条顶库的情况,应及时予以纠正;对于超限额留存的现金应及时送存银行。如果账实不符,发现有待查明原因的现金短缺或盈余,应先通过"待处理财产损溢"账户核算,按管理权限经批准后,分别按以下情况处理。

(1)如为现金短缺,属于应由负责人赔偿或保险公司赔偿的部分,计入其他应收款;属于无法查明原因的,计入管理费用。

(2)如为现金溢余,属于应支付给有关人员或单位的,计入其他应付款;属于无法查明原因的,计入营业外收入。

### 二、银行存款

#### (一)银行存款的账务处理

银行存款是企业存放在银行或其他金融机构的货币资金。企业应当根据业务需要,按照规定在其所在地银行开设账户,运用所开设的账户,进行存款、取款以及各种转账业务。银行存款的收付应严格执行银行结算制度的规定。

为了核算和监督银行存款的收入、支出和结存情况,企业应当设置"银行存款"账户,借方登记企业银行存款的增加,贷方登记企业银行存款的减少,期末借方余额反映期末实际持有的银行存款的金额。

企业应当设置银行存款总账和银行存款日记账,分别进行银行存款的总分类核算和明细分类核算。企业可按开户银行和其他金融机构、存款种类等设置"银行存款日记账",根据收付款凭证,按照业务发生顺序逐笔登记。每日终了,应结出余额。

## (二)银行存款的核对

企业应定期将银行存款日记账与银行对账单核对,至少每月核对一次。企业银行存款账面余额与银行对账单余额之间如有差额,企业应编制银行存款余额调节表调节,如没有记账错误,调节后的双方余额应相等。银行存款余额调节表只是核对账目,不能作为银行存款账面余额的记账依据。

【例3-1】 2×18年5月31日,某施工企业银行存款日记账的账面余额为324 000元,银行对账单余额为316 000元。经逐笔核对,发现有以下未达账项:

(1)企业送存银行转账单一张,金额70 000元,银行尚未入账。
(2)银行支付到期货款98 000元,企业尚未入账。
(3)银行收到外单位汇来货款32 000元,企业尚未入账。
(4)企业开出转账支票一张,金额128 000元,持票人尚未到银行办理转账手续。

要求:根据上述资料编制银行存款余额调节表(表3-1)。

表3-1 银行存款余额调节表  单位:元

| 项目 | 金额 | 项目 | 金额 |
| --- | --- | --- | --- |
| 银行存款日记账余额 | 324 000 | 银行对账单余额 | 316 000 |
| 加:银行已收,企业未收款项 | 32 000 | 加:企业已收,银行未收款项 | 70 000 |
| 减:银行已付,企业未付款项 | 98 000 | 减:企业已付,银行未付款项 | 128 000 |
| 调节后的存款余额 | 258 000 | 调节后的存款余额 | 258 000 |

## 三、其他货币资金

### (一)其他货币资金的内容

其他货币资金是指企业除库存现金、银行存款之外的其他各种货币资金,主要包括银行汇票存款、银行本票存款、信用卡存款、信用证保证金存款、存出投资款和外埠存款。

(1)银行汇票存款。银行汇票存款是指由出票银行签发的,由其在见票时按实际结算金额无条件支付给收款人或者持票人的票据。银行汇票的出票银行为银行汇票的付款人。单位和个人各项款项的结算,均可使用银行汇票。银行汇票可以用于转账,填明"现金"字样的银行汇票也可以用于支取现金。

(2)银行本票存款。银行本票存款是指由出票银行签发的,承诺自己在见票时支付确定的金额给收款人或者持票人的票据。单位和个人在同一票据交换区域需要支付的各种款项,均可使用银行本票。银行本票可以用于转账,填明"现金"字样的银行本票也可以用于支取现金。

（3）信用卡存款。信用卡存款是指企业为取得信用卡面额存入银行信用卡专户的款项。信用卡也是银行卡的一种。

（4）信用保证金存款。信用保证金存款是指采用信用证结算方式的企业为开具信用证而存入银行信用证保证金专户的款项。企业向银行申请开立信用证,应按规定向银行提交开证申请书、信用证申请人承诺书和购销合同。

（5）存出投资款。存出投资款是指企业为购买股票、债券、基金等根据有关规定存入在证券公司指定银行开立的投资款专户的款项。

（6）外埠存款。外埠存款是指企业为了到外地进行临时或零星采购而汇往采购地银行开立采购专户的款项。

## （二）其他货币资金的账务处理

为了核算和监督其他货币资金的收支和结存情况,企业应当设立"其他货币资金"账户,借方登记其他货币资金的增加,贷方登记其他货币资金的减少,期末余额在借方,反映企业实际持有的其他货币资金的金额。"其他货币资金"账户应当按照其他货币资金的种类设置明细账户进行核算。

### 1. 银行汇票存款

汇款单位(即申请人)使用银行汇票,应向出票银行填写"银行汇票申请书",填明收款人名称、汇票金额、申请人名称、申请日期等事项并签章,签章是其预留银行的签章。出票银行受理银行汇票申请书,收妥款项后签发银行汇票,并用压数机压印出票金额,将银行汇票和解讫通知一并交给申请人。申请人应将银行汇票和解讫通知一并交给汇票上记明的收款人。收款人受理申请人交付的银行汇票时,应在出票金额以内,根据实际需要的款项办理结算,并将实际结算的金额和多余的金额准确、清晰地填入银行汇票和解讫通知的有关栏内,到银行办理款项入账手续。收款人可以将银行汇票背书转让给被背书人。银行汇票的背书转让以不超过出票金额的实际结算金额为准。未填写实际结算或实际结算金额超过出票金额的银行汇票,不得背书转让。银行汇票的提示付款期限为出票日起1个月,持票人超过付款期限提示付款的,银行将不予受理。持票人向银行提示付款时,必须同时提交银行汇票和解讫通知,缺少任何一联,银行不予受理。

如果银行汇票丧失,失票人可以凭人民法院出具的其享有票据权利的证明,向出票银行请求付款或退款。

企业填写"银行汇票申请书",将款项交存银行,借记"其他货币资金——银行汇票"账户,贷记"银行存款"账户;企业持银行汇票购货、收到有关发票账单时,借记"材料采购"或"原材料""库存商品""应交税费——应交增值税(进项税额)"等账户,贷记"其他货币资金——银行汇票"账户;采购完毕收到剩余款项时,借记"银行存款"账户,贷记"其他货币资金——银行汇票"账户。

销货企业收到银行汇票,填制进账单到开户银行办理款项入账手续时,根据进账单及销货发票等,借记"银行存款"账户,贷记"主营业务收入""应交税费——应交增值税(销项税额)"等账户。

**【例 3-2】** 某施工企业为增值税一般纳税人,向银行申请办理银行汇票用以采购原材料,将款项 480 000 元缴存银行转作银行汇票存款。根据银行盖章退回的申请书存根联,该企业应编制如下会计分录:

借:其他货币资金——银行汇票　　　　　　　　　　　　480 000
　　贷:银行存款　　　　　　　　　　　　　　　　　　　　480 000

该企业购入钢材一批已验收入库,取得增值税专用发票上的价款为 400 000 元,增值税额为 52 000 元,已用银行汇票办理结算,多余款项 28 000 元退回开户银行,企业已收到开户银行转来的银行汇票第四联(多余款收账通知)。该企业应编制如下会计分录:

(1) 用银行汇票结算材料价款和增值税款时:

借:原材料　　　　　　　　　　　　　　　　　　　　　400 000
　　应交税费——应交增值税(进项税额)　　　　　　　　 52 000
　　贷:其他货币资金——银行汇票　　　　　　　　　　　452 000

(2) 收到退回的银行汇票多余款时:

借:银行存款　　　　　　　　　　　　　　　　　　　　 28 000
　　贷:其他货币资金——银行汇票　　　　　　　　　　　 28 000

**2. 银行本票存款**

银行本票分为不定额本票和定额本票两种。定额本票面额为 1 000 元、5 000 元、10 000 元和 50 000 元。银行本票的提示付款期限自出票日起最长不得超过 2 个月。在有效付款期内,银行见票付款。持票人超过付款期限提示付款的,银行不予受理。

申请人使用银行本票,应向出票银行填写"银行本票申请书",申请人或收款人为单位的,不得申请签发现金银行本票。出票银行受理银行本票申请书,收妥款项后签发银行本票,在本票上签章后交给申请人。申请人应将银行本票交给本票上记明的收款人。收款人可以将银行本票背书转让给被背书人。

申请人因银行本票超过提示付款期限或其他原因要求退款的,应将银行本票提交到出票银行并出具单位证明。根据银行盖章退回的进账单第一联,借记"银行存款"账户,贷记"其他货币资金——银行本票"账户。出票银行对于在本行开立存款账户的申请人,只能将款项转入申请人账户;对于现金银行本票和未到本行开立存款账户的申请人,才能退付现金。

银行本票丧失,失票人可以凭人民法院出具的其享有票据权利的证明,向出票银行请求付款或退款。

企业填写"银行本票申请书",将款项交存银行,借记"其他货币资金——银行本票"账户,贷记"银行存款"账户;企业持银行本票购货、收到有关发票账单时,借记"材料采购"或"原材料""库存商品""应交税费——应交增值税(进项税额)"等账户,贷记"其他货币资金——银行本票"账户;采购完毕收到剩余款项时,借记"银行存款"账户,贷记"其他货币资金——银行本票"账户。

销货企业收到银行本票,填制进账单到开户银行办理款项入账手续时,根据进账单及销货发票等,借记"银行存款"账户,贷记"主营业务收入""应交税费——应交增值税(销项税额)"等账户。

#### 3. 信用卡存款

凡在中国境内金融机构开立基本存款账户的单位可申请单位卡。单位卡可申领若干张,持卡人资格由申领单位法人或其委托人的代理人书面指定和注销。单位卡账户的资金一律从其基本存款账户转账存入,不得交存现金,不得将销售收入的款项存入其账户。持卡人可持信用卡在特约单位购物、消费,但单位卡不得用于10万元以上的商品交易、劳务供应款项的结算,不得支取现金。特约单位在每日营业终了应将当日受理的信用卡签约单汇总,计算手续费和净额,并填写汇(总)计单和进账单,连同签购单一并交送收单银行办理进账。

企业应填制"信用卡申请表",连同支票和有关资料一并交存发卡银行,根据银行盖章退回的进账单第一联,借记"其他货币资金——信用卡"账户,贷记"银行存款"账户;企业持信用卡购物或支付有关费用时,借记"管理费用"等账户,贷记"其他货币资金——信用卡"账户;企业在信用卡使用过程中,需要向其账户续存资金的,应借记"其他货币资金——信用卡"账户,贷记"银行存款"账户;企业的持卡人不需要继续使用信用卡的,应主动到发卡银行将信用卡销户,销户时,信用卡余额转入企业基本存款户,不得提取现金,借记"银行存款"账户,贷记"其他货币资金——信用卡"账户。

#### 4. 信用证保证金存款

企业填写"信用证申请书",将信用证保证金交存银行,应根据银行盖章退回的"信用证申请书"回单,借记"其他货币资金——信用证保证金"账户,贷记"银行存款"账户;企业收到开证行通知,根据供货单位信用证保证金结算凭证及所附发票账单,借记"材料采购"或"原材料""库存商品""应交税费——应交增值税(进项税额)"等账户,贷记"其他货币资金——信用证保证金"账户;将未用完的信用证保证金存款余额转回开户银行时,借记"银行存款"账户,贷记"其他货币资金——信用证保证金"账户。

#### 5. 存出投资款

企业向证券公司划出资金时,应按实际划出的金额,借记"其他货币资金——存出投资款"账户,贷记"银行存款"账户;购买股票、债券、基金时,借记"交易性金融资产"等账户,贷记"其他货币资金——存出投资款"账户。

【例3-3】 甲公司从上海证券交易所购入A上市公司股票,价值10 000 000元,并将其列为交易性金融资产。

(1)向证券公司划出资金时:

借:其他货币资金——存出投资款　　　　　　　　　　　10 000 000
　　贷:银行存款　　　　　　　　　　　　　　　　　　10 000 000

(2)购入A上市公司股票时:

借:交易性金融资产　　　　　　　　　　　　　　　　10 000 000
　　贷:其他货币资金——存出投资款　　　　　　　　　　10 000 000

#### 6. 外埠存款

企业将款项汇往外地时,应填写汇款委托书,委托开户银行办理汇款。汇入地银行以汇款单位名义开立临时采购账户,该账户的存款不计利息、只付不收、付完清户,除了采购人员可从中提取少量现金外,一律采用转账结算。

企业将款项汇往外地开立采购专用账户,根据汇出款项凭证编制付款凭证时,借记"其他货币资金——外埠存款"账户,贷记"银行存款"账户;收到采购人员转来供应单位发票账单等报销凭证时,借记"材料采购"或"原材料""库存商品""应交税费——应交增值税(进项税额)"等账户,贷记"其他货币资金——外埠存款"账户;采购完毕收到剩余款项时,借记"银行存款"账户,贷记"其他货币资金——外埠存款"账户。

## 第二节 应收及预付款项

应收及预付款项是指企业在日常生产经营过程中发生的各种债权,包括应收款项和预付款项。应收款项包括应收票据、应收账款和其他应收款等;预付款项则是指企业按照合同规定预付的款项,如预付账款等。

### 一、应收票据

#### (一)应收票据概述

应收票据是指施工企业因结算工程价款、销售产品、提供劳务、作业等经营活动而收到的商业汇票。商业汇票是一种由出票人签发的,委托付款人在指定日期无条件支付确定金额给收款人或者持票人的票据。

商业汇票的付款期限最长不超过 6 个月。①定日付款的汇票付款期限自出票日起按日计算,并在汇票上记载具体到期日;②出票后定期付款的汇票付款期限自出票日起按月计算,并在汇票上记载;③见票后定期付款的汇票付款期限自承兑或拒绝承兑日起按月计算,并在汇票上记载。商业汇票的提示付款期限,自汇票到期日起 10 日。符合条件的商业汇票的持票人,可以持未到期的商业汇票连同贴现凭证向银行申请贴现。

根据承兑人不同,商业汇票分为商业承兑汇票和银行承兑汇票。商业承兑汇票是指付款人签发并承兑,或由收款人签发、交由付款人承兑的汇票。银行承兑汇票是指由在承兑银行开立存款账户的存款人(这里也是出票人)签发,由承兑银行承兑的票据。

#### (二)应收票据的账务处理

为了核算和监督应收票据取得、票款收回等情况,企业应当设立"应收票据"账户,借方登记取得的应收票据的面值,贷方登记到期收回票款或到期前向银行贴现的应收票据的票面金额,期末余额在借方,反映企业实际持有的商业汇票的票面余额。

"应收票据"账户下设"商业承兑汇票"和"银行承兑汇票"明细账户,并分别按开出、承兑商业汇票的单位进行明细核算。企业应设置"应收票据备查簿",逐笔登记商业汇票的种类、号数和出票日、背书转让日情况等资料。

1. 取得应收票据

应收票据取得原因不同,其账户处理也有所区别:①因债务人抵偿前欠工程款而取得的应收票据,借记"应收票据"账户,贷记"应收账款"账户;②因企业结算工程价款而收到开出、承兑的商业汇票,借记"应收票据"账户,贷记"工程结算""应交税费——应交增值税(销项税额)"等账户。③因企业销售材料、提供劳务、销售产品等而收到开出、承兑的商业汇票,借记"应收票据"账户,贷记"其他业务收入""应交税费——应交增值税(销项税额)"或"应交税费——应交增值税(进项税额转出)"等账户。

【例 3-4】 建设单位 2×18 年 5 月 10 日将一笔价值 800 000 元的应收账款转为 3 个月期的商业承兑汇票。

  借:应收票据——商业承兑汇票            800 000
    贷:应收账款                800 000

【例 3-5】 甲施工企业 2×18 年 5 月 18 日与建设单位结算已完工程价款 500 000 元,增值税额 45 000 元,对方开来 180 天期的商业承兑汇票。

  借:应收票据——商业承兑汇票            545 000
    贷:工程结算                500 000
      应交税费——应交增值税(销项税额)       45 000

【例 3-6】 甲施工企业 2×18 年 5 月 26 日销售水泥一批,价值 50 000 元,增值税额 6 500 元,对方开来一张价值 56 500 元的 3 个月期的银行承兑汇票。

  借:应收票据——银行承兑汇票            56 500
    贷:其他业务收入              50 000
      应交税费——应交增值税(进项税额转出)     6 500

2. 应收票据的转让

实务中,企业可以将自己持有的商业汇票背书转让。

背书是指在票据背面或者粘单上记载有关事项并签章的票据行为。背书转让的,背书人应当承担票据责任。通常情况下,企业将持有的商业汇票背书转让,已取得所需物资时,将应记入取得物资成本的金额,借记"材料采购"或"原材料""库存商品"等账户,按照增值税专用发票上注明的可抵扣的增值税额,借记"应交税费——应交增值税(进项税额)"账户,按商业汇票的票面金额,贷记"应收票据"账户,如有差额借记或贷记"银行存款"账户。

【例 3-7】 甲施工企业购入钢筋一批,价值 800 000 元,增值税额 104 000 元,以[例 3-5]中的应收票据进行支付,不足部分用银行存款补充。

  借:原材料                   800 000
    应交税费——应交增值税额(进项税额)      104 000
    贷:应收票据——商业承兑汇票          545 000
      银行存款                359 000

3. 到期收回票款

(1)商业汇票到期,收回款项时,应按实际收到的金额,借记"银行存款"账户,贷记"应收票据"账户。

(2)对于票据贴现,企业通常应按实际收到的金额,借记"银行存款"账户,按贴现息部分,借记"财务费用"账户,按应收票据的票面金额,贷记"应收票据"账户。

【例 3-8】 接[例 3-6],2×18 年 8 月 26 日上述银行承兑汇票到期,收到水泥销售款 56 500 元。

借：银行存款 56 500
　　贷：应收票据——银行承兑汇票 56 500

【例 3-9】 接[例 3-5]，2×18 年 7 月 17 日该企业将上述尚未到期商业承兑汇票贴现，贴现率为 6%。

$$贴现息=545\,000×6\%×(180-60)÷360=10\,900(元)$$
$$贴现净值=545\,000-10\,900=534\,100(元)$$

借：银行存款 534 100
　　财务费用 10 900
　　贷：应收票据——商业承兑汇票 545 000

4. 到期收不回票款

【例 3-10】 接[例 3-5]，2×18 年 11 月 14 日，上述商业承兑汇票到期，建设单位无款支付。

借：应收账款 545 000
　　贷：应收票据——商业承兑汇票 545 000

【例 3-11】 接[例 3-9]，2×18 年 11 月 14 日，上述商业承兑汇票到期，建设单位无款支付，甲施工企业账上亦无存款。

借：应收账款 545 000
　　贷：短期借款 545 000

## 二、应收账款

### (一)应收账款的内容

应收账款是指施工企业因结算工程价款、销售产品、提供劳务、作业等经营活动，应向建设单位、购货单位或接受劳务、作业单位收取的款项。

### (二)应收账款的账务处理

施工企业为了核算和监督应收账款的增减变动及其结存情况，应当设立"应收账款"账户，不单独设置"预收账款"账户的企业，预收的账款也在"应收账款"账户核算。"应收账款"借方登记应收账款的增加，贷方登记应收账款的收回及确认的坏账损失，期末余额一般在借方，反映企业尚未收回的应收账款；如果期末余额在贷方，一般则反映企业预收的款项。"应收账款"下设"应收工程款"和"应收销货款"两个二级账户，并按发包单位和购货单位进行明细核算。"应收工程款"明细账户核算施工企业由于承建工程应向发包单位收取的工程款；"应收销货款"明细账户核算施工企业由于销售产品、材料、提供劳务、作业等向购货单位或接受劳务单位收取的款项以及代垫的包装费、运杂费等。

【例 3-12】 甲施工企业 2×18 年 3 月 20 日与建设单位结算已完工程价款 800 000 元，增值税额 72 000 元，款项尚未收到。甲施工企业编制如下会计分录：

借：应收账款——应收工程款 872 000
　　贷：工程结算 800 000
　　　　应交税费——应交增值税(销项税额) 72 000

【例3-13】 甲施工企业2×18年5月25销售螺纹钢一批,价值100 000元,增值税额13 000元,货款尚未收到。甲施工企业编制如下会计分录:

借:应收账款——应收销货款　　　　　　　　　　　　　　　　113 000
　　贷:其他业务收入　　　　　　　　　　　　　　　　　　　　100 000
　　　　应交税费——应交增值税(进项税额转出)　　　　　　　　13 000

【例3-14】 接[例3-12]和[例3-13],2×18年7月10日,甲施工企业收到上述两笔款项。甲施工企业编制如下会计分录:

借:银行存款　　　　　　　　　　　　　　　　　　　　　　　985 000
　　贷:应收账款——应收工程款　　　　　　　　　　　　　　　872 000
　　　　应收账款——应收销货款　　　　　　　　　　　　　　　113 000

### 三、预付账款

预付账款是指企业按照合同规定预付的款项。

为了核算和监督预付账款的增减变动及其结存情况,企业应当设立"预付账款"账户。"预付账款"借方登记预付及补付的款项,贷方登记收到记入"原材料"等账户的金额或与分包单位结算已完工程价款及收回多付款项后的金额,期末余额在借方,反映企业实际预付的款项;期末余额在贷方,反映企业应付或应补付的款项。预付款项情况不多的企业,可以不设置"预付账款"账户,而将预付的款项通过"应付账款"账户核算。"预付账款"下设"预付供应单位款"和"预付分包单位款"两个二级账户,并按供应单位和分包单位设置明细科目进行明细核算。

【例3-15】 甲施工企业向秦岭水泥厂采购水泥一批,价款200 000元,增值税额26 000元,按照合同规定,甲施工企业应向秦岭水泥厂预付100 000元,验收货物后补付余款。甲施工企业编制如下会计分录:

借:预付账款——预付供应单位款　　　　　　　　　　　　　　100 000
　　贷:银行存款　　　　　　　　　　　　　　　　　　　　　　100 000

【例3-16】 上述水泥到货,余款通过银行存款支付。

借:原材料　　　　　　　　　　　　　　　　　　　　　　　　200 000
　　应交税费——应交增值税(进项税额)　　　　　　　　　　　　26 000
　　贷:预付账款——预付供应单位款　　　　　　　　　　　　　100 000
　　　　银行存款　　　　　　　　　　　　　　　　　　　　　　126 000

【例3-17】 甲施工企业将一单位工程分包给乙企业施工,该单位工程不含税合同价为100 000元,增值税额为9 000元,工程开始时先预付价款的30%,工程结算时支付余款。2×17年8月10日,甲施工企业向乙企业预付工程款30 000元。2×18年3月10日,工程完工并验收合格,甲施工企业支付剩余款项79 000元。

(1)2×17年8月10日,甲施工企业编制如下会计分录:

借:预付账款——预付分包单位款　　　　　　　　　　　　　　 30 000
　　贷:银行存款　　　　　　　　　　　　　　　　　　　　　　 30 000

(2) 2×18 年 3 月 10 日,甲施工企业编制如下会计分录:

借:工程施工 100 000
　　应交税费——应交增值税(进项税额) 9 000
　　贷:预付账款——预付分包单位款 30 000
　　　　银行存款 79 000

## 四、其他应收款

### (一)其他应收款的内容

其他应收款是指企业除应收票据、应收账款、预付账款等以外的其他各种应收及暂付款项,其主要内容包括:

(1)应收的各种赔款、罚款,如因企业财产等遭受意外损失而应向保险公司收取的赔款等。

(2)应收的出租包装物租金。

(3)应向职工收取的各种垫付款项,如为职工垫付的水电费、应由职工负担的医药费、房租费等。

(4)存出保证金,如建设方在工程结算时将应付的部分工程款留作保修金。

(5)其他各种应收、暂付款项。

### (二)其他应收款的账务处理

为了核算和监督其他应收款项的增减变动及其结存情况,施工企业应当设置"其他应收款"账户进行核算。"其他应收款"账户的借方登记其他应收款的增加,贷方登记其他应收款的收回,期末余额一般在借方,反映企业尚未收回的其他应收款项。

【例 3-18】 甲施工企业在采购过程中发现材料破损,按保险合同规定,应由太平洋保险公司赔偿损失 30 000 元,赔款尚未收到。假定甲施工企业对原材料采用实际成本进行日常核算,甲施工企业应编制如下会计分录:

借:其他应收款——太平洋保险公司 30 000
　　贷:原材料 30 000

【例 3-19】 承[例 3-18],甲施工企业如数收到太平洋保险公司的赔偿,甲施工企业应编制如下会计分录:

借:银行存款 30 000
　　贷:其他应收款——太平洋保险公司 30 000

【例 3-20】 甲施工企业以银行存款替职工王某垫付应由其个人负担的医药费 5 000 元,拟从王某工资扣回。甲施工企业应编制如下会计分录:

(1)垫付时:

借:其他应收款——王某 5 000
　　贷:银行存款 5 000

(2)扣款时:

借：应付职工薪酬——工资　　　　　　　　　　　　　　　5 000
　　贷：其他应收款——王某　　　　　　　　　　　　　　　5 000

## 五、应收款项减值

### （一）应收款项减值损失的确认

企业的各项应收款项，可能会因发包方、购货人拒付、破产、死亡等原因而无法收回。这类无法收回的应收款项就是坏账。企业因坏账而遭受的损失为坏账损失或减值损失。企业在资产负债表日对应收款项的账面价值进行检查，有客观证据证明应收款项发生减值的，应当将该应收款项的账面价值减记至预计未来现金流量现值，减记的金额确认为减值损失，同时计提减值准备。确定应收款项减值有两种方法，即直接转销法和备抵法，我国《企业会计准则》规定确定应收款项的减值只能采用备抵法，不得采用直接转销法。

1. 直接转销法

采用直接转销法时，日常核算中应收款项可能发生的坏账损失不予考虑，只有在实际发生坏账时，才作为坏账损失计入当期损益，同时直接冲减应收款项，即借记"资产减值损失"账户，贷记"应收账款"等账户。

【例 3-21】 甲施工企业 2×14 年发生的一笔 20 000 元的应收账款，长期无法收回，于 2×17 年年末确认为坏账。该企业 2×17 年末应编制如下会计分录：

借：资产减值损失——坏账损失　　　　　　　　　　　　20 000
　　贷：应收账款　　　　　　　　　　　　　　　　　　　20 000

这种方法的优点是账务处理简单，其缺点是不符合权责发生制原则，也与资产定义相冲突。在这种方法下，只有坏账实际发生时，才将其确认为当期费用，导致资产不实，各期损益不实；另外，在资产负债表上，应收款项是按账面余额而不是按账面价值反映，这在一定程度上歪曲了期末的财务状况。所以，企业会计准则不允许采用直接转销法。

2. 备抵法

备抵法是采用一定的方法按期估计坏账损失，计入当期损益，同时建立坏账准备。待坏账实际发生时，冲销已提的坏账准备和相应的应收款项。采用这种方法，在报表上列示应收款项的净额，使报表使用者能了解企业应收款项的可收回金额，在备抵法下，企业应当根据实际情况合理估计当期坏账损失金额。由于企业是否发生坏账损失有很大的不确定性，所以只能以过去的经验为基础，参照当前的信用政策、市场环境和行业惯例，准确地估计每期应收款项未来现金流量现值，从而确定当期减值损失金额，计入当期损益。企业在预计未来现金流量现值时，应当在合理预计未来现金流量的同时，合理选用折现利率。短期应收款项的预计未来现金流量与其现值相差很小时，在确认相关减值损失时，可不对其预计未来现金流量进行折现。

### （二）坏账准备的账务处理

企业应当设置"坏账准备"账户，核算应收款项的坏账准备计提、转销等情况。企业当期计提的坏账准备应当计入信用减值损失。"坏账准备"账户的贷方登记当期计提的坏账准备金额，借方登记实际发生的坏账准备金额和冲减的坏账准备金额，期末余额一般在贷方，反映企业已计提但尚未转销的坏账准备。

坏账准备可按以下公式计算：

$$当期坏账准备 = \begin{matrix}当期按应收款项计算\\应计提坏账准备金额\end{matrix} - (或+) \begin{matrix}"坏账准备"账户的\\贷方（或借方）金额\end{matrix}$$

(1) 企业计提坏账准备时，按应减记的金额，借记"信用减值损失——坏账损失"账户，贷记"坏账准备"账户。冲减多计提的坏账准备时，借记"坏账准备"账户，贷记"信用减值准备——坏账损失"账户。

【例3-22】 2×15年12月31日，甲施工企业对应收丙企业的款项进行减值测试。应收账款余额合计为1 000 000元，甲施工企业根据丙企业的资信情况确定应计提100 000元坏账准备。甲施工企业应编制如下会计分录：

借：信用减值损失——坏账损失　　　　　　　　　　　　　100 000
　　贷：坏账准备　　　　　　　　　　　　　　　　　　　　　　100 000

(2) 企业确实无法收回的应收款项按管理权限报经批准后作为坏账转销时，应当冲减已计提的坏账准备。企业实际发生减值损失时，借记"坏账准备"账户，贷记"应收票据""应收账款""预付账款""其他应收款""长期应收款"等账户。

【例3-23】 甲施工企业2×16年对丙企业的应收账款实际发生坏账损失30 000元。甲施工企业应编制如下会计分录：

借：坏账准备　　　　　　　　　　　　　　　　　　　　　　30 000
　　贷：应收账款　　　　　　　　　　　　　　　　　　　　　　　30 000

【例3-24】 承[例3-22]和[例3-23]，假定甲施工企业2×17年12月31日应收丙企业的账款余额为1 200 000元，经减值测试，甲施工企业应计提120 000元坏账准备。

计提坏账准备时"坏账准备"的贷方余额：100 000－30 000＝70 000（元）
年末应计提的坏账准备金额：120 000－70 000＝50 000（元）

甲施工企业应编制如下会计分录：

借：信用减值损失——坏账损失　　　　　　　　　　　　　50 000
　　贷：坏账准备　　　　　　　　　　　　　　　　　　　　　　50 000

(3) 已确认并转销的应收款项以后又收回的，应当按照实际收到的金额增加坏账准备的账面余额。已确认并转销的应收款项以后又收回时，借记"应收票据""应收账款""预收款""其他应收款""长期应收款"等账户，贷记"坏账准备"账户；同时，借记"银行存款"账户，贷记"应收票据""应收账款""预收账款""其他应收款""长期应收款"等账户。

【例3-25】 甲施工企业2×18年4月18日，收回2×16年已作坏账转销的应收账款30 000元，已存入银行。甲施工企业应编制如下会计分录：

借：应收账款　　　　　　　　　　　　　　　　　　　　　　30 000
　　贷：坏账准备　　　　　　　　　　　　　　　　　　　　　　30 000
借：银行存款　　　　　　　　　　　　　　　　　　　　　　30 000
　　贷：应收账款　　　　　　　　　　　　　　　　　　　　　　30 000

## 复习思考题

1. 什么是货币资金？它包括哪些内容？
2. 什么是未达账项？未达账项有哪几类？
3. 其他货币资金通常包括哪些？
4. 什么是应收账款？应收账款有哪两个二级科目？
5. 什么是应收票据？应收票据有哪两个二级科目？
6. 什么是预付账款？预付账款有哪两个二级科目？
7. 什么是其他应收款？
8. 什么是坏账？确定坏账准备的方法有哪几种？目前用哪一种？

## 实训练习题

### 练 习 题 一

（一）目的：练习银行余额调节表的编制。

（二）资料：2×18年5月31日，某企业银行存款日记账的账面余额为234 500元，银行对账单余额为240 000元。经逐笔核对，发现有以下未达账项：

（1）企业于月末收到其他企业转账支票20 000元，银行尚未入账。

（2）银行代付电费5 500元，企业尚未收到银行转账通知，未入账。

（3）企业委托银行代收工程款28 000元，银行已经入账，企业尚未收到转账通知而未入账。

（4）企业于月末开出转账支票3 000元，持票人尚未到银行办理转账手续，银行尚未入账。

（三）要求：根据上述资料编制"银行存款余额调节表"（表3-2）。

表3-2　银行存款余额调节表　　　　　　　　　　　　　　　单位：元

| 项目 | 金额 | 项目 | 金额 |
| --- | --- | --- | --- |
| 银行存款日记账 |  | 银行对账单 |  |
| 加：银行已收,企业未收款项 |  | 加：企业已收,银行未收款项 |  |
| 减：银行已付,企业未付款项 |  | 减：企业已付,银行未付款项 |  |
| 调整后余额 |  | 调整后余额 |  |

### 练 习 题 二

（一）目的：练习货币资金的核算。

（二）资料：乙施工企业2×18年5月份发生如下经济业务：

（1）3日，开出现金支票一张，从银行提取现金20 000元备用。

（2）6日，办公室王伟预借差旅费10 000元，以现金支付。

（3）9日，开出转账支票一张，支付秦岭水泥厂材料款及代垫的运杂费180 000元。

（4）12日，向银行提交银行汇票委托书，办理银行汇票手续，并取得面额300 000元的银行汇票,交采购员张涛结付材料款。

(5) 15 日,向证券公司开立的资金账户中转账 200 000 元,准备购买证券。

(6) 18 日,办公室王伟报销差旅费 9 840 元,余额 160 元退回。

(7) 21 日,购买价值 180 000 元的证券一批。

(8) 24 日,收到甲方转来的工程款 360 000 元。

(9) 28 日,采购员张涛结付材料价款 286 000 元,收回余款 14 000 元。

(10) 31 日,以银行存款支付当月水电费 12 000 元。

(三) 要求:根据上述业务编制会计分录(不涉及相关税费)。

## 练 习 题 三

(一) 目的:练习应收票据的核算。

(二) 资料:乙施工企业发生如下经济业务:

(1) 与某建设单位结算工程价款,收到 5 个月期面值 30 万元的商业承兑汇票一张。

(2) 2 个月后由于需要资金,将上述尚未到期商业承兑汇票进行贴现,银行贴现利率为 6%。

(3) 5 个月后上述商业承兑汇票到期,但由于建设单位无款支付,该承兑汇票被银行退回,乙企业账上也只有 10 万元。

(三) 要求:根据上述资料编制会计分录(不涉及相关税费)。

## 练 习 题 四

(一) 目的:练习应收账款、预付账款、其他应收款的核算。

(二) 资料:乙施工企业为增值税一般纳税人,2×18 年发生如下经济业务:

(1) 向 M 企业销售材料一批,开具的增值税专用发票上注明的材料价款为 150 000 元,增值税额为 19 500 元。M 企业尚未支付货款。

(2) 职工王超交来罚款 1 000 元,赔款 2 000 元,共计 3 000 元。

(3) 向陕钢订购钢材一批,根据与陕钢协议,乙企业向陕钢厂预付 100 000 元价款的 60%,款已通过银行存款支付。

(4) 乙企业收到陕钢发来的钢材,已验收入库,增值税专用发票上注明的价款为 100 000 元,增值税额为 13 000 元,对方代垫包装费 3 000 元,剩余款项已以银行存款支付。

(三) 要求:根据上述资料编制会计分录。

## 练 习 题 五

(一) 目的:练习坏账准备的核算。

(二) 资料:乙施工企业 2×14 年年末应收账款余额为 600 000 元,坏账准备余额为 6 000 元(坏账准备的计提比例为 1%)。

(1) 2×15 年,发生坏账损失 9 000 元,年末应收账款余额为 700 000 元。

(2) 2×16 年,发生坏账损失 5 000 元,年末应收账款余额为 900 000 元。

(3) 2×17 年,上一年度已冲销的应收账款 5 000 元又收回,年末应收账款余额为 840 000 元。

(三) 要求:根据上述资料编制会计分录。

# 第四章 存货

## 课程思政

**案例研究：獐子岛集团股份有限公司——"扇贝去哪了?"**

獐子岛集团股份有限公司"扇贝去哪了?"事件始末：

(1) 2014年10月30日晚,獐子岛发布公告,声称因"冷水团"导致100多亩虾夷扇贝绝收。公司三季度业绩也受此影响大幅下滑,对虾夷扇贝存货计提跌价准备金2.83亿元,最终导致2014年亏损11.89亿元,亏损数额达到历史顶峰,影响巨大。

(2) 2018年1月30日晚,獐子岛发布公告称,降水减少直接导致扇贝饵料匮乏,再加上海水温度的异常减缓了扇贝的摄食效率,导致扇贝最终被"饿死",2017年业绩预计亏损5.3亿~7.2亿元,并随后计提跌价准备6.29亿元。

(3) 2019年4月,獐子岛发布一季度报,在报告中指出公司海洋牧场受灾,损失4314万元。当年11月,獐子岛又发布公告称,在秋季抽测时发现底播虾夷扇贝出现大规模死亡。

一而再再而三的扇贝"跑路"事件,严重影响中国证券市场的健康、有序发展,损害了众多投资者的投资信心和合法权益。2020年,证监会统筹执法力量,委托"东海所"和"中科宇图"两家专业机构,利用獐子岛所属渔船上的北斗卫星导航定位系统,还原了真实的捕捞航行路线,最终计算出獐子岛实际的捕捞区域。调查结果显示:獐子岛的实际采捕面积与账面记载的面积存在较大出入,证明其存在虚假披露、恶意欺骗投资者行为。至此,历时6年的扇贝"跑路"骗局最终被揭穿。2020年06月15日,证监会发布对獐子岛公司的行政处罚决定书,认定其违法情节特别严重,严重扰乱证券市场秩序、严重损害投资者利益,社会影响极其恶劣。

(王一鸣,毛淑珍,李晓梅,李海恺.新技术在审计中的应用路径研究:以北斗卫星探测獐子岛造假为例[J].财务管理研究,2021(07):33-39.)

## 第一节 存货概述

### 一、存货的概念

存货是指企业在日常活动中持有以备出售的产成品或商品、处在生产过程中的在产品、在生产过程或提供劳务过程中耗用的材料和物料等。施工企业的存货按施工过程中的作用和存放地点的不同,通常可分为以下几类:

(1)原材料,是指企业再生产过程中经加工改变其形态或性质并构成产品主要实体的各种原料及主要材料、辅助材料、外购半成品(外购件)、修理用备件(备品配件)、包装材料、燃料等。

(2)周转材料,是指企业在施工生产过程中能够多次使用,并基本保持原有的物质形态,原价值逐渐转移的各种工具性材料和价值易耗品等。

(3)委托加工物资,是指委托外单位加工的各种材料和构件。

(4)在产品,是指施工企业的附属工业企业和辅助生产部门正在加工尚未完工的生产物。

(5)半成品,是指施工企业的附属工业企业和辅助生产部门经过一定生产过程并以检验合格交付半成品仓库保管,但尚未制造完工成为产成品,仍需进一步加工的中间产品。

(6)产成品,是指施工企业的附属工业企业和辅助生产部门已经完成全部生产过程并验收入库,可以按照合同规定的条件送交订货单位,或者可以作为商品对外销售的产品。

(7)工程施工,是指施工企业为客户施工的在建工程项目(该部分内容在第十一章介绍)。

### 二、存货成本的确定

存货应当按照成本进行初始计量。存货包括采购成本、加工成本和其他成本。

#### (一)存货的采购成本

存货的采购成本,包括购买价款、相关税费、运输费、装卸费、保险费以及其他可归属于存货采购成本的费用。

(1)购买价款,是指按照企业购入材料和商品的发票账单上列明的价款,但不包括按规定可以抵扣的增值税进项税额。

(2)相关税费,是指企业购买、自制或委托加工存货所发生的消费税、资源税和不能抵扣的增值税进项税额及相应的教育费附加等应计入存货采购成本的税费。

(3)其他可归属于存货采购成本的费用,是指企业采购成本中除上述各项以外的可归属于存货采购成本的费用,如在存货采购过程中发生的仓储费、包装费、运输途中的各项合理损耗、入库前的整理条件费用。运输途中的各项合理损耗是指商品运输过程中,因商品性质、自然条件及技术设备等因素,所发生的自然的或不可避免的损耗。例如,在运输煤炭、砂石、汽油等的过程中各种自然散落以及易挥发产品在运输过程中的自然挥发。

## （二）存货的加工成本

存货的加工成本是指在存货的加工过程中发生的追加费用，包括直接人工以及按照一定方法分配的制造费用。

直接人工是指企业在生产产品和提供劳务中发生的直接从事产品生产和劳务提供人员的职工薪酬。

制造费用是指企业为生产产品和提供劳务而发生的各项间接费用。

## （三）存货的其他成本

存货的其他成本是指除采购成本、加工成本以外的，使存货达到目前场所和状态的其他支出。

存货的来源不同，其成本的构成内容也不同。原材料、商品、周转材料等通过购买而取得的存货的成本由采购成本构成；产成品、在产品、半成品等自制或需要委托外单位加工完成的存货的成本由采购成本、加工成本以及存货达到目前场所和状态所发生的其他支出构成；工程施工则由人工费、材料费、机械使用费、其他直接费等直接费用和间接费用构成。

## 三、发出存货的计价方法

实务中，企业发出的存货可以按实际成本核算，也可以按计划成本核算，如采用计划成本核算，会计期末应调整为实际成本。

企业应当根据各类存货的实物流转方式、企业管理的要求、存货的性质等实际情况，合理地确定发出存货成本的计算方法，以及当期发出存货的实际成本。对于性质和用途相同的存货，应当采用相同的成本计算方法确定发出存货的成本。在实际成本核算方式下，企业可以采用的发出存货的计价方法包括个别计价法、先进先出法、月末一次加权平均法和移动加权平均法。

### （一）个别计价法

个别计价法亦称个别认定法、具体辨认法、分批实际法，是指假设存货具体项目的实物流转与成本流转相一致，按照各种存货逐一辨认各批发出存货和期末存货所属的购进批别或生产批别，分别按其购入或生产时所确定的单位成本计算各批发出存货和期末存货的方法，在这种方法下，把每一种存货的实际成本作为计算发出存货和期末存货的基础。

个别计价法的成本计算准确，符合实际情况，但在存货收发频繁情况下，其发出成本分辨的工作量较大。因此，这种方法适用于一般不能替代使用的存货、为特定项目购入或制造的存货以及提供的劳务，如珠宝、名画等贵重物品。

【例 4-1】 甲施工企业 2×18 年 5 月某种原材料的购入、领用及结存材料的成本如表 4-1 所示。

表 4-1 原材料明细账金额　　　　　　　　　　　　　　　　　数量单位：件

金额单位：元

| 年 | | 摘要 | 购入 | | | 领用 | | | 结存 | | |
|---|---|---|---|---|---|---|---|---|---|---|---|
| 月 | 日 | | 数量 | 单价 | 金额 | 数量 | 单价 | 金额 | 数量 | 单价 | 金额 |
| 5 | 1 | 期初余额 | | | | | | | 150 | 10 | 1 500 |
| | 5 | 购入 | 100 | 12 | 1 200 | | | | 250 | | |

(续表)

| 年 | | 摘要 | 购入 | | | 领用 | | | 结存 | | |
|---|---|---|---|---|---|---|---|---|---|---|---|
| 月 | 日 | | 数量 | 单价 | 金额 | 数量 | 单价 | 金额 | 数量 | 单价 | 金额 |
| | 11 | 领用 | | | | 200 | | | 50 | | |
| | 16 | 购入 | 200 | 14 | 2 800 | | | | 250 | | |
| | 20 | 领用 | | | | 100 | | | 150 | | |
| | 23 | 购入 | 100 | 15 | 1 500 | | | | 250 | | |
| | 27 | 领用 | | | | 100 | | | 150 | | |
| | 31 | 本期合计 | 400 | | 5 500 | 400 | | | 150 | | |

假设经过具体确认,本期发出材料存货的单位成本如下:5月11日发出的200件存货中,100件系期初结存存货,单位成本为10元,另外100件为5月5日购入存货,单位成本为12元;5月20日发出的100件存货系5月16日购入,单位成本为14元;5月27日发出的100件存货中,50件为期初结存,单位成本为10元,50件为5月23日购入,单位成本为15元。则按照个别认定法,甲公司5月份该原材料购入、领用与结存情况如表4-2所示。

表4-2 原材料明细账(个别计价法)

数量单位:件
金额单位:元

| 年 | | 摘要 | 购入 | | | 领用 | | | 结存 | | |
|---|---|---|---|---|---|---|---|---|---|---|---|
| 月 | 日 | | 数量 | 单价 | 金额 | 数量 | 单价 | 金额 | 数量 | 单价 | 金额 |
| 5 | 1 | 期初余额 | | | | | | | 150 | 10 | 1 500 |
| | 5 | 购入 | 100 | 12 | 1 200 | | | | 150<br>100 | 10<br>12 | 1 500<br>1 200 |
| | 11 | 领用 | | | | 100<br>100 | 10<br>12 | 1 000<br>1 200 | 50 | 10 | 500 |
| | 16 | 购入 | 200 | 14 | 2 800 | | | | 50<br>200 | 10<br>14 | 500<br>2 800 |
| | 20 | 领用 | | | | 100 | 14 | 1 400 | 50<br>100 | 10<br>14 | 500<br>1 400 |
| | 23 | 购入 | 100 | 15 | 1 500 | | | | 50<br>100<br>100 | 10<br>14<br>15 | 500<br>1 400<br>1 500 |
| | 27 | 领用 | | | | 50<br>50 | 10<br>15 | 500<br>750 | 100<br>100 | 14<br>15 | 1 400<br>750 |
| | 31 | 本期合计 | 400 | — | 5 500 | 400 | | 4 850 | 100<br>50 | 14<br>15 | 1 400<br>750 |

从表4-2中可知,甲施工企业本期发出存货成本及期末结存存货成本如下:

本期领用存货成本 $= 100 \times 10 + 100 \times 12 + 100 \times 14 + 50 \times 10 + 50 \times 15 = 4\,850(元)$

期末结存存货成本 $=$ 期初结存成本 $+$ 本期购入存货成本 $-$ 本期发出存货成本
$= 150 \times 10 + 100 \times 12 + 200 \times 14 + 100 \times 15 - 4\,850$
$= 2\,150(元)$

## (二) 先进先出法

先进先出法是指以先购入的存货应先发出(销售或耗用)这样一种存货实物流动假设为前提,对发出存货进行计价的一种方法。采用这一方法,是先购入的存货成本在后购入存货成本之前转出,据此确定发出存货和期末存货成本。具体方法是:收入存货时,逐笔登记收入存货的数量、单价和金额;发出存货时,按照先进先出的原则逐笔登记存货的发出成本和结存金额。

先进先出法可以随时结转存货发出成本,但较繁琐。如果存货收发业务较多,且存货单价不稳定时,其工作量较大。在物价持续上升时,期末存货成本接近于市价,而发出成本偏低,会高估企业当期利润和存货价值;反之,会低估企业存货价值和当期利润。

【例 4-2】 承[例 4-1],假设甲施工企业该种原材料本期购入、领用和结存采用先进先出法,具体情况如表 4-3 所示。

表 4-3 原材料明细账(先进先出法)　　　数量单位:件  
　　　　　　　　　　　　　　　　　　　　金额单位:元

| 年 | | 摘要 | 购入 | | | 领用 | | | 结存 | | |
|---|---|---|---|---|---|---|---|---|---|---|---|
| 月 | 日 | | 数量 | 单价 | 金额 | 数量 | 单价 | 金额 | 数量 | 单价 | 金额 |
| 5 | 1 | 期初余额 | | | | | | | 150 | 10 | 1 500 |
| | 5 | 购入 | 100 | 12 | 1 200 | | | | 150<br>100 | 10<br>12 | 1 500<br>1 200 |
| | 11 | 领用 | | | | 150<br>50 | 10<br>12 | 1 500<br>600 | 50 | 12 | 600 |
| | 16 | 购入 | 200 | 14 | 2 800 | | | | 50<br>200 | 12<br>14 | 600<br>2 800 |
| | 20 | 领用 | | | | 50<br>50 | 12<br>14 | 600<br>700 | 150 | 14 | 2 100 |
| | 23 | 购入 | 100 | 15 | 1 500 | | | | 150<br>100 | 14<br>15 | 2 100<br>1 500 |
| | 27 | 领用 | | | | 100 | 14 | 1 400 | 50<br>100 | 14<br>15 | 700<br>1 500 |
| | 31 | 本期合计 | 400 | — | 5 500 | 400 | — | 4 800 | 50<br>100 | 14<br>15 | 700<br>1 500 |

本期领用存货成本＝150×10＋50×12＋50×12＋50×14＋100×14＝4 800(元)  
期末结存存货成本＝50×14＋100×15＝2 200(元)

## (三) 月末一次加权平均法

月末一次加权平均法是指以本月全部进货数量加上月初存货数量作为权数,去除本月全部进货成本加上月初存货成本,计算出存货的加权平均单位成本,以此为基础计算本月发出存货的成本和期末存货的成本的一种方法。计算方法如下:

$$\text{存货单位成本} = \left[\text{月初库存存货成本} + \sum\left(\text{本月各批进货的实际单位成本} \times \text{本月各批进货的数量}\right)\right] \div \left(\text{月初库存存货的数量} + \text{本月各批进货数量之和}\right)$$

本月发出存货的成本＝本月发出存货的数量×存货单位成本  
本月月末库存存货成本＝月末库存存货的数量×存货单位成本

或

$$\begin{pmatrix}本月月末库\\存存货成本\end{pmatrix} = \begin{pmatrix}月初库存存货\\的实际成本\end{pmatrix} + \begin{pmatrix}本月收入存货\\的实际成本\end{pmatrix} - \begin{pmatrix}本月发出存货\\的实际成本\end{pmatrix}$$

**【例 4-3】** 承[例 4-1],假设甲施工企业采用月末一次加权平均法,根据表 4-1,则

5月份该种原材料的平均单位成本 $= \dfrac{150 \times 10 + 100 \times 12 + 200 \times 14 + 100 \times 15}{150 + 100 + 200 + 100} = 12.727(元)$

5月份该种原材料的领用成本 $= 400 \times 12.727 = 5\,090.8(元)$

5月份该种原材料的期末结存成本 $= [150 \times 10 + (100 \times 12 + 200 \times 14 + 100 \times 15)] - 5\,090.8$
$= 1\,909.2(元)$

### (四) 移动加权平均法

移动加权平均法是指以每次进货数量加上原有存货数量的成本的合计额,除以每次进货数量加上原有存货的数量的合计数,据以计算加权平均单位成本,作为在下次进货前计算各次发出存货成本依据的一种方法。计算方法如下:

$$\begin{pmatrix}存货单\\位成本\end{pmatrix} = \begin{pmatrix}原有库存存货\\的实际成本\end{pmatrix} + \begin{pmatrix}本次进货的\\实际成本\end{pmatrix} \div \begin{pmatrix}原有库存\\存货数量\end{pmatrix} + \begin{pmatrix}本次进\\货数量\end{pmatrix}$$

本月发出存货的成本 = 本月发出存货的数量 × 存货单位成本

本月月末库存存货的成本 = 月末库存存货的数量 × 存货单位成本

采用移动加权平均法能够使企业管理层及时了解存货的结存情况,计算的平均单位成本以及发出和结存的存货成本比较客观。但由于每次收货都要计算一次平均单位成本,计算量较大,对收发较频繁的企业不适用。

**【例 4-4】** 承[例 4-1],假设甲施工企业采用移动加权平均法核算存货,则5月份该种原材料本期购入、领用和结存情况如表 4-4 所示。各平均成本计算如下:

5月5日购进存货后的平均单位成本 $= \dfrac{150 \times 10 + 100 \times 12}{150 + 100} = 10.8(元)$

5月16日购进存货后的平均单位成本 $= \dfrac{50 \times 10.8 + 200 \times 14}{50 + 200} = 13.36(元)$

5月23日购进存货后的平均单位成本 $= \dfrac{150 \times 13.36 + 100 \times 15}{150 + 100} = 14.016(元)$

表 4-4 原材料明细账(移动加权平均法)

数量单位:件
金额单位:元

| 年 | | 摘要 | 购入 | | | 领用 | | | 结存 | | |
|---|---|---|---|---|---|---|---|---|---|---|---|
| 月 | 日 | | 数量 | 单价 | 金额 | 数量 | 单价 | 金额 | 数量 | 单价 | 金额 |
| 4 | 1 | 期初余额 | | | | | | | 150 | 10 | 1 500 |
| | 5 | 购入 | 100 | 12 | 1 200 | | | | 250 | 10.8 | 2 700 |
| | 11 | 领用 | | | | 200 | 10.8 | 2 160 | 50 | 10.8 | 540 |
| | 16 | 购入 | 200 | 14 | 2 800 | | | | 250 | 13.36 | 3 340 |
| | 20 | 领用 | | | | 100 | 13.36 | 1 336 | 150 | 13.36 | 2 004 |
| | 23 | 购入 | 100 | 15 | 1 500 | | | | 250 | 14.016 | 3 504 |
| | 27 | 领用 | | | | 100 | 14.016 | 1 401.6 | 150 | 14.016 | 2 102.4 |
| | 30 | 本期合计 | 400 | — | 5 500 | 400 | — | 4 897.6 | 150 | 14.016 | 2 102.4 |

如表 4-4 所示,采用移动加权平均成本法得出的本期发出存货成本和期末结存存货成本分别为 4 897.6 元和 2 102.4 元。

## 第二节 材料的核算

### 一、材料的分类

按照材料在施工生产过程中的用途,施工企业的材料一般可以分为以下几类。

(1) 主要材料,是指用于工程施工或产品生产并构成工程或产品实体的各种材料,包括黑色金属材料(如钢材)、有色金属材料(如铜材、铝材)、木材、硅酸盐材料(如水泥、砖瓦、石灰、砂、石等)、小五金材料、陶瓷材料、电器材料、化工材料(如油漆)等。

(2) 结构件,是指经过吊装、拼接或安装技能构成房屋建筑物实体的各种金属的、钢筋水泥的、混凝土的和木制的结构件、构建、砌块等,如钢窗、木门、预制件等。

(3) 机械配件,是指为施工机械、生产设备、运输设备等各种机械设备替换、维修用的各种零件和配件,以及为机械设备准备的各种备品、备件、如曲轴、活塞、轴承、齿轮、阀门等。

(4) 其他材料,是指不构成工程或产品实体,但有助于工程或产品的形成或便于施工生产进行的各种材料,如燃料、油料、速凝剂、冷冻机、爆炸材料、防腐材料、绳索等。

(5) 周转材料,是指在施工生产过程中能够多次使用,可以基本保持其原有形态,并逐渐转移其价值的工具性材料(如模板、挡板、架料等及塔吊使用的轻轨、枕木等)以及低值易耗品(如各种工具、管理工具、劳保用品、玻璃器皿等)。

### 二、采用实际成本核算

#### (一) 应设置的会计账户

材料采用实际成本核算时,材料的收发及结存,无论总分类核算还是明细分类核算,均按照实际成本计价。使用的会计账户有"原材料""在途物资"等,"原材料"账户的借方、贷方及余额均以实际成本计价,不存在成本差异的计算与结转问题。但采用实际成本核算,日常反映不出材料成本是节约还是超支,从而不能反映和考核物资采购业务的经营成果,因此这种方法通常是用于材料收发业务较少的企业。在实务工作中,对于材料收发业务较多并且计划成本资料较为健全、准确的企业,一般可以采用计划成本进行材料收发的核算。

(1) "原材料"账户。该账户用于核算库存各种材料的收发和结存情况。在原材料按实际成本计价时,本账户的借方登记入库材料的实际成本,贷方登记发出材料的实际成本,期末余额在借方,反映企业库存材料的实际成本。本账户设置"主要材料""结构件""机械配件""其他材料"四个二级账户,并按材料的品种、规格设置明细账户进行明细核算。

(2) "在途物资"账户。该账户用于核算企业采用实际成本(进价)进行材料、商品等物资的日常核算、价款已付但尚未验收入库的各种物资(即在途物资)的采购成本,本账户应当按照供应单位和物资品种进行明细核算。"在途物资"账户的借方登记企业购入的在途物资的实际成本,贷方登记验收入库的在途物资的实际成本,期末余额在借方,反映企业在途物资的采购成本。

(3)"应付账款"账户。该账户用于核算企业因购买材料、商品和接受劳务等经营活动应支付的款项。"应付账款"账户贷方登记企业购入材料、商品和接受劳务等尚未支付的款项,借方登记支付的应付账款,期末余额一般在贷方,反映企业尚未支付的应付账款。本账户设置"应付供应单位款"和"应付分包单位款"两个二级账户,并按供应单位和分包单位设置明细账户进行明细核算。

(二)账务处理

1. 购入材料

由于支付方式不同,原材料入库的时间与付款的时间,可能一致也可能不一致,在账务处理上也有所不同。周转材料的购入与材料的购入类似,一并在这里进行核算。

(1)货款已经支付或开出、承兑商业汇票,同时材料已验收入库。

【例 4-5】 甲施工企业购入螺纹钢一批,增值税专用发票上注明的价款为 500 000 元,增值税额为 65 000 元,另外对方代垫包装费 1 000 元,全部款项已用转账支票付讫,材料已验收入库。甲施工企业应编制如下会计分录:

借:原材料——主要材料(螺纹钢)　　　　　　　　　　　　　　　501 000
　　应交税费——应交增值税(进项税额)　　　　　　　　　　　　 65 000
　　贷:银行存款　　　　　　　　　　　　　　　　　　　　　　　566 000

本例属于发票账单与材料同时到达的采购业务,企业材料已验收入库,因此应通过"原材料"账户核算,对于增值税专用发票上注明的可抵扣的进项税额,应借记"应交税费——应交增值税(进项税额)"账户。

(2)货款已经支付或开出、承兑商业汇票,材料尚未到达或尚未验收入库。

【例 4-6】 甲施工企业持银行汇票 1 811 000 元购入水泥一批,发票及账单已收到,增值税专用发票上注明的价款为 1 600 000 元,增值税额为 208 000 元,对方代垫包装费 2 000 元,支付保险费 1 000 元,材料尚未到达。甲施工企业应编制如下会计分录:

借:在途物资　　　　　　　　　　　　　　　　　　　　　　　 1 603 000
　　应交税费——应交增值税(进项税额)　　　　　　　　　　　　208 000
　　贷:其他货币资金——银行汇票　　　　　　　　　　　　　　1 811 000

本例属于已经付款或已开出、承兑商业汇票,但材料尚未到达或尚未验收入库的采购业务,应通过"在途物资"账户核算;待材料到达、入库后,再根据收料单,由"在途物资"账户转入"原材料"账户核算。

【例 4-7】 承[例 4-6],上述购入的水泥已运到,并验收入库。甲施工企业应编制如下会计分录:

借:原材料——主要材料(水泥)　　　　　　　　　　　　　　　 1 603 000
　　贷:在途物资　　　　　　　　　　　　　　　　　　　　　　1 603 000

(3)货款尚未支付、材料已经验收入库。

【例 4-8】 甲施工企业采用托收承付结算方式购入断桥铝窗一批,增值税专用发票上注明的价款为 50 000 元,增值税额 6 500 元,银行转来的结算凭证已到,款项尚未支付,材料已验收入库。甲施工企业应编制如下会计分录:

  借:原材料——结构件(断桥铝窗)               50 000
    应交税费——应交增值税(进项税额)         6 500
    贷:应付账款                      56 500

【例 4-9】 甲施工企业购入钢模板一批,材料已验收入库,月末发票账单尚未收到也无法确定其实际成本,暂估价值为 300 000 元,待认证进项税额 39 000 元。甲施工企业应编制如下会计分录:

  借:周转材料——在库(钢模板)              300 000
    应交税费——待认证进项税额            39 000
    贷:应付账款——暂估应付账款            339 000

下月初作相反的会计分录予以冲回:

  借:应付账款——暂估应付账款             339 000
    贷:周转材料——在库(钢模板)            300 000
      应交税费——待认证进项税额           39 000

在这种情况下,发票账单未到,无法确定实际成本,期末应按照暂估价值先入账,但在下月初作相反的会计分录予以冲回。下月付款或开出、承兑商业汇票,按正常程序,借记"周转材料""应交税费——应交增值税(进项税额)"账户,贷记"银行存款"或"应付票据"等账户。

【例 4-10】 承[例 4-9],上述购入的钢模板于次月收到发票账单,增值税专用发票上注明的价款为 310 000 元,增值税额 40 300 元,对方代垫保险费 20 000 元,已用银行存款付讫。甲施工企业应编制如下会计分录:

  借:周转材料——在库(钢模板)              330 000
    应交税费——应交增值税(进项税额)        40 300
    贷:银行存款                      370 300

(4) 货款已经预付,材料尚未验收入库。

【例 4-11】 根据与陕钢集团的购销合同,甲施工企业为购买某种钢管,向陕钢集团预付 100 000 元价款的 80%,计 80 000 元,已通过汇兑方式汇出。甲施工企业应编制如下会计分录:

  借:预付账款——预付供应单位款            80 000
    贷:银行存款                      80 000

【例 4-12】 承[例 4-11],甲施工企业收到陕钢集团运来的钢管,已验收入库。增值税专用发票上注明该批钢管的价款为 100 000 元,增值税额 13 000 元,对方代垫运杂费 3 000 元,余额以银行存款付讫。甲施工企业应编制如下会计分录:

  借:周转材料——在库(钢管)               103 000
    应交税费——应交增值税(进项税额)        13 000
    贷:预付账款——预付供应单位款           100 000
      银行存款                    26 000

## 2. 发出材料

【例4-13】 甲施工企业2×18年5月1日结存A材料3 000千克,每千克实际成本为10元;5月8日和5月23日分别购入该材料9 000千克和6 000千克,每千克实际成本为11元和12元;3月12日和3月28日分别发出该材料10 500千克和6 000千克。按先进先出法核算时,发出和结存材料的成本如表4-5所示。

表4-5 原材料明细账(先进先出法)

数量单位:件
金额单位:元

| 年 | | 摘要 | 购入 | | | 领用 | | | 结存 | | |
|---|---|---|---|---|---|---|---|---|---|---|---|
| 月 | 日 | | 数量 | 单价 | 金额 | 数量 | 单价 | 金额 | 数量 | 单价 | 金额 |
| 5 | 1 | 期初余额 | | | | | | | 3 000 | 10 | 30 000 |
| | 8 | 购入 | 9 000 | 11 | 99 000 | | | | 3 000<br>9 000 | 10<br>11 | 30 000<br>99 000 |
| | 12 | 领用 | | | | 3 000<br>7 500 | 10<br>11 | 30 000<br>82 500 | 1 500 | 11 | 16 500 |
| | 23 | 购入 | 6 000 | 12 | 72 000 | | | | 1 500<br>6 000 | 11<br>12 | 16 500<br>72 000 |
| | 28 | 领用 | | | | 1 500<br>4 500 | 11<br>12 | 16 500<br>54 000 | 1 500 | 12 | 18 000 |
| | 31 | 本期合计 | 15 000 | — | 171 000 | 16 500 | — | 18 300 | 1 500 | 12 | 18 000 |

【例4-14】 承[例4-13],采用月末一次加权平均法计算A材料的成本如下:

A材料平均单位成本=(30 000+171 000)÷(3 000+15 000)=11.17(元)
本月发出A材料的成本=16 500×11.17=184 305(元)
本月末库存A材料的成本=30 000+171 000−184 305=16 695(元)

【例4-15】 承[例4-13],采用移动加权平均法计算A材料的成本如下:

第一批收货后A材料的平均单位成本=(30 000+99 000)÷(3 000+9 000)=10.75(元)
第一批发出A材料的成本=10 500×10.75=112 875(元)
当时结存的存货成本=1 500×10.75=16 125(元)
第二批收货后A材料的平均单位成本=(16 125+72 000)÷(1 500+6 000)=11.75(元)
第二批发出A材料的成本=6 000×11.75=70 500(元)
当时结存的存货成本=1 500×11.75=17 625(元)

A材料月末结存1 500千克,月末库存存货成本为17 625元;本月发出存货成本合计为183 375元(112 875+70 500)。

企业各生产单位及有关部门领用的材料具有种类多、业务频繁等特点。为了简化核算,可以在月末根据"领料单"或"限额领料单"中有关领料的单位、部门等加以归类,编制"发料凭证汇总表",据以编制记账凭证、登记入账。发出材料成本的确定,可以由企业从上述个别计价法、先进先出法、月末一次加权平均法、移动加权平均法等方法中选择。计价方法一经确定,不得随意变更。如需变更,应在附注中予以说明。

【例4-16】 甲施工企业根据"发料凭证汇总表"的记录,1月份M工程领用L材料

500 000元,辅助生产车间领用 40 000 元,企业管理部门领用 4 000 元,机械作业部门领用 5 000元,共计 549 000 元,甲施工企业应编制如下会计分录:

 借：工程施工——M 工程         500 000
   生产成本——辅助生产        40 000
   管理费用            4 000
   机械作业            5 000
  贷：原材料——主要材料(L 材料)      549 000

### 三、采用计划成本核算

(一)应设置的会计账户

材料采用计划成本核算时,材料的收发及结存,无论总分类核算还是明细分类核算,均按照计划成本计价。使用的会计账户有"原材料""材料采购""材料成本差异"等,材料实际成本和计划成本的差异,通过"材料成本差异"账户核算。月末,计算本月发出材料应承担的成本差异并进行分摊,根据领用材料的用途计入相关资产的成本或者当期损益,从而将发出材料的计划成本调整为实际成本。

(1)"原材料"账户。该账户用于核算库存各种材料的收发和结存情况。在原材料按计划成本计价时,本账户的借方登记入库材料的计划成本,贷方登记发出材料的计划成本,期末余额在借方,反映企业库存材料的计划成本。本账户设置"主要材料""结构件""机械配件""其他材料"四个二级账户,并按材料的品种、规格设置明细账户进行明细核算。

(2)"材料采购"账户。该账户借方登记采购材料的实际成本,贷方登记入库材料的计划成本。借方大于贷方表示超支,从"材料采购"账户贷方转入"材料成本差异"账户的借方；贷方大于借方表示节约,从"材料采购"账户借方转入"材料成本差异"账户的贷方；期末余额为借方,反映企业在途材料的采购成本。本账户设置"主要材料""结构件""机械配件""其他材料""周转材料"五个二级账户,并按材料的品种、规格设置明细账户进行明细核算。

(3)"材料成本差异"账户。该账户反映企业已入库各种材料的实际成本与计划成本的差异,借方登记超支差异及发出材料应负担的节约差异,贷方登记节约差异及发出材料应负担的超支差异。期末余额如为借方余额,反映库存材料的实际成本大于计划成本的差异(即超支差异);如为贷方余额,反映企业库存材料实际成本小于计划成本的材料(既节约差异)。

(二)账务处理

1. 购入材料

由于支付方式不同,原材料入库的时间与付款的时间,可能一致也可能不一致,在账务处理上也有所不同。周转材料的购入与材料的购入类似,一并在这里进行核算。

为便于比较和理解计划成本计价法与实际成本计价法的不同,下面以与[例 4-5]至[例 4-12]相同的条件举例说明。

(1)货款已经支付,同时材料已验收入库。

【例 4-17】 甲施工企业购入螺纹钢一批,增值税专用发票上注明的价款为 500 000 元,增值税额为 65 000 元,另外对方代垫包装费 1 000 元,发票账单已到,计划成本 480 000 元,材料已验收入库,全部款项以转账支票付讫。甲施工企业应编制如下会计分录:

借：材料采购——主要材料（螺纹钢）　　　　　　　　　　　　　　501 000
　　　　应交税费——应交增值税（进项税额）　　　　　　　　　　　65 000
　　　　贷：银行存款　　　　　　　　　　　　　　　　　　　　　　　　566 000

　　在计划成本下，购入的材料无论是否验收入库，都要通过"材料采购"账户核算，以反映企业所购材料的实际成本，从而与"原材料"账户相比较，计算确定材料成本差异。

　　（2）货款已经支付，材料尚未验收入库。

　　【例 4-18】　甲施工企业持银行汇票 1 811 000 元购入水泥一批，发票及账单已收到，增值税专用发票上注明的价款为 1 600 000 元，增值税额为 208 000 元，对方代垫包装费 2 000 元，支付保险费 1 000 元，发票账单已到，计划成本 1 680 000 元，材料尚未到达。甲施工企业应编制如下会计分录：

　　借：材料采购——主要材料（水泥）　　　　　　　　　　　　　1 603 000
　　　　应交税费——应交增值税（进项税额）　　　　　　　　　　208 000
　　　　贷：其他货币资金——银行汇票　　　　　　　　　　　　　　　1 811 000

　　（3）货款尚未支付，材料已经验收入库。

　　【例 4-19】　甲施工企业采用托收承付结算方式购入断桥铝窗一批，增值税专用发票上注明的价款为 500 000 元，增值税额 65 000 元，银行转来的结算凭证已到，款项尚未支付，计划成本 520 000 元，材料已验收入库。甲施工企业应编制如下会计分录：

　　借：材料采购——结构件（断桥铝窗）　　　　　　　　　　　　　500 000
　　　　应交税费——应交增值税（进项税额）　　　　　　　　　　　65 000
　　　　贷：应付账款　　　　　　　　　　　　　　　　　　　　　　　　565 000

　　【例 4-20】　甲施工企业购入钢模板一批，材料已验收入库，发票账单未到，月末暂按计划成本 300 000 元估价入账，待认证进项税额 39 000 元。甲施工企业应编制如下会计分录：

　　借：周转材料——在库（钢模板）　　　　　　　　　　　　　　　300 000
　　　　应交税费——待认证进项税额　　　　　　　　　　　　　　　39 000
　　　　贷：应付账款——暂估应付账款　　　　　　　　　　　　　　　　339 000

　　下月初作相反的会计分录予以冲回：

　　借：应付账款——暂估应付账款　　　　　　　　　　　　　　　　339 000
　　　　贷：周转材料——在库（钢模板）　　　　　　　　　　　　　　　300 000
　　　　　　应交税费——待认证进项税额　　　　　　　　　　　　　　39 000

　　在这种情况下，对于材料已到达并已验收入库，但发票账单未到，月末应按计划成本暂估入账，借记"周转材料"等账户，贷记"应付账款——暂估应付账款"账户。下月初作相反的会计分录予以冲回，借记"应付账款——暂估应付账款"账户，贷记"周转材料"等账户。

　　【例 4-21】　承［例 4-20］，上述购入的钢模板于次月收到发票账单，增值税专用发票上注明的价款为 310 000 元，增值税额 40 300 元，对方代垫保险费 20 000 元，已用银行存款付讫。甲施工企业应编制如下会计分录：

　　借：材料采购——周转材料（钢模板）　　　　　　　　　　　　　330 000
　　　　应交税费——应交增值税（进项税额）　　　　　　　　　　　40 300
　　　　贷：银行存款　　　　　　　　　　　　　　　　　　　　　　　　370 300

(4) 货款已经预付,材料尚未验收入库。

**【例 4-22】** 根据与陕钢集团的购销合同,甲施工企业为购买某种钢管向陕钢集团预付 100 000 元价款的 80%,计 80 000 元,已通过汇兑方式汇出。甲施工企业应编制如下会计分录:

借:预付账款——预付供应单位款　　　　　　　　　　　　　　　　80 000
　　贷:银行存款　　　　　　　　　　　　　　　　　　　　　　　　　80 000

**【例 4-23】** 承[例 4-22],甲施工企业收到陕钢集团运来的钢管,已验收入库。增值税专用发票上注明该批钢管的价款为 100 000 元,增值税额 13 000 元,对方代垫包装费 3 000 元余款以银行存款付讫,计划成本 100 000 元。甲施工企业应编制如下会计分录:

借:材料采购——周转材料(钢管)　　　　　　　　　　　　　　　 103 000
　　应交税费——应交增值税(进项税额)　　　　　　　　　　　　　 13 000
　　贷:预付账款——预付供应单位款　　　　　　　　　　　　　　　100 000
　　　　银行存款　　　　　　　　　　　　　　　　　　　　　　　　 26 000

企业购入验收入库的材料,按计划成本,借记"原材料"账户,贷记"材料采购"账户,按实际成本大于计划成本的差异,借记"材料成本差异"账户,贷记"材料采购"账户;按实际成本小于计划成本的差异,借记"材料采购"账户,贷记"材料成本差异"账户。

**【例 4-24】** 承[例 4-17][例 4-19]和[例 4-23],月末,甲施工企业汇总本月已付款或已开出并承兑商业汇票入库材料的计划成本。甲施工企业应编制如下会计分录:

入库材料计划成本=480 000+520 000+100 000=1 100 000(元)

借:原材料——主要材料(螺纹钢)　　　　　　　　　　　　　　　 480 000
　　　　　——结构件(断桥铝窗)　　　　　　　　　　　　　　　　520 000
　　周转材料——在库(钢管)　　　　　　　　　　　　　　　　　　100 000
　　贷:材料采购——主要材料(螺纹钢)　　　　　　　　　　　　　 480 000
　　　　　　　——结构件(断桥铝窗)　　　　　　　　　　　　　　520 000
　　　　　　　——周转材料(钢管)　　　　　　　　　　　　　　　100 000

结转上述材料成本差异:

入库材料实际成本=501 000+500 000+103 000=1 104 000(元)
入库材料成本差异=1 104 000-1 100 000=4 000(元)

借:材料成本差异——主要材料(螺纹钢)　　　　　　　　　　　　　21 000
　　　　　　　　——周转材料(钢管)　　　　　　　　　　　　　　　3 000
　　材料采购——结构件(断桥铝窗)　　　　　　　　　　　　　　　 20 000
　　贷:材料采购——主要材料(螺纹钢)　　　　　　　　　　　　　　21 000
　　　　　　　——周转材料(钢管)　　　　　　　　　　　　　　　　3 000
　　　　材料成本差异——结构件(断桥铝窗)　　　　　　　　　　　 20 000

或:

```
借：原材料——主要材料(螺纹钢)                    480 000
         ——结构件(断桥铝窗)                    520 000
    周转材料——在库(钢管)                       100 000
    材料成本差异——主要材料(螺纹钢)               21 000
             ——周转材料(钢管)                   3 000
  贷：材料采购——主要材料(螺纹钢)                 501 000
             ——结构件(断桥铝窗)                 500 000
             ——周转材料(钢管)                   103 000
      材料成本差异——结构件(断桥铝窗)              20 000
```

2. 发出材料

【例 4-25】 甲施工企业根据"发料凭证汇总表"的记录,1月份螺纹钢的消耗(计划成本)为:M工程领用 400 000 元,辅助生产车间领用 50 000 元,企业管理部门领用 5 000 元,机械作业部门领用 3 000 元,共计 458 000 元,甲施工企业应编制如下会计分录:

```
借：工程施工——M工程                              400 000
    生产成本——辅助生产                             50 000
    管理费用                                        5 000
    机械作业                                        3 000
  贷：原材料——主要材料(螺纹钢)                   458 000
```

根据《企业会计准则第1号——存货》的规定,企业日常采用计划成本核算的,发出的材料成本应由计划成本调整为实际成本,通过"材料成本差异"账户结转,按照所发出材料的用途,分别记入"工程施工""机械作业""生产成本""管理费用"等账户。发出材料应负担的成本差异应当按期(月)分摊,不得在季末或年末一次计算。

$$本期材料成本差异率 = \frac{期初结存材料的成本差异 + 本期验收入库材料的成本差异}{期初结存材料的计划成本 + 本期验收入库材料的计划成本} \times 100\%$$

$$发出材料应负担的成本差异 = 发出材料的计划成本 \times 本期材料成本差异率$$

如果企业的材料成本差异率各期之间是比较均衡的,也可以采用期初材料成本差异率分摊本期的材料成本差异。年度终了,应对材料成本差异率进行核实调整。

$$期初材料成本差异率 = \frac{期初结存材料的成本差异}{期初结存材料的计划成本} \times 100\%$$

$$发出材料应负担的成本差异 = 发出材料的计划成本 \times 期初材料成本差异率$$

【例 4-26】 承[例 4-17]和[例 4-25],甲施工企业1月初结存螺纹钢的计划成本为 1 000 000 元,成本差异超支为 30 800 元;入库螺纹钢的计划成本为 480 000 元,成本差异超支为 21 000 元。则:

材料成本差异率 =(30 800+21 000)÷(1 000 000+480 000)×100% = 3.5%

结转发出材料的成本差异,甲施工企业应编制如下会计分录:

```
借：工程施工——M工程                               14 000
    生产成本——辅助生产                              1 750
    管理费用                                          175
    机械作业                                          105
  贷：材料成本差异——主要材料(螺纹钢)              16 030
```

本例中,工程施工应分摊的材料成本差异额为 14 000 元(400 000×3.5%),生产成本应分摊的材料成本差异额为 1 750 元(50 000×3.5%),管理费用应分摊的材料成本差异额为 175 元(5 000×3.5%),机械作业应分摊的材料成本差异额为 105 元(3 000×3.5%)。

## 第三节 周转材料的核算

### 一、周转材料的概念

#### (一) 周转材料的定义

周转材料是指企业能够多次使用、逐渐转移其价值但仍保持原有形态,不确认为固定资产的材料,如包装物和低值易耗品;施工企业的钢模板、木模板、脚手架和其他周转材料等;在建筑工程施工中可多次利用使用的材料,钢架杆、扣件、模板、支架、钢管等。

#### (二) 周转材料的分类与计价

周转材料按其在施工生产过程中的用途不同,一般可分为以下六类:

(1) 包装物,是指在生产经营过程中为了包装本企业的产品而储备的各种容器,如桶、箱瓶、坛、袋等。

(2) 低值易耗品,是指使用年限在 1 年以下或单位价值在固定资产标准以下的物品,如一般工具、管理用具、劳动保护用品等。

(3) 模板,是指浇灌混凝土用的木模、钢模等,包括配合模板使用的支撑材料、滑膜材料和扣件等在内。按固定资产管理的固定钢模和现场使用固定大模板则不包括在内。

(4) 挡板,是指土方工程用的挡板等,包括用于挡板的支撑材料。

(5) 架料,是指搭脚手架用的竹竿、木杆、竹木跳板、钢管及其扣件等。

(6) 其他周转材料,是指除以上各类之外,作为流动资产管理的其他周转材料,如塔吊使用的轻轨、枕木(不包括附属于塔吊的钢轨)以及施工过程中使用的安全网等。

周转材料的日常收发与材料一样,也有两种计价方法,即按实际成本和按计划成本计价,建筑施工企业可以根据自身的情况任选其一,并遵循一贯性原则使用。

#### (三) 周转材料的特征

周转材料具有以下特征:

(1) 周转材料在施工过程中起着劳动手段的作用,能多次使用而逐渐转移其价值。

(2) 具有材料的通用性,周转材料一般都要安装后才能发挥其使用价值,未安装时形同材料,为避免混淆,一般应设专库保管。此外,周转材料种类繁多,用量较大,价值较低,使用期短,收发频繁,易于损耗,经常需要补充和更换,因此将其列入流动资产进行管理。

### 二、周转材料的摊销方法

#### (一) 一次摊销法

一次摊销法是指在领用周转材料时,将其全部价值一次计入成本、费用的方法。这种方法适用于易腐、易糟的周转材料,如安全网等。

### (二)分期摊销法

分期摊销法是根据周转材料的预计使用期限分期摊入成本、费用的方法。这种方法一般适用于经常使用或使用次数较多的周转材料,如脚手架、跳板、塔吊轨及枕木等。其计算公式如下:

$$周转材料每期摊销额 = \frac{周转材料计划成本 \times (1 - 残值率)}{预计使用期限}$$

【例4-27】 甲施工企业领用脚手架一批,计划成本100 000元,预计使用16个月,预计残值率为10%,计算本月周转材料摊销额。

周转材料每月摊销额=100 000×(1-10%)÷16=5 625(元)

### (三)分次摊销法

分次摊销法是根据周转材料的预计使用次数将其价值分次摊入成本、费用的方法。这种方法一般适用于使用次数较少或不经常使用的周转材料,如预制钢筋混凝土构件所使用的定型模板和土方工程使用的挡板。其计算公式如下:

$$周转材料平均每次摊销额 = \frac{周转材料计划成本 \times (1 - 残值率)}{预计使用次数}$$

$$周转材料本期摊销额 = 本期使用次数 \times 周转材料平均每次摊销额$$

【例4-28】 甲施工企业领用挡板一批,计划成本8 000元,预计残值率10%,预计使用6次,本月使用2次,计算本月周转材料摊销额。

周转材料平均每次摊销额=8 000×(1-10%)÷6=1 200(元)
周转材料本月摊销额=2×1 200=2 400(元)

### (四)定额摊销法

定额摊销法是根据实际完成的实物工程量和预算定额规定的周转材料消耗定额,计算确认本期摊入成本、费用的金额的方法。这种方法适用于各种模板的周转材料。其计算公式如下:

$$周转材料本期摊销额 = \frac{本期实际完成的}{单位工作量} \times \frac{单位工程量}{周转材料的消耗定额}$$

【例4-29】 甲施工企业现场预制混凝土构件,领用钢模板一批。根据预算定额规定,完成每立方米工程量钢模板的消耗定额为80元,本月实际完成100立方米。计算本月钢模板摊销额如下:

本月周转材料摊销额=100×80=8 000(元)

### (五)五五摊销法

五五摊销法是在周转材料领用时摊销其一半价值,在报废时再摊销其另一半价值的方法。五五摊销法一般用来核算价值比较低、使用量较大的低值易耗品。

### 三、周转材料的核算

**(一) 应设置的账户**

为了核算和监督周转材料的增减变化及其结存情况,施工企业应设置"周转材料"账户。本账户借方登记企业在库、在用周转材料的计划成本或实际成本,贷方登记周转材料的摊销额以及因盘亏、报废、损毁、短缺等原因而减少的周转材料价值,期末有借方余额,表示在库周转材料的计划成本或实际成本,以及在用周转材料的摊余价值。本账户可按周转材料的种类,分别"在库""在用"和"摊销"进行明细核算。

若企业的包装物、低值易耗品用量较大并要求单独管理的,也可以单独设置"包装物""低值易耗品"一级账户。

采用计划成本进行周转材料日常收发核算的施工企业,周转材料计划成本与实际成本之间的差额,应在"材料成本差异"账户核算,并应随着计划成本的转销而转入相关账户。采用一次摊销法的周转材料,应于领用当月的月末计算其应负担的材料成本差异;采用其他摊销方法的周转材料,应于月末或报废时计算其应负担的材料成本差异。

**(二) 周转材料的摊销主要账务处理**

企业购入、自制、委托外单位加工完成并已验收入库的周转材料等,比照"原材料"账户的相关规定进行处理。

**【例 4-30】** 2×18 年 4 月 7 日,某施工企业购进周转材料一批,增值税专用发票上注明该批周转材料的价款为 30 000 元,增值税额 3 900 元,计划成本 31 000 元,材料已验收入库,应编制如下会计分录:

借:材料采购——周转材料　　　　　　　　　　　　　　　　　　30 000
　　应交税费——应交增值税(进项税额)　　　　　　　　　　　　　3 900
　　贷:应付账款　　　　　　　　　　　　　　　　　　　　　　　33 900

借:周转材料——在库　　　　　　　　　　　　　　　　　　　　31 000
　　贷:材料采购——周转材料　　　　　　　　　　　　　　　　　30 000
　　　　材料成本差异　　　　　　　　　　　　　　　　　　　　 1 000

1. 一次摊销法

领用时应按其账面价值,借记"工程施工""机械作业""生产成本""管理费用"等账户,贷记"周转材料——在库"账户。

报废时,按报废周转材料的残料价值,借记"原材料"等账户,贷记"工程施工""机械作业""生产成本""管理费用"等账户。有材料成本差异的,并同时结转材料成本差异。

**【例 4-31】** 2×17 年 5 月 8 日,甲工程的领用一次摊销的安全帽一批,价值 20 000 元,材料成本差异率为 1%,应编制如下会计分录:

借:工程施工——甲工程　　　　　　　　　　　　　　　　　　 20 000
　　贷:周转材料——在库　　　　　　　　　　　　　　　　　　 20 000

借:工程施工——甲工程　　　　　　　　　　　　　　　　　　　　200
　　贷:材料成本差异　　　　　　　　　　　　　　　　　　　　　　200

8月12日,该批安全帽报废,残料价值为500元,应编制如下会计分录：

借：原材料——其他材料　　　　　　　　　　　　　　　　　500
　　贷：工程施工——甲工程　　　　　　　　　　　　　　　　　　500

#### 2. 五五摊销法

领用时应按其账面价值,借记"周转材料——在用"账户,贷记"周转材料——在库"账户；同时摊销一半账面价值,借记"工程施工""机械作业""生产成本""管理费用"等账户,贷记"周转材料——摊销"账户。

报废时再摊销其账面价值的另一半,同时按报废周转材料的残料价值,借记"原材料"等账户,贷记"工程施工""机械作业""生产成本""管理费用"等账户；并转销全部已提摊销额,借记"周转材料——摊销"账户,贷记"周转材料——在用"账户；有材料成本差异的,并同时结转材料成本差异。

**【例4-32】** 2018年6月6日,乙工程领用周转材料一批,价值60 000元,采用五五摊销法摊销,2018年8月3日,该批周转材料报废,收到残料价值500元。应编制如下会计分录。

（1）领用周转材料时：

借：周转材料——在用　　　　　　　　　　　　　　　　　60 000
　　贷：周转材料——在库　　　　　　　　　　　　　　　　　　60 000

借：工程施工——乙工程　　　　　　　　　　　　　　　　30 000
　　贷：周转材料——摊销　　　　　　　　　　　　　　　　　　30 000

（2）报废周转材料时：

最后一次摊销和回收残料可合并

借：工程施工——乙工程　　　　　　　　　　　　　　　　29 500
　　原材料——其他材料　　　　　　　　　　　　　　　　　500
　　贷：周转材料——摊销　　　　　　　　　　　　　　　　　　30 000

注：最后一次摊销和回收残料账务处理可合并（以下相同,不再赘述）。

借：周转材料——摊销　　　　　　　　　　　　　　　　　60 000
　　贷：周转材料——在用　　　　　　　　　　　　　　　　　　60 000

#### 3. 分次摊销法

领用时应按其账面价值,借记"周转材料——在用"账户,贷记"周转材料——在库"账户；摊销时应按摊销额,借记"工程施工""机械作业""生产成本""管理费用"等账户,贷记"周转材料——摊销"账户。

报废时应补提摊销额,借记"工程施工""机械作业""生产成本""管理费用"等账户,贷记"周转材料——摊销"账户；同时,按报废周转材料的残料价值,借记"原材料"等账户,贷记"工程施工""机械作业""生产成本""管理费用"等账户；并转销全部已提摊销额,借记"周转材料——摊销"账户,贷记"周转材料——在用"账户；有材料成本差异的,并同时结转材料成本差异。

**【例4-33】** 某施工企业采用分次摊销法进行周转材料的核算。2×17年8月12日,乙工程领用一批周转材料,价值50 000元,预计使用20次,本期使用3次；8月末,该批周转材料入库,估计成色为80%,账面已提摊销额为7 500元;2×18年1月末,该批周转材料预计使用次数完毕,申请报废,残料价值1 000元。应编制如下会计分录。

(1) 领用周转材料时:

借:周转材料——在用　　　　　　　　　　　　　　　　　　50 000
　　贷:周转材料——在库　　　　　　　　　　　　　　　　　　　50 000

(2) 摊销周转材料时:

本期应摊销额=50 000÷20×3=7 500(元)

借:工程施工——乙工程　　　　　　　　　　　　　　　　　　7 500
　　贷:周转材料——摊销　　　　　　　　　　　　　　　　　　　7 500

(3) 补提摊销额时:

应提摊销额=50 000×(1-80%)=10 000(元)
已提摊销额=7 500(元)
应补提摊销额=10 000-7 500=2 500(元)

借:工程施工——乙工程　　　　　　　　　　　　　　　　　　2 500
　　贷:周转材料——摊销　　　　　　　　　　　　　　　　　　　2 500

(4) 退回周转材料验收入库时:

借:周转材料——在库　　　　　　　　　　　　　　　　　　50 000
　　贷:周转材料——在用　　　　　　　　　　　　　　　　　　　50 000

(5) 最后一次摊销时:

借:工程施工——乙工程　　　　　　　　　　　　　　　　　　1 500
　　原材料——其他材料　　　　　　　　　　　　　　　　　　1 000
　　贷:周转材料——摊销　　　　　　　　　　　　　　　　　　　2 500
借:周转材料——摊销　　　　　　　　　　　　　　　　　　50 000
　　贷:周转材料——在用　　　　　　　　　　　　　　　　　　　50 000

4. 分期摊销法和定额摊销法

分期摊销法和定额摊销法,比照分次摊销法。

# 第四节　存货清查

## 一、存货清查的概述

存货清查是指通过对存货的实地盘点,确定存货的实有数量,并与账面结存数核对,从而确定存货实存数与账存数是否相符的一种专门方法。

由于存货种类繁多、收发频繁,在日常收发过程中可能发生计量错误、计算错误、自然损耗,还可能发生损坏变质以及贪污、盗窃等情况,造成账实不符,形成存货的盘盈、盘亏。对于存货的盘盈、盘亏,应填写盘点报告(如实存账存对比表),及时查明原因,按照规定程序报批处理。

为了核算和监督企业在财产清查中查明的各种存货的盘盈、盘亏和损毁情况,应当设置"待处理财产损溢"账户,借方登记存货的盘亏、损毁金额及盘盈的转销金额,贷方登记存货的盘盈金额及盘亏的转销金额。企业清查的各种存货损溢,应在期末结账前处理完毕,期末处理后,"待处理财产损溢"账户应无余额。

## 二、存货清查的核算

### (一) 存货盘盈的账务处理

企业发生存货盘盈时,借记"原材料""库存商品"等账户,贷记"待处理财产损溢"账户;在按管理权限批准后,借记"待处理财产损溢"账户,贷记"管理费用"账户。

【例 4-34】 甲施工企业在财产清查中,盘盈安全帽一批,价值 60 000 元,经查属于材料收发计量方面的错误,假定不考虑相关税费。甲施工企业应编制如下会计分录:

(1) 批准处理前:

借:周转材料——在库　　　　　　　　　　　　　　　　　　　　60 000
　　贷:待处理财产损溢——待处理流动资产损溢　　　　　　　　　　　　60 000

(2) 批准处理后:

借:待处理财产损溢——待处理流动资产损溢　　　　　　　　　　　　60 000
　　贷:管理费用　　　　　　　　　　　　　　　　　　　　　　　　　60 000

### (二) 存货盘亏的账务处理

企业发生存货盘亏及损毁时时,借记"待处理财产损溢"账户,贷记"原材料""库存商品"等账户;在按管理权限批准后作如下账务处理:对于入库的残料价值,记入"原材料"等账户;对于应由保险公司和过失人的赔偿,记入"其他应收款"账户;扣除残料价值和应由保险公司、过失人赔偿的净损失,属于一般经营损失的部分,记入"管理费用"账户,属于非常损失的部分,记入"营业外支出"账户。

【例 4-35】 甲施工企业在财产清查中,发现盘亏螺纹钢一批,价值 10 000 元,经查属于一般经营损失。假定不考虑相关税费,甲施工企业应编制如下会计分录:

(1) 批准处理前:

借:待处理财产损溢——待处理流动资产损溢　　　　　　　　　　　　10 000
　　贷:原材料　　　　　　　　　　　　　　　　　　　　　　　　　　10 000

(2) 批准处理后:

借:管理费用　　　　　　　　　　　　　　　　　　　　　　　　　　10 000
　　贷:待处理财产损溢——待处理流动资产损溢　　　　　　　　　　　　10 000

【例 4-36】 甲施工企业在财产清查中,发现一批材料损毁,价值 80 000 元,经查属于材料保管员的过失造成的,按规定由其个人赔偿 50 000 元,残料已办理入库手续,价值 7 000 元。假定不考虑相关税费,甲施工企业应编制如下会计分录:

(1) 批准处理前：

借：待处理财产损溢——待处理流动资产损溢　　　　　　　　　　80 000
　　贷：原材料　　　　　　　　　　　　　　　　　　　　　　　　　　80 000

(2) 批准处理后：

借：原材料　　　　　　　　　　　　　　　　　　　　　　　　　　7 000
　　其他应收款　　　　　　　　　　　　　　　　　　　　　　　　50 000
　　管理费用　　　　　　　　　　　　　　　　　　　　　　　　　23 000
　　贷：待处理财产损溢——待处理流动资产损溢　　　　　　　　　　80 000

【例 4-37】 甲施工企业因台风造成一批库存材料损毁，实际成本 70 000 元，根据保险合同规定，应由保险公司赔偿 50 000 元。假定不考虑相关税费，甲施工企业应编制如下会计分录：

(1) 批准处理前：

借：待处理财产损溢——待处理流动资产损溢　　　　　　　　　　70 000
　　贷：原材料　　　　　　　　　　　　　　　　　　　　　　　　　　70 000

(2) 批准处理后：

借：其他应收款　　　　　　　　　　　　　　　　　　　　　　　50 000
　　营业外支出——非常损失　　　　　　　　　　　　　　　　　　20 000
　　贷：待处理财产损溢——待处理流动资产损溢　　　　　　　　　　70 000

# 第五节　存货减值

存货的初始计量虽然以成本入账，但存货进入企业后可能发生损毁、陈旧或价格下跌等情况，因此，在会计期末，存货的价值并不一定按成本记录，而是应按成本与可变现净值孰低计量。

## 一、存货跌价准备的计提和转回

资产负债表日，存货应当按照成本和可变现净值（关于成本和可变现净值的相关概念，详见第一章第二节）孰低计量。其中，成本是指期末存货的实际成本，如企业在存货成本的日常核算中采用计划成本、售价金额核算法等简单核算方法，则成本为调整后的实际成本。可变现净值是指在日常活动中，存货的估计售价减去至完工时估计将要发生的成本、估计的销售费用以及估计的相关税费后的金额。可变现净值的特征表现为存货的预计未来净现金流量，而不是存货的售价或合同价。

当存货成本低于可变现净值时，存货按成本计价；当存货成本高于可变现净值时，存货按可变现净值计价。当存货成本高于其可变现净值时，表明存货可能发生损失，应在存货销售之前确认这一损失，计入当期损益，并相应减少存货的账面价值。

以前减记存货价值的影响因素已经消失的，减记的金额应当予以恢复，并在原已计提的存货跌价准备金额内转回,转回的金额记入当期损益。

## 二、存货跌价准备的账务处理

为了核算和监督存货跌价准备的计提、转回和转销情况,企业应当设置"存货跌价准备"账户,贷方登记计提的跌价准备金额;借方登记发生的存货跌价损失金额和转回的存货跌价准备金额,期末余额一般在贷方,反映企业已计提但尚未转销的存货跌价准备。

当存货成本高于其可变现净值时,企业应当按照存货可变现净值低于成本的差额,借记"资产减值损失——计提的存货跌价准备"账户,贷记"存货跌价准备"账户。

转回已计提的存货跌价准备金额时,按恢复增加的金额,借记"存货跌价准备"账户,贷记"资产减值损失——计提的存货跌价准备"账户。

企业结转存货销售成本时,对于已计提存货跌价准备的,应当一并结转,同时调整销售成本,借记"存货跌价准备"账户,贷记"主营业务成本""其他业务成本"等账户。

【例4-38】 2×17年12月31日,甲施工企业库存原木账面余额(成本)为100 000元,由于市场价格下跌,预计可变现价值为80 000元,由此应计提的存货跌价准备20 000元。甲施工企业应编制如下会计分录:

借:资产减值损失——计提的存货跌价准备　　　　　　　　　　　20 000
　　贷:存货跌价准备　　　　　　　　　　　　　　　　　　　　　　20 000

假设2×18年6月30日,由于的市场价格有所上升,使该批原木的预计可变现净值为95 000元,应转回的存货跌价准备为15 000元。甲施工企业应编制如下会计分录:

借:存货跌价准备　　　　　　　　　　　　　　　　　　　　　　15 000
　　贷:资产减值损失——计提的存货跌价准备　　　　　　　　　　　15 000

### 复习思考题

1. 什么是存货? 存货通常分为哪几类?
2. 存货的采购成本通常包括哪些项目?
3. 存货的加工成本通常包括哪些项目?
4. 存货的计价方法有哪几种?
5. 在实际成本核算方式下,企业可以采用的发出存货的计价方法有哪几种?
6. 施工企业的材料一般可以分为哪几种?
7. 应付账款——暂估应付款在什么情况下使用? 应付账款——暂估应付款在什么时候应该冲回?
8. 周转材料按其在施工生产过程中的用途不同,一般可分为哪六类?
9. 周转材料的特点有哪两个?
10. 周转材料的摊销方法有哪五个?
11. 周转转材料的二级账户有哪三个?
12. 财产清查用哪个会计账户? 有哪两个二级账户? 存货的清查用哪个二级账户?
13. 存货减值用哪个会计账户?

# 第四章 存货

## 实训练习题

### 练习题一

(一)目的:练习材料按实际成本计价的核算。

(二)资料:乙施工企业2×18年8月发生如下经济业务:

(1)上月购入的红砖,因发票账单未到,已按计划成本450 000元,待认证进项税额58 500元暂估入账,本月初予以冲回。

(2)3日,上月已付款的水泥,增值税专用发票上注明价款为325 000元,增值税额为42 250元,现已验收入库,计划成本为350 000元。

(3)10日,采用预付方式订购预制件一批,按照合同规定预付价款5 000 000元,其余货款于材料到达时一次结算。

(4)12日,上述红砖相关票据到达,增值税专用发票上注明价格为462 000元,增值税额60 060元。

(5)15日,上述预制件到达企业并验收入库,增值税专用发票上注明价款为8 600 000元,增值税额为1 118 000元,运杂费46 000元,以银行存款支付,计划成本为8 500 000元。

(6)20日,购入汽油一批,增值税专用发票上注明价款为25 000元,增值税额为3 250元,计划成本为24 000元,款项以银行存款支付,汽油尚未到达。

(7)23日,采用商业承兑方式购入螺纹钢一批,增值税专用发票上注明价款为895 000元,增值税额为116 350元,现已验收入库,计划成本为900 000元。

(8)27日,购入钢模板一批,增值税专用发票上注明价款为625 000元,增值税额为81 250元,支付运杂费35 480元,全部款项以银行存款支付,计划成本为660 000元,钢模板尚未到达。

(9)30日,购入轴承一批,材料已验收入库,月末发票账单尚未到达,计划成本为80 000元,待认证进项税额10 400元。

(三)要求:根据上述资料编制会计分录。

### 练习题二

(一)目的:练习材料按计划成本计价的核算。

(二)资料:乙施工企业发生如下经济业务:

(1)至(9)同练习题一(1)至(9)。

(10)计算并结转本月采购材料的成本差异。

(11)月初,结存原材料1 360 000元,材料成本差异有贷方余额(节约差异)66 000元,计算材料成本差异率。

(12)本月领用N材料10 800 000元,其中工程领用9 000 000元,管理部门领用100 000元,辅助生产部门领用1 000 000元,机械部门领用700 000元。N材料的材料成本差异率为2%。

(三)要求:根据上述资料编制会计分录。

### 练习题三

(一)目的:练习周转材料的核算。

(二)资料:乙施工企业发生如下经济业务:

(1) 企业购入铝合金模版一批,增值税专用发票上注明价款为59 000元,增值税额为7 670元,运杂费3 000元,款项以银行存款支付,已验收入库,其计划成本为60 000元。

(2) 管理部门领用一次性摊销的管理用具一批,计划成本为15 000元,应负担的材料成本差异为2%。

(3) 甲工程领用安全网一批,计划成本为20 000元,应负担的材料成本差异为2%,按五五摊销法摊销,使用一段时间后,该批工具全部报废,收回的残料价值为500元,已验收入库。

(4) 乙工程领用全新脚手架10立方米,计划成本为30 000元,预计使用12个月,预计净残值率为10%,采用分期摊销法核算。

(5) 使用4个月后,乙工程将4立方米脚手架退回仓库,计划成本为12 000元,退回时估计成色为60%,在用脚手架已提摊销额为9 000元。

(6) 丙工程领用钢模板一批,计划成本为100 000元,预计使用60次,预计残值率为4%,本月使用8次,采用分次摊销法核算。

(三)要求:根据上述资料编制会计分录。

## 练 习 题 四

(一)目的:练习存货清查的核算。

(二)资料:乙施工企业发生如下经济业务:

(1) 2×18年5月28日,乙施工企业财产清查,发现盘盈钢材一批,其实际成本13 500元,经查明是由于收发计量上的错误造成的,假定不考虑相关税费。

(2) 2×18年5月30日,乙施工企业财产清查,发现盘亏材料一批,实际成本64 260元。经查明,属于定额内损耗9 000元,管理不善损耗9 450元,应由过失人负责赔偿的损失1 620元,属于自然灾害造成的净损失44 190元,假定不考虑相关税费。

(三)要求:根据上述资料编制会计分录。

## 练 习 题 五

(一)目的:练习存货期末计价的核算。

(二)资料:乙施工企业发生如下经济业务(假定不考虑相关税费):

(1) 2×16年12月31日,存货的账面成本为5 000 000元,可变现净值为4 400 000元。

(2) 2×17年1月31日,存货可变现净值为4 700 000元。

(3) 2×17年2月29日,存货可变现净值为5 300 000元。

(4) 2×17年3月31日,存货可变现净值为5 100 000元。

(三)要求:根据上述资料编制会计分录。

# 第五章 投资

课程思政

**案例研究：** 卓尔发展集团——投资性房地产公允价值计量

卓尔发展是湖北省大型综合性房地产开发企业，总资产2 126 597.10万元，其持有的投资性房地产项目包括汉口北国际商品交易中心、武汉总部基地、天津电商城，后续计量采用公允价值计量，估值技术采用收益法，公允价值分别为968 800万元、17 600万元、255 400万元。

从净利润看，公允价值计量可能会增加卓尔发展的当期净利润。2012—2014年其投资性房地产公允价值变动产生的损益分别为64 701.97万元、161 757.72万元、181 088.83万元，占公司净利润的比重分别为42.48%、70.84%、85.14%。从资产负债率看，房地产行业中以公允价值计量的公司资产负债率处于同行业高位。卓尔发展及其他采用公允价值计量投资性房地产的公司，资产负债率平均值均在60%~75%，而房地产行业所有公司资产负债率在50%~65%。

但是，投资性房地产公允价值计量也存在一些不足。首先，估值技术对估值结果影响很大。收益法和市场法对武汉总部基地公允价值的评估结果分别为17 600.00万元和7 432.93万元，两者差异达57.77%。其次，估值技术中输入值的微小变化会造成公司财务指标较大变化。当汉口北国际商品交易中心的项目收益期从40年变为44年后，其公允价值从968 800.00万元变为996 145.80万元，增加27 345.8万元人民币，变动率虽然仅为2.82%，但其对净利润的影响却达18.98%。

公允价值计量虽然具有较高的市场价值相关性，但计量依据的不统一、估值技术的多样性、参数值确定的主观性以及相关配套法律法规和应用指南的缺乏，导致公允价值计量模式在我国应用不广。因此，投资性房地产公允价值计量的会计实践还需要持续改进并完善。

（吴齐.公允价值计量在投资性房地产中的应用：以卓尔发展及同行业公司为例[J].财务与会计，2017(24)：64-66.）

投资是指企业为了在未来可预见的时期内获得收益或是资金增值，在一定时期内向一定领域投放足够数额的资金或实物的货币等价物的经济行为。投资有广义投资和狭义投资之分，广义投资一般包括对内投资和对外投资两大类，狭义投资仅指对外投资。本章所讲的投资是指狭义的投资。

狭义的投资主要包括交易性金融资产、债权投资、其他债权投资、长期股权投资、投资性房地产等。

# 第一节 金融资产

企业金融资产主要包括库存现金、银行存款、应收账款、应收票据、货款、垫款、其他应收款、应收利息、债券投资、股票投资、基金投资及衍生金融资产等。

根据企业管理金融资产的业务模式和金融资产的合同现金流量特征，《企业会计准则第22号——金融工具的确认和计量》将金融资产划分为：①以摊余成本计量的金融资产；②以公允价值计量且其变动计入其他综合收益的金融资产；③以公允价值计量且其变动计入当期损益的金融资产。上述分类一经确定，不得随意变更。

## 一、以摊余成本计量的金融资产

金融资产同时满足下列条件的，应当分类为以摊余成本计量的金融资产：

(1) 企业管理该金融资产的业务模式是以收取合同现金流量为目标；

(2) 该金融资产的合同条款规定，在特定日期产生的现金流量，仅为支付的本金和以未偿付本金金额为基础的利息。

(一) 核算以摊余成本计量的金融资产设置的会计账户

为了反映和监督以摊余成本计量的金融资产的取得、收取利息和出售等情况，企业应当设置"债权投资""投资收益"等账户进行核算。"债权投资"账户核算企业以摊余成本计量的金融资产。"债权投资"账户的借方登记以摊余成本计量的金融资产的取得成本、一次还本付息债券投资在资产负债表日按照票面利率计算确定的应收未收利息等；贷方登记企业出售时结转的成本等。企业可以按照以摊余成本计量的金融资产的类别和品种，在"债权投资"下分别设置"成本""利息调整""应计利息"等明细账户进行投资。

(二) 以摊余成本计量的金融资产的取得

企业以摊余成本计量的金融资产应当按照公允价值计量，以摊余成本计量的金融资产所发生的交易费用计入以摊余成本计量的金融资产的初始确认金额。

企业以摊余成本计量的金融资产支付的价款中包含已到付息期但尚未领取的债券利息，应当单独确认为应收项目，不构成以摊余成本计量的金融资产的初始确认金额。

企业取得的以摊余成本计量的金融资产，应当按照投资的面值，借记"债权投资——成本"账户，按照支付的价款中包含的已到付息期但尚未领取的利息，借记"应收利息"账户，按照实际支付的金额，贷记"银行存款"等账户，按照其差额，借记或贷记"债权投资——利息调整"账户。

【例 5-1】 2×23 年 1 月 1 日,甲施工企业支付价款 2 000 000 元(含交易费用)从上海证券交易所购入 S 公司同日发行的 5 年期公司债券 12 500 份,债券票面价值总额为 2 500 000 元,票面年利率为 4.72%,于年末支付本年度债券利息(即每年利息为 118 000 元),本金在债券到期时一次偿还。甲公司将其划分为以摊余成本计量的金融资产。该债券的实际利率为 10%。甲施工企业应编制如下会计分录:

借:债权投资——S公司债券(成本)　　　　　　　　　　　　2 500 000
　　贷:银行存款　　　　　　　　　　　　　　　　　　　　　2 000 000
　　　　债权投资——S公司债券(利息调整)　　　　　　　　　　500 000

### (三) 以摊余成本计量的金融资产的持有

企业在持有以摊余成本计量的金融资产的会计期间,应当按照摊余成本对金融资产进行计量。在资产负债表日,按照金融资产摊余成本和实际利率计算的债券利息收入,应当作为投资收益进行会计处理。

摊余成本是指金融资产的初始确认金额经下列调整后的结果:

(1) 扣除已偿还的本金;

(2) 加上或减去采用实际利率法将该初始确认金额与到期日金额之间的差额进行摊销形成的累计摊销额;

(3) 扣除计提的累计信用减值准备。

实际利率是指将金融资产或者金融负债在预期存续期间的估计未来现金流量,折现为该金融资产账面余额(不考虑减值)或该金融负债摊余成本所使用的利率。

实际利率法,是指计算金融资产或金融负债的摊余成本以及将利息收入或利息费用分摊计入各会计期间的方法。

需要说明的是,如果有客观证据证明该金融资产的实际利率计算的各期利息收入与名义利率计算的相差很小,也可以采用名义利率代替实际利率使用。

以摊余成本计量的金融资产为分期付息、一次还本债券投资的,企业应当在资产负债表日按照以其面值和票面利率计算确定的应收未收利息,借记"应收利息"账户,按其摊余成本和实际利率计算确定的利息收入,贷记"投资收益"账户,按其差额,借记或贷记"债权投资——利息调整"账户。

【例 5-2】 承[例 5-1],根据约定,2×23 年 12 月 31 日甲施工企业按期收到 S 公司支付的第 1 年债券利息 118 000 元,并按照摊余成本和实际利率确认的投资收益为 200 000 元;2×24 年 12 月 31 日,甲施工企业按照收到 S 公司支付的第 2 年债券利息 118 000 元,并按照摊余成本和实际利率确认的投资收益为 208 200 元;2×25 年 12 月 31 日,甲施工企业按照收到 S 公司支付的第 3 年债券利息 118 000 元,并按照摊余成本和实际利率确认的投资收益为 217 220 元;2016 年 12 月 31 日,甲施工企业按照收到 S 公司支付的第 4 年债券利息 118 000 元,并按照摊余成本和实际利率确认的投资收益为 227 142 元。甲施工企业应编制如下会计分录:

(1) 2×23 年 12 月 31 日,确认 S 公司债券实际利息收入、收到债券利息时:

借：应收利息——S公司　　　　　　　　　　　　　　　　　　　118 000
　　债权投资——S公司债券（利息调整）　　　　　　　　　　　82 000
　　贷：投资收益——S公司债券　　　　　　　　　　　　　　　　　200 000

同时：

借：银行存款　　　　　　　　　　　　　　　　　　　　　　　118 000
　　贷：应收利息——S公司　　　　　　　　　　　　　　　　　　　118 000

(2) 2×24年12月31日，确认S公司债券实际利息收入、收到债券利息时：

借：应收利息——S公司　　　　　　　　　　　　　　　　　　　118 000
　　债权投资——S公司债券（利息调整）　　　　　　　　　　　90 200
　　贷：投资收益——S公司债券　　　　　　　　　　　　　　　　　208 200

同时：

借：银行存款　　　　　　　　　　　　　　　　　　　　　　　118 000
　　贷：应收利息——S公司　　　　　　　　　　　　　　　　　　　118 000

(3) 2×25年12月31日，确认S公司债券实际利息收入、收到债券利息时：

借：应收利息——S公司　　　　　　　　　　　　　　　　　　　118 000
　　债权投资——S公司债券（利息调整）　　　　　　　　　　　99 220
　　贷：投资收益——S公司债券　　　　　　　　　　　　　　　　　217 220

同时：

借：其他货币资金——存出投资款　　　　　　　　　　　　　　118 000
　　贷：应收利息——S公司　　　　　　　　　　　　　　　　　　　118 000

(4) 2×26年12月31日，确认S公司债券实际利息收入、收到债券利息时：

借：应收利息——S公司　　　　　　　　　　　　　　　　　　　118 000
　　债权投资——S公司债券（利息调整）　　　　　　　　　　　109 142
　　贷：投资收益——S公司债券　　　　　　　　　　　　　　　　　227 142

同时：

借：其他货币资金——存出投资款　　　　　　　　　　　　　　118 000
　　贷：应收利息——S公司　　　　　　　　　　　　　　　　　　　118 000

在本例中，根据约定，甲施工企业向S公司收取的第1年债券利息为118 000元（2 500 000×4.72%）元，但甲施工企业按照摊余成本和实际利率从计算确定的投资收益为200 000元（200 000×10%），这两个金额并不相等，其差额为利息调整。以后年度情况类似。

（四）以摊余成本计量的债权投资的出售

出售以摊余成本计量的债权投资，应当按照实际收到的金额，借记"银行存款"等账户，按其账面价值，贷记"债权投资——成本应计利息""债权投资——应计利息"账户，贷记或借记"债权投资——利息调整"按其差额,贷记或借记"投资收益"账户。已预提信用减值准备的,还应同时结转信用减值准备。

**【例5-3】** 承例[5-1]和[例5-2],2×27年1月5日,甲施工企业将所持有的12 500份S公司债券全部出售,取得价款2 400 000元。当日,甲施工企业该债券投资的账面余额为2 380 562元,其中:成本明细账户为借方余额2 500 000元,利息调整明细账户为贷方余额119 438元。假定该债券投资在持有期间未发生减值。甲施工企业应编制如下会计分录:

```
借:银行存款                                    2 400 000
   债权投资——S公司债券(利息调整)              119 438
 贷:债权投资——S公司债券(成本)                         2 500 000
   投资收益—— S公司债券                                 19 438
```

在本例中,甲施工企业在全部出售持有的S公司债券时,应将该债券投资的账面余额2 380 562元全部结转,使其余额及各明细账户余额变为0元,以计算确定处置收益。其中,利息调整明细账户为贷方余额119 438元,应通过借方结转,也使其余额变为0元。

## 二、以公允价值计量且其变动计入其他综合收益的金融资产

金融工具如果满足以下的条件,应当分类为公允价值且其变动计入其他综合收益的金融资产:

(1)企业管理该金融工具的业务模式,既以收取合同现金流量又以出售该金融资产为目标。

(2)该金融资产的合同条款规定,在特定日期产生的现金流量,仅为支付的本金和以未偿付本金金额为基础的利息。

按照是否计提减值准备,该大类又可分为两类:①以公允价值计量且其变动计入其他综合收益的金融资产;②以公允价值计量且其变动计入其他综合收益的非交易性权益工具投资。两者的区别在于,后者除了获得的股利收入(作为投资成本收回的股利收入除外)计入当期损益外,其他相关的利得和损失(包括汇兑损益)均应计入其他综合收益,且后续不得转入损益;当终止确认时,之前计入其他综合损益的累计利得或损失应当从其他综合收益中转出,计入留存收益。

这里只介绍第一类,即以公允价值计量且其变动计入其他综合收益的金融资产,第二类在第四部分介绍。

(一)核算以公允价值计量且其变动计入其他综合收益的金融资产应设置的会计账户

为了反映和监督以公允价值计量且其变动计入其他综合收益的金融资产的取得、收取现金股利或利息和出售等情况,企业应当设置"其他债权投资""其他综合收益""投资收益"等账户进行核算。

"其他债权投资"账户核算企业持有的以公允价值计量且其变动计入其他综合收益的金融资产的公允价值。"其他债权投资"账户的借方登记以公允价值计量且其变动计入其他综合收益的金融资产取得成本、一次还本付息债券投资在资产负债表日按照票面利率计算确定的应收未收利息、资产负债表日其公允价值高于账面余额的差额等;贷方登记资产负债表日其公允价值低于账面价值的差额、公允价值变动以及出售时结转的成本等。企业应按以

公允价值计量且其变动计入其他综合收益的金融资产的类别和品种,分别设置"成本""应计利息""利息调整""公允价值变动"等明细账户进行核算。

"其他综合收益——其他债权投资公允价值变动"账户核算以公允价值计量且其变动计入其他综合收益的金融资产公允价值变动而形成的应计入所有者权益的权利和损失等。"其他综合收益——其他债权投资公允价值变动"账户的借方登记资产负债表日公允价值低于账面余额的差额等;贷方登记资产负债表日公允价值高于账面余额的差额等。

以公允价值计量且其变动计入其他综合收益的金融资产发生减值的,单独设置"其他综合收益——信用减值准备"账户。

### (二) 以公允价值计量且其变动计入其他综合收益的金融资产的取得

企业取得的以公允价值计量且其变动计入其他综合收益的金融资产应当按照公允价值计量,所发生的交易费用应当计入初始入账金额。

企业取得以公允价值计量且其变动计入其他综合收益的金融资产支付的价款中包含已到付息期但尚未领取的债券利息,应当单独确认为应收项目,不构成初始入账金额。

企业取得的以公允价值计量且其变动计入其他综合收益的金融资产,应当按照该金融资产的面值,借记"其他债权投资——成本"账户,按照支付的价款中包含的已到付息期但尚未领取的利息,借记"应收利息"账户,按照实际支付的金额,贷记"银行存款"等账户,按其差额,借记或贷记"其他债权投资——利息调整"账户。

为便于比较和理解以公允价值计量且其变动计入其他综合收益的金融资产与以摊余成本计量的金融资产的会计处理的主要区别,下面以与例5-1,例5-2和例5-3基本相同的条件举例说明。

【例5-4】 2×23年1月1日,甲施工企业支付价款2 000 000元(含交易费用)从上海证券交易所购入S公司同日发行的5年期公司债券12 500份,债券票面价值总额为2 500 000元,票面年利率为4.72%,于年末支付本年度债券利息(即每年利息为118 000元),本金在债券到期时一次偿还。甲公司将其划分为以公允价值计量且其变动计入其他综合收益的金融资产。该债权投资的实际利率为10%。甲施工企业应编制如下会计分录:

借:其他债权投资——S公司债券(成本)　　　　　　　　　　　2 500 000
　　贷:银行存款　　　　　　　　　　　　　　　　　　　　　2 000 000
　　　　其他债权投资——S公司债券(利息调整)　　　　　　　　500 000

### (三) 以公允价值计量且其变动计入其他综合收益的金融资产的持有

企业在持有以公允价值计量且其变动计入其他综合收益的金融资产的会计期间,所涉及的会计处理主要有两个方面:一是在资产负债表日确认债券利息收入,二是在资产负债表日反映其公允价值变动。

#### 1. 持有期间的会计处理

企业在持有以公允价值计量且其变动计入其他综合收益的金融资产的期间取得的债券利息,应当作为投资收益进行会计处理。

(1) 在资产负债表日,以公允价值计量且其变动计入其他综合收益的金融资产为分期付息、一次还本的债券投资,在资产负债表日,企业应按票面利率计算确定的应收未收利息,借记"应收利息"账户,按债券的摊余成本和实际利率计算确定的利息收入,贷记"投资收益",按其差额,借记或贷记"其他债权投资——利息调整"账户。

(2) 以公允价值计量且其变动计入其他综合收益的金融资产为一次还本付息债券投资的,应按票面利率计算确定的应收未收利息,借记"其他债权投资——应计利息"账户,按债券的摊余成本和实际利率计算确定的利息收入,贷记"投资收益"账户,按其差额,借记或贷记"其他债权投资——利息调整"账户。

2. 资产负债表日的会计处理

资产负债表日,以公允价值计量且其变动计入其他综合收益的金融资产的公允价值高于其账面余额的差额,借记"其他债权投资——公允价值变动"账户,贷记"其他综合收益——其他债权投资公允价值变动";公允价值低于账面余额的差额做相反的会计分录。

确定以公允价值计量且其变动计入其他综合收益的金融资产发生减值,应按减记的金额,借记"信用减值损失",贷记"其他综合收益——信用减值准备"。

【例5-5】承[例5-4],根据约定,2×23年12月31日甲施工企业按期收到S公司支付的第1年债券利息118 000元,并按照摊余成本和实际利率确认的投资收益为200 000元;2×24年12月31日,甲施工企业按照收到S公司支付的第2年债券利息118 000元,并按照摊余成本和实际利率确认的投资收益为208 200元,S公司债券的公允价值为2 400 000元。其他资料如表5-1所示:

表5-1 相关资料 单位:元

| 年份 | 现金流入(A) | 实际利息收入(B=期初D×10%) | 已收回的本金(C=A−B) | 摊余成本余额(D=期初D−C) | 公允价值(E) | 公允价值变动额(F=G−期初G) | 公允价值变动累计金额(G=E−D) |
|---|---|---|---|---|---|---|---|
| 期初 | | | | 2 000 000 | 2 000 000 | 0 | 0 |
| 2×23 | 118 000 | 200 000 | −82 000 | 2 082 000 | 2 400 000 | 318 000 | 318 000 |
| 2×24 | 118 000 | 208 200 | −90 200 | 2 172 200 | 2 600 000 | 109 800 | 427 800 |
| 2×25 | 118 000 | 217 220 | −99 220 | 2 271 420 | 2 500 000 | −198 220 | 228 580 |
| 2×26 | 118 000 | 227 142 | −109 142 | 2 380 562 | 2 400 000 | −209 142 | 19 438 |

甲施工企业应编制如下会计分录:

(1) 2×23年12月31日,确认S公司债券实际利息收入、公允价值变动、收到债券利息时:

```
借:应收利息——S公司                          118 000
    债权投资——S公司债券(利息调整)            82 000
    贷:投资收益——S公司债券                       200 000

借:银行存款                                  118 000
    贷:应收利息——S公司                          118 000

借:其他债权投资——N公司债券(公允价值变动)    318 000
    贷:其他综合收益——其他债权投资公允价值变动   318 000
```

(2) 2×24年12月31日,确认S公司债券实际利息收入、公允价值变动、收到债券利息时:

借:应收利息——S公司　　　　　　　　　　　　　　　　　　　　118 000
　　债权投资——S公司债券(利息调整)　　　　　　　　　　　　　90 200
　　贷:投资收益——S公司债券　　　　　　　　　　　　　　　　208 200

借:银行存款　　　　　　　　　　　　　　　　　　　　　　　　　118 000
　　贷:应收利息——S公司　　　　　　　　　　　　　　　　　　118 000

借:其他债权投资——N公司债券(公允价值变动)　　　　　　　　 109 800
　　贷:其他综合收益——其他债权投资公允价值变动　　　　　　　109 800

(3) 2×25年12月31日,确认S公司债券实际利息收入、公允价值变动、收到债券利息时:

借:应收利息——S公司　　　　　　　　　　　　　　　　　　　　118 000
　　债权投资——S公司债券(利息调整)　　　　　　　　　　　　　99 220
　　贷:投资收益——S公司债券　　　　　　　　　　　　　　　　217 220

借:银行存款　　　　　　　　　　　　　　　　　　　　　　　　　118 000
　　贷:应收利息——S公司　　　　　　　　　　　　　　　　　　118 000

借:其他综合收益——其他债权投资公允价值变动　　　　　　　　　198 220
　　贷:其他债权投资——N公司债券(公允价值变动)　　　　　　　198 220

(4) 2×26年12月31日,确认S公司债券实际利息收入、公允价值变动、收到债券利息时:

借:应收利息——S公司　　　　　　　　　　　　　　　　　　　　118 000
　　债权投资——S公司债券(利息调整)　　　　　　　　　　　　 109 142
　　贷:投资收益——S公司债券　　　　　　　　　　　　　　　　227 142

借:其他货币资金——存出投资款　　　　　　　　　　　　　　　　118 000
　　贷:应收利息——S公司　　　　　　　　　　　　　　　　　　118 000

借:其他综合收益——其他债权投资公允价值变动　　　　　　　　　209 142
　　贷:其他债权投资——N公司债券(公允价值变动)　　　　　　　209 142

(四) 以公允价值计量且其变动计入其他综合收益的金融资产的出售

施工企业出售以公允价值计量且其变动计入其他综合收益的金融资产时,应按实际收到的金额,借记"银行存款"等账户,按其账面余额,贷记"其他债权投资——成本""其他债权投资——应计利息"账户,贷记或借记"其他债权投资——公允价值变动""其他债权投资——利息调整",借记或贷记"其他综合收益——其他债权投资公允价值变动"账户;按应从其他综合收益转出的信用减值准备累计金额,借记"其他综合收益——信用减值准备",按其差额,贷记或借记"投资收益"账户。

【例5-6】 承[例5-4]和[例5-5],假定2027年1月25日,甲施工企业出售了所持有的S公司债券,售价为2 520 000元。甲施工企业应编制如下会计分录:

| | |
|---|---|
| 借：银行存款 | 2 520 000 |
| 　　其他综合收益——其他债权投资公允价值变动 | 19 438 |
| 　　其他债权投资——N 公司债券(利息调整) | 119 438 |
| 　贷：其他债权投资——N 公司债券(成本) | 2 500 000 |
| 　　　其他债权投资——N 公司债券(公允价值变动) | 19 438 |
| 　　　投资收益 | 139 438 |

## 三、以公允价值计量且其变动计入当期损益的金融资产

企业分类为以摊余成本计量的金融资产和以公允价值计量且其变动计入其他综合收益的金融资产之外的金融资产，应当分类为公允价值计量且其变动计入当期损益的金融资产。常见的股票、基金、可转换债券应当分类为公允价值计量且其变动计入当期损益的金融资产。

### (一) 核算以公允价值计量且其变动计入当期损益的金融资产应设置的会计账户

为了反映和监督以公允价值计量且其变动计入当期损益的金融资产的取得、收取现金股利或利息、出售等情况，企业应当设置"交易性金融资产""公允价值变动损益""投资收益"等账户进行核算。

"交易性金融资产"账户核算企业为交易目的所持有的债券投资、股票投资、基金投资等交易性金融资产的公允价值。企业持有的直接指定为公允价值计量且其变动计入当期损益的金融资产也在"交易性金融资产"账户核算。"交易性金融资产"账户的借方登记以公允价值计量且其变动计入当期损益的金融资产的取得成本、资产负债表日其公允价值高于账面价值的差额等；贷方登记资产负债表日其公允价值低于账面价值的差额，以及企业出售以公允价值计量且其变动计入当期损益的金融资产时结转的成本和公允价值变动。企业应当按照交易性金融资产的类别和品种，分别设置"成本""公允价值变动"等明细账户进行核算。

"公允价值变动损益"账户核算企业以公允价值计量且其变动计入当期损益的金融资产的公允价值变动而形成的应计入当期损益的利得和损失。"公允价值变动损益"账户的借方登记资产负债表日企业持有的交易性金融资产等的公允价值低于账面价值的差额，贷方登记资产负债表日企业持有的交易性金融资产等的公允价值高于账面价值的差额。

"投资收益"账户核算企业持有以公允价值计量且其变动计入当期损益的金融资产等期间内取得的投资收益以及出售实现的投资收益或投资损失，借方登记企业出售以公允价值计量且其变动计入当期损益的金融资产等发生的投资损失，贷方企业持有期间内取得的投资收益以及出售实现的投资收益。

### (二) 以公允价值计量且其变动计入当期损益的金融资产的取得

企业取得以公允价值计量且其变动计入当期损益的金融资产时，应当按照该金融资产取得时的公允价值作为其初始入账金额。企业取得以公允价值计量且其变动计入当期损益的金融资产所支付价款中包含了已宣告但尚未支付的现金股利或已到付息期但尚未领取的债券利息的，应当单独确认为应收项目，不构成交易性金融资产的初始入账金额。企业取得以公允价值计量且其变动计入当期损益的金融资产所发生的相关交易费用应当在发生时作为投资收益进行会计处理。交易费用是指可直接归属于购买、发行或处置金融工具新增的

外部费用,包括支付给代理机构、咨询公司、券商等的手续费和佣金及其他必要支出。

企业取得以公允价值计量且其变动计入当期损益的金融资产,应当按照该以公允价值计量且其变动计入当期损益的金融资产取得时的公允价值,借记"交易性金融资产——成本"账户,按照发生的交易费用,借记"投资收益"账户,按照已到付息期但尚未领取的利息或已宣告但尚未发放的现金股利,借记"应收利息"或"应收股利"账户,按照实际支付的金额,贷记"银行存款"等项目。

### (三) 以公允价值计量且其变动计入当期损益的金融资产的持有

#### 1. 持有期间的会计处理

企业持有以公允价值计量且其变动计入当期损益的金融资产期间对于被投资单位宣告发放的现金股利或企业在资产负债表日按分期付息、一次还本债券投资的票面利率计算的利息收入,应当确认为应收项目,并计入投资收益。

企业在持有以公允价值计量且其变动计入当期损益的金融资产期间。取得被投资单位宣告发放的现金股利,或在资产负债表日按分期付息、一次还本债券投资的票面利率计算的利息收入,借记"应收股利"或"应收利息"账户,贷记"投资收益"账户。

【例5-7】 2×27年1月15日,甲建筑施工企业购入N上市公司发行的公司债券,该笔债券于2×24年10月1日发行,面值为20 000 000元,票面利率为4%。上年债券利息于下年年初支付。甲企业将其划为以公允价值计量且其变动计入当期损益的金融资产,支付价款为21 000 000元,另支付交易费用300 000元。2×27年1月30日,甲企业收到该笔债券利息200 000元。2×28年年初,甲企业收到债券利息800 000元。甲建筑施工企业应编制如下会计分录:

(1) 2×27年1月15日购入N公司的公司债券时:

| | |
|---|---:|
| 借:交易性金融资产——成本 | 20 800 000 |
|   应收利息 | 200 000 |
|   投资收益 | 300 000 |
|   贷:银行存款 | 21 300 000 |

(2) 2×27年1月30日,收到购买价款中包含的已到期但尚未领取的债券利息时:

| | |
|---|---:|
| 借:银行存款 | 200 000 |
|   贷:应收利息 | 200 000 |

(3) 2×27年12月31日,确认N上市公司的公司债券利息收入800 000元(21 000 000×4%)时:

| | |
|---|---:|
| 借:应收利息 | 800 000 |
|   贷:投资收益 | 800 000 |

(4) 2×28年年初,收到持有N公司的公司债券利息时:

| | |
|---|---:|
| 借:银行存款 | 800 000 |
|   贷:应收利息 | 800 000 |

在本例中,取得交易性金融资产所支付价款中包含的已到付息期但尚未领取的债券利息 200 000 元,应当记入"应收利息"账户,而不是记入"交易性金融资产——成本"账户。取得交易性金融资产所支付价款 21 000 000 元扣除已到付息期但尚未领取利息 200 000 元后的余额,应当记入"交易性金融资产——成本"账户。

2. 资产负债表日的会计处理

资产负债表日,以公允价值计量且其变动计入当期损益的金融资产应当按照公允价值计量,公允价值与账面余额之间的差额计入当期损益。

企业应当在资产负债表日按照以公允价值计量且其变动计入当期损益的金融资产的公允价值高于账面余额的差额,借记"交易性金融资产——公允价值变动"账户,贷记"公允价值变动损益"账户;公允价值低于账面余额的差额作相反的会计分录。

**【例 5-8】** 承[例 5-7],假定 2×27 年 6 月 30 日,甲建筑施工企业购买的 N 公司债券的公允价值(市价)为 20 000 000 元;2×27 年 12 月 31 日,甲企业购买的 N 公司债券的公允价值(市价)为 22 000 000 元。甲建筑施工企业应编制如下会计分录:

(1) 2×27 年 6 月 30 日,确认 N 公司债券的公允价值变动损益时:

公允价值变动 = 20 000 000 - 20 800 000 = -800 000(元)

借:公允价值变动损益　　　　　　　　　　　　　　　　　　　800 000
　　贷:交易性金融资产——公允价值变动　　　　　　　　　　　　　800 000

(2) 2×27 年 12 月 31 日,确认 N 公司债券的公允价值变动损益时:

公允价值变动 = 22 000 000 - 20 000 000 = 2 000 000(元)

借:交易性金融资产——公允价值变动　　　　　　　　　　　　2 000 000
　　贷:公允价值变动损益　　　　　　　　　　　　　　　　　　　2 000 000

在本例中,2×27 年 6 月 30 日,N 公司债券的公允价值为 20 000 000 元,账面余额为 20 800 000 元,公允价值小于账面余额 800 000 元,应计入"公允价值变动损益"账户的借方;2×27 年 12 月 31 日,N 公司债券的公允价值为 22 000 000 元,账面余额为 20 000 000 元,公允价值大于账面余额 2 000 000 元,应计入"公允价值变动损益"账户的贷方。

(四) 以公允价值计量且其变动计入当期损益的金融资产的出售

企业出售以公允价值计量且其变动计入当期损益的金融资产时,应当将其出售时的公允价值与其账面余额之间的差额作为投资收益进行会计处理,同时,将原已计入公允价值变动损益的公允价值变动转出,由公允价值变动损益转为投资收益。

企业出售以公允价值计量且其变动计入当期损益的金融资产时,应当按照实际收到的金额,借记"其他货币资金"等账户,按照将该金融资产的账面余额,贷记"交易性金融资产——成本""交易性金融资产——公允价值变动"账户,按照其差额,贷记或借记"投资收益"账户。同时,将原计入的公允价值变动转出,借记或贷记"公允价值变动损益"账户,贷记或借记"投资收益"账户。

**【例 5-9】** 承[例 5-8],假定 2×28 年 1 月 25 日,甲企业出售了所持有的 N 公司债券,售价为 21 000 000 元。甲企业应编制如下会计分录:

借：银行存款 21 000 000
　　投资收益 1 000 000
　　贷：交易性金融资产——成本 20 800 000
　　　　　　　　　　　　——公允价值变动 1 200 000

同时：

借：公允价值变动损益 1 200 000
　　贷：投资收益 1 200 000

在本例中，企业出售的N公司债券的售价21 000 000元与其账面余额22 000 000元之间的差额1 000 000元作为投资收益，记入"投资收益"账户的借方。企业出售交易性金融资产时，应将原计入金融资产的公允价值变动转出，即出售金融资产时，应按"公允价值变动损益"账户的贷方余额1 200 000元，借记"公允价值变动损益"账户，贷记"投资收益"账户。

## 四、以公允价值计量且其变动计入其他综合收益的非交易性权益工具投资

以公允价值计量且其变动计入其他综合收益的非交易性权益工具投资呼应第二部分介绍的以公允价值计量且其变动计入其他综合收益的第一类。

指定为以公允价值计量且其变动计入其他综合收益的非交易性权益工具投资的会计处理，与分类为以公允价值计量且其变动计入其他综合收益的金融资产的会计处理有相同之处，但也有明显不同。相同之处在于，两者公允价值的后续变动均计入其他综合收益。不同之处在于，指定为以公允价值计量且其变动计入其他综合收益的非交易性权益工具投资不需计提减值准备，除了获得的股利收入计入当期损益外，其他相关的权利和损失（包括汇兑损益）均应当计入其他综合收益，且后续不得计入当前损益；当终止确认时，之前计入其他综合收益的累计利得或累计损失应当从其他综合收益中转出，计入留存收益。

（一）核算以公允价值计量且其变动计入其他综合收益的非交易性权益工具投资核算应设置的会计账户

为了反映和监督以公允价值计量且其变动计入其他综合收益的非交易性权益工具投资的取得、收取现金股利或利息和出售等情况，企业应当设置"其他权益工具投资""其他综合收益""投资收益"等账户进行核算。

"其他权益工具投资"账户核算企业持有的以公允价值计量且其变动计入其他综合收益的非交易性权益工具投资的公允价值。"其他权益工具投资"账户的借方登记以公允价值计量且其变动计入其他综合收益的非交易性权益工具投资的取得成本、资产负债表日其公允价值高于账面余额的差额；贷方登记资产负债表日其公允价值低于账面价值的差额、出售结转的成本和公允价值变动。企业应当按照以公允价值计量且其变动计入其他综合收益的非交易性权益工具投资的类别和品种，分别设置"成本""公允价值变动"等明细账户进行核算。

"其他综合收益——其他权益工具投资公允价值变动"账户核算企业以公允价值计量且其变动计入其他综合收益的非交易性权益工具投资公允价值变动而形成的应计入所有者权益的权利和损失等。"其他综合收益——其他权益工具投资公允价值变动"账户的借方登记公允价值低于账面余额的差额等；贷方登记资产负债表日企业持有的公允价值高于账面余额的差额等。

### (二) 以公允价值计量且其变动计入其他综合收益的非交易性权益工具投资的取得

企业取得的以公允价值计量且其变动计入其他综合收益的非交易性权益工具投资应当按照公允价值计量,取得时所发生的交易费用应当计入初始入账金额。

企业取得时支付的价款中包含已宣告但尚未发放的现金股利,应当单独确认为应收项目,不构成初始入账金额。

企业取得时应当按照金融资产取得时的公允价值与交易费用之和,借记"其他权益工具投资——成本"账户,按照实际的价款中包含的已宣告但尚未发放的现金股利,借记"应收股利"账户,按照实际支付的金额,贷方"银行存款"等账户。

### (三) 以公允价值计量且其变动计入其他综合收益的非交易性权益工具投资的持有

企业在持有以公允价值计量且其变动计入其他综合收益的非交易性权益工具投资的会计期间,所涉及的会计处理主要有两个方面:一是持有期间的股利收入,二是在资产负债表日的公允价值变动。

1. 持有期间的会计处理

企业在持有以公允价值计量且其变动计入其他综合收益的非交易性权益工具投资的期间取得的现金股利,应当作为投资收益进行会计处理。

2. 资产负债表日的会计处理

资产负债表日,以公允价值计量且其变动计入其他综合收益的非交易性权益工具投资的公允价值高于其账面余额的差额,借记"其他权益工具投资——公允价值变动"账户,贷记"其他综合收益——其他权益工具投资公允价值变动"账户;公允价值低于其账面余额的差额,编制相反的会计分录。

### (四) 以公允价值计量且其变动计入其他综合收益的非交易性权益工具投资的出售

出售指定为以公允价值计量且其变动计入其他综合收益的非交易性权益工具投资时,应按实际收到的金额,借记"银行存款"等账户,按期账面余额,贷记"其他权益工具投资——成本""其他权益工具投资——公允价值变动"账户,按应从其他综合收益中转出的公允价值累计变动额,借记或贷记"其他综合收益——其他权益工具投资公允价值变动"账户,将其差额转入留存收益。

【例5-10】 2×27年1月10日,甲施工企业支付价款10 325 000元(含交易费用25 000元和已发放现金股利30万元),购入M公司股票1 000 000股,占M公司有表确权股份的1%。甲施工企业将其划为以公允价值计量且其变动计入其他综合收益的非交易性权益工具投资。

1) 2×27年4月25日,甲施工企业收到M公司发放的现金股利300 000元。
2) 2×27年6月30日,该股票市价为每股11.2元。
3) 2×27年12月31日,该股票市价每股为10.6元。
4) 2×28年2月25日,M公司宣告发放股利500 000元。
5) 2×28年4月3日,收到M公司发放的现金股利500 000元。
6) 2×28年5月30日,甲公司以每股9.8元的价格将股票全部出售。

假定不考虑其他因素,甲施工企业应编制如下会计分录:

(1) 2×27年1月10日,购买M公司股票时:

初始入账金额＝10 325 000－300 000＝10 025 000（元）

借：其他权益工具投资——成本　　　　　　　　　　　　　　　　10 025 000
　　应收股利　　　　　　　　　　　　　　　　　　　　　　　　　300 000
　　贷：银行存款　　　　　　　　　　　　　　　　　　　　　　　　　　10 325 000

（2）2×27年4月25日收到现金股利时：

借：银行存款　　　　　　　　　　　　　　　　　　　　　　　　　300 000
　　贷：应收股利　　　　　　　　　　　　　　　　　　　　　　　　　　300 000

（3）2×27年6月30日,股票价格变动时：

公允价值变动＝11.2×1 000 000－10 025 000＝1 175 000（元）

借：其他权益工具投资——公允价值变动　　　　　　　　　　　　1 175 000
　　贷：其他综合收益——其他权益工具投资公允价值变动　　　　　　　1 175 000

（3）2×27年12月31日,确认股票价格变动时：

公允价值变动＝10.6×1 000 000－11.2×1 000 000＝－600 000（元）

借：其他综合收益——其他权益工具投资公允价值变动　　　　　　600 000
　　贷：其他权益工具投资——公允价值变动　　　　　　　　　　　　　600 000

（4）2×28年2月25日,确认应收现金股利时：

借：应收股利　　　　　　　　　　　　　　　　　　　　　　　　　500 000
　　贷：投资收益　　　　　　　　　　　　　　　　　　　　　　　　　　500 000

（5）2×28年4月3日,收到现金股利时：

借：银行存款　　　　　　　　　　　　　　　　　　　　　　　　　500 000
　　贷：应收股利　　　　　　　　　　　　　　　　　　　　　　　　　　500 000

（6）2×28年5月30日,出售股票时：

公允价值变动＝1 175 000－600 000＝575 000（元）

借：其他综合收益——其他权益工具投资公允价值变动　　　　　　575 000
　　贷：利润分配——未分配利润　　　　　　　　　　　　　　　　　　575 000

借：银行存款　　　　　　　　　　　　　　　　　　　　　　　　9 800 000
　　利润分配——未分配利润　　　　　　　　　　　　　　　　　　　800 000
　　贷：其他权益工具投资——成本　　　　　　　　　　　　　　　　　10 025 000
　　　　　　　　　　　　——公允价值变动　　　　　　　　　　　　　　575 000

在本例中,企业出售的M公司股票的售价9 800 000元与其账面余额10 600 000元之间的差额800 000元作为权利,记入"利润分配——未分配利润"账户的借方。企业出售M公司股票时,应将原记入"其他综合收益——其他权益工具投资公允价值变动"转出,即出售售M公司股票时,应按"其他综合收益——其他权益工具投资公允价值变动"账户的贷方余额575 000元,借记"其他综合收益——其他权益工具投资公允价值变动"账户,贷记"利润分配——未分配利润"账户。

## 第二节 长期股权投资

### 一、长期股权投资概述

**(一) 长期股权投资的概念**

长期股权投资是指施工企业对被投资单位实施控制、重大影响的权益性投资,以及对其合营企业的权益性投资。除此之外,其他权益性投资不作为长期股权投资进行核算,而应当按照《企业会计准则第22号——金融工具确认和计量》的规定进行会计核算。

1. 施工企业能够对被投资单位实施控制的,被投资单位为本企业的子公司

控制是指施工企业拥有对被投资方的权利,通过参与被投资的相关活动而享有可变回报,并且有能力运用对被投资方的权利影响其回报金额。

2. 施工企业与其他对被投资单位实施共同控制的,被投资单位为本企业的合营企业

共同控制是指按照相关约定对某项安排所共有的控制,并且该安排的相关活动必须经过分享控制权的参与方一致同意才能决策。

3. 施工企业能够对被投资单位施加重大影响的,被投资单位为施工企业的联营企业

重大影响是指施工企业对被投资单位的财务和经营决策有参与决策的权利,但并不能够控制或者与其他方一起共同控制这些决策的制定。在确定能否对被投资单位施加重大影响时,应当考虑施工企业和其他方持有的被投资单位当期可转换公司债券、当期可执行认股权证等潜在表决权因素,施工企业通常可以通过以下一种或几种情形来判断是否对被投资单位具有重大影响:

(1) 在被投资单位的董事会或类似权力机关中派有代表。在这种情况下,由于在被投资单位的董事会或类似权力机构中派有代表,并相应享有实质性的参与决策权,施工企业可以通过该代表参与被投资单位财务和经营政策的制定,达到对被投资单位施加重大影响。

(2) 参与被投资单位财务和经营政策制定过程。在这种情况下,在制定政策过程中可以为其自身利益提出建议和意见,从而可以对被投资单位施加重大影响。

(3) 与被投资单位之间发生重要交易。有关的交易因对被投资单位的日常经营具有重要性,进而一定程度上可以影响到被投资单位的生产经营决策。

(4) 向被投资单位派出管理人员。在这种情况下,管理人员有权利主导被投资单位的相关活动,从而能够为被投资单位施加重大影响。

(5) 向被投资单位提供关键技术资料。因被投资单位的生产经营需要依赖施工企业的技术或技术资料,表明施工企业对被投资单位具有重大影响。

但是,需要注意的是,存在上述一种或几种情形并不意味着施工企业一定对被投资方具有重大影响。施工企业需要综合考虑所有事实和情况来作出恰当的判断。

**(二) 长期股权投资的核算方法**

长期股权投资的核算方法有两种:一是成本法,二是权益法。

1. 成本法

施工企业能够对被投资单位实施控制的长期股权投资,即施工企业对子公司的长期股权投资,应当采用成本法核算,施工企业为投资主体且子公司不纳入其合并财务报表的除外。

2. 权益法

施工企业对被投资单位具有共同控制或重大影响时,长期股权投资应当采用权益法核算。

(1)施工企业对被投资单位具有共同控制的长期股权投资,即施工企业对合营企业的长期股权投资。

(2)施工企业对被投资单位具有重大影响的长期股权投资,即施工企业对联营企业的长期股权投资。

(三)长期股权投资应设置的会计账户

为了核算和监督企业长期股权投资的取得、持有和处置等情况,施工企业应当设置"长期股权投资""投资收益""其他综合收益"等账户。

"长期股权投资"账户核算施工企业持有的长期股权投资,借方登记长期股权投资取得时的初始投资成本以及采用权益法核算时被投资单位实现的净损益、其他综合收益和其他权益变动等计算的应分享的份额,贷方登记处置长期股权投资的账面余额或采用权益法核算时被投资单位宣告分派现金股利或利润时企业按持股比例计算应享有的份额,及按被投资单位发生的净亏损、其他综合收益和其他权益变动等计算的应分担的份额,期末借方余额,反映施工企业持有的长期股权投资的价值。本账户应当按照被投资单位进行明细核算。长期股权投资核算采用权益法的,应当分别"投资成本""损益调整""其他综合收益""其他权益变动"进行明细核算。

## 二、采用成本法核算长期股权投资的账务处理

(一)长期股权投资初始投资成本的确定

除施工企业合并形成的长期股权投资以外,以支付现金取得的长期股权投资,应当按照实际支付的购买价款作为初始投资成本。施工企业发生的与取得长期股权投资直接相关的费用、税金及其必要支出应计入长期股权投资的初始投资成本。

此外,施工企业取得长期股权投资,实际支付的价款或对价中包含的已宣告但尚未发放的现金股利或利润,作为应收项目处理,不构成长期股权投资。

(二)长期股权投资的取得

施工企业取得长期股权投资时,应当按照初始投资成本计价。追加投资,施工企业应当调整长期股权投资的成本。

除企业合并形成的长期股权投资以外,以支付现金、非现金资产等方式取得的长期股权投资,应当按照上述规定确定的长期股权投资初始投资成本,借记"长期股权投资"账户,贷记"银行存款"账户。如果实际支付的价款包含已宣告但尚未分派的现金股利或利润,借记"应收股利"账户,贷记"银行存款"账户。

【例5-11】 甲施工企业1月8日在深圳证券交易所购买T公司发行的股票51 000 000股

准备长期持有,从而拥有 T 公司 51% 的股份。每股买入价为 6 元,另外购买该股票时发生有关税费 1 530 000 元,款项已支付。甲施工企业应编制如下会计分录:

(1) 计算初始投资成本:

| | |
|---|---:|
| 股票成交金额(51 000 000×6) | 306 000 000 |
| 加:相关税费 | 1 530 000 |
| | 307 530 000 |

(2) 编制购买股票的会计分录:

| | |
|---|---:|
| 借:长期股权投资——T 公司 | 307 530 000 |
|   贷:其他货币资金——存出投资款 | 307 530 000 |

### (三) 长期股权投资持有期间被投资者宣告分派现金股利或利润

长期股权投资持有期间被投资单位分派现金股利或利润时。对采用成本法核算的,施工企业按应享有份额确认为当期投资收益,借记"应收股利"账户,贷记"投资收益"账户。

**【例 5-12】** 甲施工企业 2×17 年 3 月 15 日购买 M 公司发行的股票 100 000 股作为长期投资,每股买入价为 10 元(每股价格中包含有 0.2 元的已宣告分派的现金股利),另支付有关税费 7 000 元,款项已支付。甲施工企业应编制如下会计分录:

(1) 计算初始投资成本:

| | |
|---|---:|
| 股票成交金额(100 000×10) | 1 000 000 |
| 加:相关税费 | 7 000 |
| 减:已宣告分派的现金股利(100 000×0.2) | (20 000) |
| | 987 000 |

(2) 编制购买股票的会计分录:

| | |
|---|---:|
| 借:长期股权投资——M 公司 | 987 000 |
|     应收股利——M 公司 | 20 000 |
|   贷:其他货币资金——存出投资款 | 1 007 000 |

(3) 假定甲施工企业 2×17 年 6 月 20 日收到 M 公司分配的购买该股票时已宣告分配的现金股利 20 000 元。

| | |
|---|---:|
| 借:其他货币资金——存出投资款 | 20 000 |
|   贷:应收股利——M 公司 | 20 000 |

取得长期股权投资时,如果实际支付的价款中包含有已宣告但尚未分派的现金股利或利润,应记入"应收股利"账户,而不记入"长期股权投资"账户。

**【例 5-13】** 承[例 5-12],假定甲施工企业于 2×18 年 6 月 20 日收到 M 公司宣告分配 2×17 年现金股利的通知,应分得现金股利 5 000 元。甲施工企业应编制会计分录:

(1) M 公司宣告分派现金股利时:

| | |
|---|---:|
| 借:应收股利——M 公司 | 5 000 |
|   贷:投资收益 | 5 000 |

（2）收到 M 公司发放的现金股利时：

借：其他货币资金——存出投资款　　　　　　　　　　　　　　　　5 000
　　贷：应收股利——M 公司　　　　　　　　　　　　　　　　　　　　　　5 000

属于长期股权投资持有期间被投资单位宣告现金股利或利润时，施工企业按应享有的份额确认为当期投资收益，借记"应收股利"账户，贷记"投资收益"账户。

### （四）长期股权投资的处置

处置长期股权投资时，按照实际取得的价款与长期股权投资账面价值的差额确认为投资收益，并应同时结转已计提的长期股权投资减值准备。

施工企业处置长期股权投资时，应当按照实际收到的金额，借记"银行存款"等账户，按照原已计提的减值准备，借记"长期股权投资减值准备"账户，按照该项长期股权投资的账面余额，贷记"长期股权投资"账户，按照尚未领取的现金股利或利润，贷记"应收股利"账户，按照其差额，贷记或借记"投资收益"账户。

**【例 5-14】** 甲施工企业将其作为长期投资持有的 N 公司 15 000 股股票，以每股 10 元的价格卖出，支付相关税费 1 000 元，取得价款 149 000 元，款项已由银行收妥。该长期股权投资账面价值为 140 000 元，假定没有计提减值准备。甲施工企业应编制如下会计分录：

（1）计算投资收益：

股票转让取得价款　　　　　　　　　　　　　　　　　　　　　　149 000
减：投资账面价值　　　　　　　　　　　　　　　　　　　　　　（140 000）
　　　　　　　　　　　　　　　　　　　　　　　　　　　　　　　9 000

（2）编制出售股票时的会计分录：

借：其他货币资金——存出投资款　　　　　　　　　　　　　　　149 000
　　贷：长期股权投资——N 公司　　　　　　　　　　　　　　　　　　140 000
　　　　投资收益　　　　　　　　　　　　　　　　　　　　　　　　　9 000

## 三、采用权益法核算长期股权投资的账务处理

### （一）长期股权投资的取得

施工企业取得长期股权投资采用权益法核算，长期股权投资的初始投资成本大于投资时应享有被投资单位可辨认净资产公允价值份额的，该部分差额是施工企业在取得投资过程中通过作价体现的与所取得股权份额相对应的商誉价值，这种情况下，不要求调整长期股权投资的初始投资成本，借记"长期股权投资——成本"账户，贷记"银行存款"等账户。

长期股权投资的初始投资成本小于投资时应享有被投资单位可辨认净资产公允价值份额的，该部分差额体现为双方在交易作价过程中转让方的让步，该部分经济利益流入应计入取得长期股权投资当期的营业外收入，同时调整增加长期股权投资的成本，借记"长期股权投资——成本"账户，贷记"银行存款"等账户，按照其差额，贷记"营业外收入"账户。

**【例 5-15】** 甲施工企业 2×17 年 1 月 5 日购入 N 公司发行的股票 50 000 000 股准备长期持有，占 N 公司股份的 30％。每股买入价为 6 元。另外，购买该股票时发生相关税费

500 000元,款项已由银行存款支付。2×14年12月31日,N公司的所有者权益的账面价值(与公允价值不存在差异)为1 000 000 000元。甲施工企业应编制如下会计分录:

(1)计算初始投资成本:

| | |
|---|---:|
| 股票成交金额(50 000 000×6) | 300 000 000 |
| 加:相关税费 | 500 000 |
| | 300 500 000 |

(2)编制购买股票的会计分录:

借:长期股权投资——N公司(成本)　　　　　　　　　　　300 500 000
　　贷:其他货币资金——存出投资款　　　　　　　　　　　300 500 000

在本例中,长期股权投资的初始投资成本300 500 000元大于投资时应享有的被投资单位可辨认净资产公允价值份额300 000 000元(100 000 000×30%),其差额500 000元不调整长期股权投资的初始投资成本。但是,如果长期股权投资的长期投资成本小于应享有被投资单位可辨认净资产公允价值份额,应借记"长期股权投资——成本"账户,贷记"银行存款"等账户,按其差额,贷记"营业外收入"账户。

(二)长期股权投资持有期间被投资者实现净利润或发生净亏损

施工企业在持有长期股权投资期间,应按照被投资单位实现的净利润(以取得投资时被投资单位可辨认净资产的公允价值为基础计算)中应享有的份额,借记"长期股权投资——损益调整"账户,贷记"投资收益"账户。被投资单位发生净亏损作相反的会计分录,借记"投资收益"账户,贷记"长期股权投资——损益调整"账户,但以"长期股权投资"账户的账面价值减记至零为限。还需承担的投资损失,应将其他实质上构成对被投资单位净投资的"长期应收款"等的账面价值减记至零为限;除按照以上步骤已确认的损失外,按照投资合同或协议约定将承担的损失,确认为预计负债。除上述情况仍未确认的应分担被投资单位的损失,应在备查簿中登记。发生亏损的被投资单位以后实现净利润的,应按与上述相反的顺序进行处理。

上述以"长期股权投资"账户的账面价值减记至零为限所指"长期股权投资"账户是指"长期股权投资——对×××单位投资"这个明细账户,该明细账户通常又由"成本""损益调整""其他综合收益""其他权益变动"4个二级明细账户组成,账面价值减至零即意味着"对×××单位投资"的这4个二级明细账户余额合计为零。上述所讲"其他实质上构成对投资单位净投资的'长期应收款'等"通常是指施工企业对被投资单位的长期债权,该债权没有明确的清收计划,且在可预见的未来期间不准备收回的,实质上构成对被投资单位的净投资。但是,该项长期权益不包括施工企业与被投资单位之间因销售商品、提供劳务等日常活动产生的长期债权。

发生亏损的被投资单位以后实现净利润的,施工企业计算应享有的份额,如有未确认投资损失的,应先弥补未确认的投资净损失,弥补损失后仍有余额的,依次借记"长期应收款"账户和"长期股权投资"账户,贷记"投资收益"账户。

施工企业在对权益法下的长期股权投资确认投资收益时,还需要注意以下两个方面:

一是被投资单位采用的会计政策及会计期间与施工企业不一致的,应当按照施工企业的会计政策及会计期间对被投资单位的财务报表进行调整,并据以确认投资收益等。

二是施工单位计算确认应享有或应分担被投资单位的净损益时,与联营企业、合营企业之间发生的未实现内部交易损益按照应享有的比例计算归属于施工企业的部分,应当予以抵销,在此基础上确认投资收益。施工企业与被投资单位发生的未实现内部交易损失,按照《企业会计准则第8号——资产减值》等的有关规定属于资产减值损失的,应当全额确认。

被投资单位以后宣告分派现金股利或利润时,施工企业计算应分得的部分,借记"应收股利"账户,贷记"长期股权投资——损益调整"账户。

**【例 5-16】** 承[例 5-15],2×17 年 N 公司实现净利润 10 000 000 元。甲施工企业按照持股比例确认投资收益 3 000 000 元。2×18 年 5 月 15 日,N 公司宣告分派现金股利,每 10 股派 0.3 元,甲施工企业可分派到 1 500 000 元(50 000 000×0.1×0.3)。2×18 年 6 月 10 日,甲施工企业收到 N 公司分配的现金股利。假定不考虑其他因素。甲施工企业应编制如下会计分录:

(1) 确认从 N 公司实现的投资收益时:

借:长期股权投资——N 公司(损益调整)　　　　　　　　　　　　　3 000 000
　　贷:投资收益　　　　　　　　　　　　　　　　　　　　　　　　3 000 000

(2) N 公司宣告分派现金股利时:

借:应收股利——N 公司　　　　　　　　　　　　　　　　　　　　1 500 000
　　贷:长期股权投资——N 公司(损益调整)　　　　　　　　　　　1 500 000

(3) 收到 N 公司发放的现金股利时:

借:其他货币资金——存出投资款　　　　　　　　　　　　　　　　1 500 000
　　贷:应收股利——N 公司　　　　　　　　　　　　　　　　　　1 500 000

收到被投资单位发放的股票股利,不进行账务处理,但应在备查簿中登记在除权日注明增加的股数,以反映股份的变化情况。

### (三) 持有长期股权投资期间被投资者实现的其他综合收益

投资企业在持有长期股权投资期间,应当按照应享有或应分担被投资单位实现其他综合收益的份额,借记或贷记"长期股权投资——其他综合收益"账户,贷记或借记"其他综合收益"账户。

**【例 5-17】** 承[例 5-15],2×17 年 N 公司交易性金融资产的公允价值增加了 4 000 000 元。甲施工企业按照持股比例确认相应的其他综合收益 1 200 000 元。甲施工企业应编制如下会计分录:

借:长期股权投资——N 公司(其他综合收益)　　　　　　　　　　1 200 000
　　贷:其他综合收益——N 公司　　　　　　　　　　　　　　　　1 200 000

### (四) 持有长期股权投资期间被投资者所有者权益的其他变动

施工企业对于被投资单位除净损益、其他综合收益和利润分配以外所有者权益的其他变动,应当按照持股比例计算应享有的份额,借记或贷记"长期股权投资——其他权益变动"账户,贷记或借记"资本公积——其他资本公积"账户。

## (五)长期股权投资的处置

施工企业处置长期股权投资时,按照实际取得的价款与长期股权投资账面价值的差额确认为投资收益;采用与被投资单位直接处置相关资产或负债相同的基础,按相应比例对原计入其他综合收益的部分进行会计处理;同时按照结转的长期股权投资的投资成本比例结转"资本公积——其他资本公积"账户中的相关金额。如果对长期股权投资计提了减值准备,还应当同时结转已计提的长期股权投资减值准备。

施工企业处置长期股权投资时,应按照实际收到的金额,借记"银行存款""其他货币资金——存出投资款"等账户,按照原已计提的减值准备,借记"长期股权投资减值准备"账户,按照该长期股权投资的账面余额,贷记"长期股权投资——成本""长期股权投资——损益调整""长期股权投资——其他综合收益""长期股权投资——其他权益变动"账户;按照尚未领取的现金股利或利润,贷记"应收股利"账户,按照其差额,贷记或借记"投资收益"账户。

同时,应当采用与被投资单位直接处置相关资产或负债相同的基础,对相关的其他综合收益进行会计处理。按照上述原则可以转入当期损益的其他综合收益,应按结转的长期股权投资的投资成本比例结转记入"其他综合收益"账户,借记或贷记"其他综合收益"账户,贷记或借记"投资收益"账户。

同时,还应按照结转的长期股权投资的投资成本比例结转原已记入"资本公积——其他资本公积"账户的金额,借记或贷记"资本公积——其他资本公积"账户,贷记或借记"投资收益"账户。

**【例5-18】** 承[例5-15][例5-16]和[例5-17],2×18年7月20日,甲施工企业出售所持有的N公司的股票50 000 000股,每股出售价为10元,款项已收到。甲施工企业应编制如下会计分录:

```
借:其他货币资金——存出投资款                    500 000 000
    贷:长期股权投资——N公司(投资成本)            300 500 000
              ——N公司(损益调整)                  1 500 000
              ——N公司(其他综合收益)              1 200 000
        投资收益                                 196 800 000
```

同时:

```
借:其他综合收益——N公司                            1 200 000
    贷:投资收益                                      1 200 000
```

## 五、长期股权投资减值

### (一)长期股权投资减值金额的确定

施工企业应当关注长期股权投资的账面价值是否大于享有被投资单位所有者权益账面价值的份额等类似情况。出现类似情况时,施工企业应当按照《企业会计准则第8号——资产减值》对长期股权投资进行减值测试,其可收回金额低于账面价值的,应当将该项长期股权投资的账面价值减记至可收回金额,减记的金额确认为减值损失,计入当期损益,同时计提相应的资产减值准备。

### (二)长期股权投资减值的账务处理

施工企业计提长期股权投资减值准备,应当通过设置"长期股权投资减值准备"账户进行核算。

施工企业按照应减记的金额,借记"资产减值损失——计提的长期股权投资减值准备"账户,贷记"长期股权投资减值准备"账户。

长期股权投资减值准备一经确认,在以后会计期间不得转回。

## 第三节 投资性房地产

此节内容可放在第六章后面学习。

### 一、投资性房地产概述

投资性房地产是指为赚取租金或资本增值,或者两者兼有而持有的房地产。其主要包括已出租的土地使用权、持有并准备增值后转让的土地使用权和已出租的建筑物。

投资性房地产应当能够单独计量和出售。投资性房地产的主要形式是出租建筑物、出租土地使用权,这实质上属于一种让渡资产使用权行为。房地产租金就是让渡资产使用权取得的使用费收入,是企业为完成其经营目标所从事的经营性活动以及与之相关的其他活动形成的经济利益总流入。

投资性房地产的另一种形式是持有并准备增值后转让的土地使用权,尽管其增值收益通常与市场供求、经济发展等因素相关,但目的是增值后转让以赚取增值收益,也是企业为完成其经营目标所从事的经营性活动以及与之相关的其他活动形成的经济利益总流入。但是,在我国实务中,持有并准备增值后转让土地使用权的情况较少见。

#### (一)投资性房地产的范围

(1)已出租的土地使用权。已出租的土地使用权是指企业通过出让或转让方式取得,并以经营租赁方式出租的土地使用权。企业计划用于出租但尚未出租的土地使用权,不属于此类。对于以经营租赁方式租入土地使用权再转租给其他单位不能确认为投资性房地产。

【例5-19】甲企业与乙公司签署了土地使用权经营租赁协议,乙公司以年租金1 000 000元租赁使用甲公司拥有的10万平方米土地使用权,租期5年。自租赁协议约定的租赁期开始起,该项土地使用权属于甲企业的投资性房地产。

(2)持有并准备增值后转让的土地使用权。持有并准备增值后转让的土地使用权,是指企业取得的、准备增值后转让的土地使用权。这类土地使用权很可能给企业带来资本增值收益,符合投资性房地产的定义。按照我国有关规定认定的闲置土地,不属于持有并准备增值后转让的土地使用权,也不属于投资性房地产。

【例5-20】丙公司为实施企业环保战略,决定将其电镀车间搬至郊区,原在市区的电镀车间厂房占用的土地使用权停止自用。企业管理层决定继续持有这部分土地使用权,待其增值后转让以赚取增值收益。市区的这部分土地使用权属于丙公司的投资性房地产。

(3) 已出租的建筑物。已出租的建筑物是指企业拥有产权的、以经营方式出租的建筑物，包括自行建造或开发活动完成后用于出租的建筑物。已出租的建筑物是指企业已经与其他方签订了租赁协议，约定以经营租赁方式出租的建筑物。一般应自租赁协议开始起，经营租出的建筑物才属于已出租的建筑物。通常情况下，对企业持有以备出租的空置建筑物，如董事会或类似机构作出书面决议，明确表明将其用于经营出租且持有意图短期内不再发生变化的，即使尚未签订租赁协议，也应视为投资性房地产。这里的空置建筑物，是指企业新购入、自行建造或开发完成但尚未使用的建筑物，以及不再用于日常生产经营活动且经整理后达到可经营出租状态的建筑物。

【例 5-21】 甲企业与乙公司签订了一项经营租赁合同，甲企业将持有产权的一栋办公楼出租给乙公司，租期 10 年。1 年后，乙公司又将该办公楼转租给丙公司，以赚取租金差价，租期 5 年。

在本例中，对于乙公司来说，因其不拥有这栋楼的产权，因此不属于投资性房地产。对于甲企业来说，则属于其投资性房地产。

(二) 不属于投资性房地产的范围

(1) 自用房地产。自用房地产是指为生产商品、提供劳务或者经营管理而持有的房地产。例如，企业生产经营用的厂房和办公楼属于固定资产，企业生产经营用的土地使用权属于无形资产。

(2) 作为存货的房地产。作为存货的房地产，通常是指房地产开发企业在正常经营活动中销售的或为销售而正在开发的商品房或土地。这部分房地产属于房地产开发企业的存货，其生产、销售构成企业的主营业务活动，而产生的现金流量也与企业的其他资产密切相关。因此，具有存货性质的房地产不属于投资性房地产。

在实务中，存在某项房地产部分自用或作为存货出售、部分用于赚取租金或资本增值的情形。如某项投资性房地产不同用途的部分能够单独计量和出售的，应当分别确认为固定资产(或无形资产、存货)和投资性房地产。例如，某企业建造了一栋商住两用楼盘，一层出租给一家大型超市，已签订经营租赁合同，其余楼层均为普通住宅正在公开销售中。这种情况下，如果一层商铺单独计量和出售，应当确认为该企业的投资性房地产，其余楼层为该企业的存货，即开发产品。

## 二、投资性房地产的账务处理

### (一) 投资性房地产核算应设置的会计账户

为了反映和监督投资性房地产的取得、后续计量、处置等情况，企业应当设置"投资性房地产""投资性房地产累计折旧"或"投资性房地产累计摊销""公允价值变动损益""其他业务收入""其他业务成本"等账户进行核算。投资性房地产作为企业主营业务的，应当设置"主营业务收入"和"主营业务成本"账户核算相关的损益。

"投资性房地产"账户核算企业采用成本模式计量的投资性房地产的成本或采用公允价值模式计量投资性房地产的公允价值。"投资性房地产"账户的借方登记企业投资性房地产的取得成本、资产负债表日其公允价值高于账面余额的差额等；贷方登记资产负债表日其公允价值低于账面余额的差额、处置投资性房地产时结转的成本和公允价值变动等,企业可以按照投资性房地产类别和项目进行明细核算,采用公允价值计量模式的投资性房地产,应当分别设置"成本"和"公允价值变动"明细账户进行核算。

采用成本模式计量的投资性房地产的累计折旧或累计摊销,可以单独设置"投资性房地产累计折旧"或"投资性房地产累计摊销"账户,比照"累计折旧""累计摊销"等账户进行账务处理。

采用成本模式计量的投资性房地产发生减值的,可以单独设置"投资性房地产减值准备"账户,比照"固定资产减值准备""无形资产减值准备"账户进行账务处理。

"其他业务收入"和"其他业务成本"账户分别核算企业投资性房地产取得租金收入、处置投资性房地产实现的收入和投资性房地产计提的折旧或进行摊销、处置投资性房地产结转的成本。

### (二) 投资性房地产的取得

企业取得的投资性房地产应当按照其取得时的成本进行计量。以下分别对外购、自行建造和内部转换三种情况进行说明。

#### 1. 外购的投资性房地产

外购投资性房地产的成本,包括购买价款、相关税费和可直接归属于该资产的其他支出。外购取得投资性房地产时,按照取得时的实际成本进行计量,借记"投资性房地产"账户(后续计量采用成本模式下)或"投资性房地产——成本"账户(后续计量采用公允价值模式下),贷记"银行存款"等账户。

#### 2. 自行建造的投资性房地产

企业自行建造投资性房地产的成本,由建造该项房地产达到预定可使用状态发生的必要支出构成,包括土地开发费、建造成本、安装成本、应予以资本化的借款费用、支付的其他费用和分摊的间接费用等。建造过程中发生的非正常损失,直接计入当期损益,不计入建造成本。建造完工达到预定可使用状态时,应当按照确定的成本,借记"投资性房地产"账户(后续计量采用成本模式下)或"投资性房地产——成本"账户(后续计量采用公允价值模式下),贷记"在建工程"或"开发产品"账户。

#### 3. 内部转换形成的投资性房地产

企业将作为存货的房地产转换为投资性房地产的,应当按照该项存货在转换日的账面余额或公允价值,借记"投资性房地产"账户(后续计量采用成本模式)或"投资性房地产——成本"账户(后续计量采用公允价值模式),按照其账面余额,贷记"开发产品"账户,按照其差额,贷记"其他综合收益"账户(贷方差额情况下)或借记"公允价值变动损益"账户(借方余额情况下)。已计提存货跌价准备的,还应当同时结转存货跌价准备。

企业将自用的建筑物等转化为投资性房地产的,应当按照其在转换日的原价、累计折旧、减值准备等,分别转入"投资性房地产""投资性房地产累计折旧""投资性房地产减值准备"等账户;或者按其在转换日的公允价值,借记"投资性房地产——成本"账户,按照已计提的累计折旧等,借记"累计折旧"等账户,按其账面余额,贷记"固定资产"等账户,按其差额,贷记"其他综合收益"账户(贷方余额情况下)或借记"公允价值变动损益"账户(借方余额情况下)。已计提固定资产减值准备的还应同时结转固定资产减值准备。

## （三）投资性房地产的后续计量

投资性房地产的后续计量有成本和公允价值两种模式，通常采用成本模式计量，满足特定条件时可以采用公允价值模式计量。但是，同一企业只能采用一种模式对所有投资性房地产进行后续计量，不得同时采用两种计量模式。

### 1. 采用成本模式进行后续计量的投资性房地产

采用成本模式进行后续计量，应当按照固定资产或无形资产的有关规定，按期（月）对投资性房地产计提折旧或进行摊销，借记"其他业务成本"等账户，贷记"投资性房地产累计折旧"账户或"投资性房地产累计摊销"账户。取得的租金收入，借记"银行存款"等账户，贷记"其他业务收入"等账户。

投资性房地产存在减值迹象的，经减值测试后确定发生减值的，应当计提减值准备，借记"资产减值损失"账户，贷记"投资性房地产减值准备"账户。已经计提减值准备的投资性房地产，其减值损失在以后的会计期间不得转回。

**【例 5-22】** 甲企业的一栋办公楼出租给乙公司使用，已确认为投资性房地产，采用成本模式进行后续计量。假定该栋办公楼的成本为 12 000 000 元，按照年限平均法计提折旧，使用寿命为 20 年，预计净残值为零。按照经验租赁合同，乙公司每月支付甲企业租金 60 000 元。当年 12 月，这栋办公楼出现减值迹象，经减值测试，其可收回金额为 9 000 000 元，此时办公楼的账面价值为 10 000 000 元，以前未计提减值准备。假定不考虑相关税费的影响，甲企业应编制如下会计分录：

（1）计提折旧：

每月计提的折旧＝12 000 000÷20÷12＝50 000（元）

| | |
|---|---|
| 借：其他业务成本 | 50 000 |
| 　　贷：投资性房地产累计折旧 | 50 000 |

（2）确认租金收入：

| | |
|---|---|
| 借：银行存款（或其他应收款） | 60 000 |
| 　　贷：其他业务收入 | 60 000 |

（3）计提减值准备：

| | |
|---|---|
| 借：资产减值损失——计提的投资性房地产减值准备 | 1 000 000 |
| 　　贷：投资性房地产减值准备 | 1 000 000 |

### 2. 采用公允价值模式进行后续计量的投资性房地产

企业有确凿证据表明其投资性房地产的公允价值能够持续可靠取得的，可以对投资性房地产采用公允价值模式进行后续计量。

投资性房地产采用公允价值模式进行后续计量的，不计提折旧或进行摊销，企业应当以资产负债表日的公允价值为基础，调整期账面余额。

资产负债表日，投资性房地产的公允价值高于其账面余额的差额，借记"投资性房地产——公允价值变动"账户，贷记"公允价值变动损益"账户；公允价值低于其账面余额的差额作相反的会计分录。

取得的租金收入，借记"银行存款"等账户，贷记"其他业务收入"等账户。

**【例 5-23】** 2×17 年 8 月,甲企业与乙公司签订租赁协议,约定将甲企业开发的一栋精装修的写字楼于开发完成的同时开始租赁给乙公司使用,租赁期为 10 年。当年 10 月 1 日,该写字楼开发完成开始起租,写字楼的造价和公允价值均为 10 000 000 元。2×12 年 12 月 31 日,该写字楼的公允价值为 12 000 000 元。假定甲企业对投资性房地产采用公允价值计量模式。甲企业应编制如下会计分录:

(1) 2×17 年 10 月 1 日,甲企业开发完成写字楼并出租:

借:投资性房地产——成本　　　　　　　　　　　　　　　　10 000 000
　　贷:开发产品　　　　　　　　　　　　　　　　　　　　　　10 000 000

(2) 2×17 年 12 月 31 日,按照公允价值调整账面余额,公允价值与账面余额之间的差额计入当期损益:

借:投资性房地产——公允价值变动　　　　　　　　　　　　 2 000 000
　　贷:公允价值变动损益　　　　　　　　　　　　　　　　　　 2 000 000

3. 投资性房地产后续计量的变更

为保证会计信息的可比性,企业对投资性房地产的计量模式一经确定,不得随意变更。存在确凿证据表明投资性房地产的公允价值能够持续可靠取得,且能够满足采用公允价值计量模式条件的情况下,才允许企业对投资性房地产从成本模式计量变更为公允价值模式计量。成本模式转为公允价值模式的,应当作为会计政策变更处理,将计量模式变更时公允价值与账面价值之间的差额,调整期初留存收益。已采用公允价值模式计量的投资性房地产,不得从公允价值模式转为成本模式。

### (四) 投资性房地产的处置

1. 采用成本模式计量的投资性房地产的处置

企业出售、转让采用成本模式计量的投资性房地产,应当按照实际收到的金额,借记"银行存款"等账户,贷记"其他业务收入"账户;按照该项投资性房地产的账面余额,借记"其他业务成本"账户,按照该项投资性房地产的累计折旧或累计摊销,借记"投资性房地产累计折旧"或"投资性房地产累计摊销"账户,按照该项投资性房地产的账面余额,贷记"投资性房地产"账户;已计提减值准备的,还应同时结转减值准备,借记"投资性房地产减值准备"账户。

**【例 5-24】** 甲企业将其出租的一栋写字楼确认为投资性房地产,采用成本模式计量。租赁期届满后,甲企业将该栋写字楼出售给乙企业,合同价款为 150 000 000 元,乙企业已用银行存款付清。出售时,该栋写字楼的成本为 140 000 000 元,已提折旧 10 000 000 元。假定不考虑相关税费的影响。甲企业应编制如下会计分录:

(1) 取得处置收入:

借:银行存款　　　　　　　　　　　　　　　　　　　　　　150 000 000
　　贷:其他业务收入　　　　　　　　　　　　　　　　　　　　150 000 000

(2) 结转处置成本:

借:其他业务成本　　　　　　　　　　　　　　　　　　　　130 000 000
　　投资性房地产累计折旧　　　　　　　　　　　　　　　　　 10 000 000
　　贷:投资性房地产——×××写字楼　　　　　　　　　　　140 000 000

## 2. 采用公允价值模式计量的投资性房地产的处置

企业处置采用公允价值模式计量的投资性房地产,应当按照实际收到的金额,借记"银行存款"等账户,贷记"其他业务收入"账户;按照该项投资性房地产的账面余额,借记"其他业务成本"账户,按照其成本,贷记"投资性房地产——成本"账户,按照其累计公允价值变动,贷记或借记"投资性房地产——公允价值变动"账户;同时,按照原已计入该项投资性房地产的公允价值变动,借记或贷记"公允价值变动损益"账户,贷记或借记"其他业务成本"账户。

**【例 5-25】** 甲企业将其出租的一栋写字楼确认为投资性房地产,采用公允价值模式计量。租赁期满,甲企业将该栋写字楼出售给乙企业,合同价款为 150 000 000 元,乙企业已用银行存款付清。出售时,该栋写字楼的成本为 120 000 000 元,公允价值变动为借方余额 10 000 000 元。假定不考虑相关税费的影响,甲企业应编制如下会计分录:

(1) 取得处置收入:

| | |
|---|---:|
| 借:银行存款 | 150 000 000 |
|     贷:其他业务收入 | 150 000 000 |

(2) 结转处置成本:

| | |
|---|---:|
| 借:其他业务成本 | 130 000 000 |
|     贷:投资性房地产——×××写字楼(成本) | 120 000 000 |
|           ——×××写字楼(公允价值变动) | 10 000 000 |

(3) 结转投资性房地产累计公允价值变动:

| | |
|---|---:|
| 借:公允价值变动损益 | 10 000 000 |
|     贷:其他业务成本 | 10 000 000 |

### 复习思考题

1. 什么是交易性金融资产?"交易性金融资产"有哪几个二级账户?
2. 什么是持有至到期投资?"持有至到期投资"有哪几个二级账户?
3. 什么是其他债权投资?"其他债权投资"有哪几个二级账户?
4. 什么是长期股权投资?什么情况下采用成本法?什么情况下采用权益法?"长期股权投资"有哪几个二级账户?
5. 什么是投资性房地产?哪些房地产属于投资性房地产?哪些不属于?"投资性房地产"有哪几个二级账户?

### 实训练习题

## 练 习 题 一

(一) 目的:练习交易性金融资产的核算。

(二) 资料:某施工企业发生下列有关交易性金融资产的经济业务:

(1) 企业于 2×17 年 8 月 8 日购入 M 公司发行的普通股 3 000 股,并将其划分为交易性金融资产,每股买入价为 28 元,另付有关税金和手续费 500 元,款项以银行存款支付。

(2) 2×17年12月31日,M公司股票的市场价格为25元。

(3) 2×17年3月5日,M公司宣告将于3月20日派发现金股利,每股0.8元,企业于3月31日收到现金股利2 400元,存入银行。

(4) 2×17年4月8日,企业将所持有的M公司的股票全部卖出,每股售价为30元,并支付相关税费600元,收回价款存入银行。

(5) 2×17年2月1日,企业购入N公司于2×17年7月1日发行的5年期债券一批,并将其划分为交易性金融资产,该债券的年利率为6%,到期一次还本付息,债券的面值为150 000元,买入价为159 000元,其中包含已到期付息期但尚未领取的利息9 000元,另附有关税金和手续费500元,款项均以银行存款支付。

(6) 2×18年6月30日,该批N公司债券的市场价格为156 000元。

(7) 2×18年7月1日,企业将所持有的N公司债券全部出售,取得出售净收入157 000元,已存入银行。

(三) 要求:根据上述资料编制会计分录。

## 练 习 题 二

(一) 目的:练习债权投资的核算。

(二) 资料:某施工企业发生下列有关持有至到期投资的经济业务:

企业于2×15年1月1日购入S公司当日发行的3年期到期一次还本付息债券,并将其划分为持有至到期投资,其面值为100 000元,票面利率为6%,买入价为110 000元,另付相关税金和手续费500元,款项已支付,企业每年年末计算债券利息,并采用直线法摊销溢价。2×18年12月31日,债券到期,企业如数收回债券本息。

(三) 要求:根据上述资料编制会计分录。

## 练 习 题 三

(一) 目的:练习其他债权投资和其他权益工具投资的核算。

(二) 资料:某施工企业发生下列经济业务:

(1) 2×14年2月1日,企业购入S上市公司发行的公司债券,其面值为100 000元,票面利率为5%,上年债券利息于下年年初支付,企业将其划为以公允价值计量且其变动计入其他综合收益的金融资产,支付价款为95 000元,另支付相关交易费用金额为500元,2×12年3月5日,企业收到债券利息5 000元。2×16年3月2日,企业收到债券利息5 000元。

(2) 企业于2×17年3月5日购入T公司股票10 000股,每股10.5元,其中0.5元为已宣告但尚未发放的现金股利,另付相关税费1 000元,款项以银行存款支付。2×17年4月3日收到现金股利5 000元,2×17年12月31日T公司股票的市场价为9.8元。2×18年2月23日企业收到现金股利3 000元。企业将其划分为以公允价值计量且其变动计入其他综合收益非交易性权益工具投资。2×18年10月5日企业将T公司股票以每股11元全部出售。

(三) 要求:根据上述资料编制会计分录。

## 练 习 题 四

(一) 目的:练习长期股权投资的核算。

(二) 资料:某施工企业发生下列长期股权投资的经济业务:

(1) 企业于 2×17 年 4 月 1 日购入 M 公司发行的普通股 200 000 元,准备长期持有,采用成本法核算,每股的售价为 40 元,另支付相关税费和手续费 40 000 元,款项均以银行存款支付。M 公司于 4 月 6 日宣告分派现金股利,每股 0.3 元,企业于 4 月 23 日收到现金股利,并存入银行。2×18 年 3 月 20 日,M 公司宣告分派现金股利,每股 0.2 元。企业于 4 月 8 日收到现金股利,并存入银行。

(2) 企业因急需资金,于 2×18 年 4 月 30 日将持有的 M 公司的股票 200 000 股全部出售,取得出售净收入(扣除相关税费)8 120 000 元,存入银行。

(3) 企业于 2×17 年 7 月 1 日以银行存款 800 000 元投资 N 公司的普通股,占 N 公司普通股的 30%,采用权益法核算,当日 N 公司所有者权益为 20 000 000 元。2×18 年 N 公司盈利 300 000 元。2×18 年 3 月 5 日 N 公司宣告发放现金股利 50 000 元。

(4) 企业持有的 T 公司股票,采用成本法核算,2×18 年 12 月 31 日,该项投资的账面价值为 150 000 元,按市价计算可收回的金额为 120 000 元,企业计提长期股权投资减值准备。

(三) 要求:根据上述资料编制会计分录。

## 练 习 题 五

(一) 目的:练习投资性房地产的核算。

(二) 资料:某企业发生下列投资性房地产的经济业务:

(1) 企业的一栋办公楼出租给 A 公司使用,已确认为投资性房地产,采用成本模式进行后续计量。假定该栋办公楼的成本为 24 000 000 元,按照年限平均法计提折旧,使用寿命为 50 年,预计净残值为零。按照租赁合同,A 公司每月支付企业租金 50 000 元。当年 12 月,这栋办公楼出现减值迹象,经减值测试,其可收回金额为 18 000 000 元,此时办公楼的账面价值为 23 960 000 元,以前未计提减值准备。

(2) 2×13 年 3 月,企业与 B 公司签订租赁协议,约定将一栋写字楼租赁给 B 公司使用,租赁期为 5 年。5 月 1 日,该写字楼开始起租,写字楼的成本和公允价值均为 50 000 000 元。2×13 年 12 月 31 日,该写字楼的公允价值为 60 000 000 元。假定企业对投资性房地产采用公允价值计量模式。

(3) 2×18 年 5 月 1 日,上述写字楼租赁期届满后,企业决定将该栋写字楼出售给乙企业,合同价款为 750 000 000 元,乙企业已用银行存款付清。出售时,该栋写字楼的成本为 450 000 000 元,公允价值变动为借方余额 200 000 000 元。假定不考虑相关税费的影响。

(三) 要求:根据上述资料编制会计分录。

# 第六章 固定资产

**案例研究：** 抚顺特殊钢股份有限公司——在建工程财务会计舞弊

"在建工程"等长期资产类科目的会计舞弊通过折旧、减值等方式蒙混过关，难以被发现。

2019年12月12日证监会的处罚决定书指出：在2010—2017年第三季度近8年的时间内，抚顺特殊钢股份有限公司（简称"抚顺特钢"）的存货、在建工程、固定资产及其折旧、主营业务成本、利润总额存在虚假记载，累积虚增的利润总额达到19.02亿元。证监会认为，抚顺特钢财务舞弊"具有连续性、一贯性"且"持续时间长、手段特别恶劣、涉案数额特别巨大"，因此，除对该公司处以警告和60万元罚款外，还对该公司前后多任董事长、正副总经理、财务总监、法律顾问等责任人全部处以警告、3万～30万元罚款、10年市场禁入不等的行政处罚。

抚顺特钢的自查报告和行政处罚提及多项资产类科目的造假，而且是"串行"操纵，即虚增存货→转入在建工程→转入固定资产→计提折旧。虚增存货的目的则在于虚减主营业务成本。抚顺特钢财务舞弊的隐蔽之处在于，一是将存货的"异常量"分摊到其他科目；二是利用在建工程难以核查的特点，"承接"其他资产类科目的异常，进而"抹平"收入和成本上的异常，甚至进一步转为固定资产以继续弱化异常，从而使舞弊更为隐蔽。

中准会计师事务所（简称"中准所"）为抚顺特钢多次出具虚假的审计报告。2021年9月14日，证监会行政处罚决定书指出：中准所审计程序执行不到位，审计工作底稿缺失，未保持职业谨慎；对中准所责令改正，没收其对抚顺特钢2010—2016年年报审计业务收入363万元，并处以1 089万元罚款；对中准所注册会计师臧德盛、董震给予警告，并分别处以7万元罚款。

（叶钦华,叶凡,黄世忠.在建工程舞弊的识别与应对：基于抚顺特钢的案例分析[J].财务与会计,2021(19):43-47.）

# 第一节 固定资产概述

## 一、固定资产的概念和特征

固定资产是指同时具有下列特征的有形资产：
(1) 为生产商品、提供劳务、出售或经营管理而持有的；
(2) 使用寿命超过一个会计年度。

从这一定义可以看出，作为企业的固定资产应具备以下两个特征：

第一，企业持有固定资产的目的，是为了生产商品、提供劳务、出租或经营管理的需要，而不像存货是为了出售。这一特征是固定资产区别于存货等流动资产的重要特征。

第二，企业使用固定资产的期限较长，使用寿命一般超过一个会计年度。这一特征表明企业固定资产属于非流动资产，其给企业带来的受益期超过 1 年，能在 1 年以上的时间里为企业创造经济利益。

## 二、固定资产的分类

固定资产种类繁多、规格不一，为加强管理、便于组织会计核算，有必要对其进行科学、合理的分类。根据不同的管理需要、核算要求、分类标准，可以对固定资产进行不同的分类，主要有以下几种分类方法。

### (一) 按经济用途分类

按固定资产的经济用途分类，可分为生产经营用固定资产和非生产经营用固定资产。

生产经营用固定资产是指直接服务于企业生产、经营过程的各种固定资产，如生产经营用的房屋、建筑物、机器、设备、器具、工具等。

非生产经营用固定资产是指不直接服务于企业生产、经营过程的各种固定资产，如职工宿舍、职工食堂、医务室等使用的房屋、设备和其他固定资产等。

### (二) 综合分类

按固定资产的经济用途和使用情况等综合分类，可把企业的固定资产划分为七大类：
(1) 生产经营用固定资产。
(2) 非生产经营用固定资产。
(3) 租出固定资产（指企业在经营租赁方式下出租给外单位使用的固定资产）。
(4) 不需用固定资产。
(5) 未使用固定资产。
(6) 土地（指过去已经估价单独入账的土地。因征地而支付的补偿费，应计入与土地有关的房屋、建筑物的价值，不单独作为土地价值入账。企业取得的土地使用权，应作为无形资产管理，不作为固定资产管理）。
(7) 融资租入固定资产（指企业以融资租赁方式租入的用的固定资产，在租赁期内，应视同自有固定资产进行管理)。

## 第二节 固定资产的核算

### 一、固定资产核算应设置的会计账户

为了反映固定资产的取得、计提折旧和处置等情况,企业一般需要设置"固定资产""累计折旧""在建工程""工程物资""固定资产清理"等账户。

1. "固定资产"账户

核算固定资产的原价,借方登记企业增加的固定资产原价,贷方登记企业减少的固定资产原价,期末借方余额,反映企业期末固定资产的账面原价。企业应当设置"固定资产登记簿"和"固定资产卡片",按照固定资产类别、使用部门和每项固定资产进行明细核算。

2. "累计折旧"账户

属于"固定资产"的调整账户,核算固定资产的累计折旧,贷方登记企业计提的固定资产折旧,借方登记处置固定资产转出的累计折旧,期末贷方余额,反映企业固定资产的累计折旧额。

3. "在建工程"账户

核算企业基建、更新改造等在建工程发生的支出,借方登记企业各项在建工程的实际支出,贷方登记完工工程转出的成本,期末借方余额,反映企业尚未达到预定可使用状态的在建工程的成本。

4. "工程物资"账户

核算企业为在建工程而准备的各种工程物资的实际成本,借方登记企业购入工程物资的成本,贷方登记领用工程物资的成本,期末借方余额,反映企业为在建工程准备的各种物资的成本。

5. "固定资产清理"账户

核算企业因出售、报废、损毁、对外投资、非货币性资产交换、债务重组等原因转出的固定资产价值以及在清理过程中发生的费用等,借方登记转出的固定资产账面价值、清理过程中支付的相关税费及其他费用,贷方登记出售固定资产取得的价款、残料价值和变价收入等,期末借方余额,反映企业尚未清理完毕的固定资产清理净损失,期末如为贷方余额,则反映企业尚未清理完毕的固定资产清理净收益。企业应当按照被清理的固定资产项目设置明细账进行核算。

另外,企业固定资产、在建工程、工程物资发生减值的,还应当设置"固定资产减值准备""在建工程减值准备""工程物资减值准备"等账户进行核算。

### 二、固定资产的取得

(一)外购固定资产

企业外购的固定资产,应按实际支付的购买价款、相关税费、使固定资产的达到可使用

状态前所发生的可归属于该项固定资产的运输费、装卸费、安装费和专业人员服务费等,作为固定资产的取得成本。

企业购入不需要安装的固定资产,应按实际支付的购买价款、相关税费、使固定资产的达到可使用状态前所发生的可归属于该项固定资产的运输费、装卸费、安装费和专业人员服务费等,作为固定资产成本。借记"固定资产"账户,贷记"银行存款"等账户。

若企业为增值税一般纳税人,则企业购进机器设备等固定资产的进项税额不纳入固定资产成本核算,可以在销项税额中抵扣,借记"应交税费——应交增值税(进项税额)"账户,贷记"银行存款"账户。

购入需要安装的固定资产,应在购入的固定资产取得成本的基础上加上安装调试成本等,作为购入固定资产的成本,先通过"在建工程"账户核算,待安装完毕达到预定可使用状态时,再由"在建工程"转入"固定资产"账户。

企业购入固定资产时,按实际支付的购买价款、运输费、装卸费和相关税费等,作为固定资产成本。借记"在建工程"账户,贷记"银行存款"等账户;支付安装费用时,借记"在建工程"账户,贷记"银行存款"等账户;安装完毕达到可使用状态时,按其实际成本,借记"固定资产"账户,贷记"在建工程"账户。

企业可能以一笔款项购入的多项没有单独标价的固定资产。应将各项固定资产单独确认为固定资产,并按各项固定资产的公允价值比例对总成本进行分配,分别确定各项固定资产的成本。

**【例 6-1】** 甲施工企业购入一台不需要安装即可投入使用的设备,取得的增值税专用发票上注明的价款为 300 000 元,增值税额为 39 000 元,另支付包装费 7 000 元,款项以银行存款支付。假设甲施工企业属于增值税一般纳税人,增值税进项税额可以在销项税额中抵扣,不纳入固定资产成本核算,甲施工企业应编制如下会计分录:

固定资产成本＝300 000＋7 000＝307 000(元)

| | |
|---|---|
| 借:固定资产 | 307 000 |
|     应交税费——应交增值税(进项税额) | 39 000 |
|     贷:银行存款 | 346 000 |

**【例 6-2】** 甲施工企业用银行存款购入一台需要安装的设备,增值税专用发票上注明的价款为 200 000 元,增值税税额为 26 000 元,支付安装费 40 000 元,甲施工企业为增值税一般纳税人,增值税进项税额可以在销项税额中抵扣,不纳入固定资产成本核算。甲施工企业应编制如下会计分录:

(1) 购入进行安装时:

| | |
|---|---|
| 借:在建工程 | 200 000 |
|     应交税费——应交增值税(进项税额) | 26 000 |
|     贷:银行存款 | 226 000 |

(2) 支付安装费:

| | |
|---|---|
| 借:在建工程 | 40 000 |
|     贷:银行存款 | 40 000 |

(3) 设备安装完毕交付使用时:

借：固定资产 240 000
　　贷：在建工程 240 000

## （二）自行建造固定资产

企业自行建造固定资产，应当按照建造该项资产达到预定可使用状态前所发生的必要支出，作为固定资产的成本。

自建固定资产应先通过"在建工程"核算，工程达到预定可使用状态时，再从"在建工程"账户转入"固定资产"账户。企业自建固定资产，主要有自营建造和出包两种方式，由于采用的建设方式不同，其会计处理也不同。

### 1. 自营建造

企业以自营方式建造固定资产，是指企业自行组织工程物资采购、自行组织施工人员施工的建筑工程和安装工程。购入工程物资时，借记"工程物资""应交税费——应交增值税（进项税额）"账户，贷记"银行存款"等账户。领用工程物资时，借记"在建工程"账户，贷记"工程物资"账户。在建工程领用本企业生产的原材料时，借记"在建工程"账户，贷记"库存商品"等账户。自营工程发生其他费用（如分配工程人员工资等），借记"在建工程"账户，贷记"银行存款""应付职工薪酬"等账户，自营工程达到预定可使用状态时，按其成本，借记"固定资产"账户，贷记"在建工程"账户。

**【例6-3】** 甲施工企业自建厂房一栋，购入为工程准备的各种物资1 500 000元，支付的增值税额为195 000元，全部用于工程建设。领用本企业生产的水泥一批，实际成本为1 800 000元，税务部门确定的计税价格为2 200 000元，工程人员应计工资350 000元，支付的其他费用120 000元。工程完工并达到预定可使用状态。甲施工企业应编制如下会计分录：

（1）购入工程物资时：

借：工程物资 1 500 000
　　应交税费——应交增值税（进现税额） 195 000
　　贷：银行存款 1 695 000

（2）工程领用工程物资时：

借：在建工程 1 500 000
　　贷：工程物资 1 500 000

（3）工程领用本企业生产的水泥时：

借：在建工程 1 800 000
　　贷：库存商品 1 800 000

（4）分配工程人员工资时：

借：在建工程 350 000
　　贷：应付职工薪酬 350 000

（5）支付工程发生的其他费用时：

借：在建工程 120 000
　　贷：银行存款 100 000

(6) 工程完工转入固定资产时：

固定资产的成本＝1 500 000＋1 800 000＋350 000＋120 000＝3 770 000(元)

借：固定资产　　　　　　　　　　　　　　　　　　　　　　　3 770 000
　　贷：在建工程　　　　　　　　　　　　　　　　　　　　　　　3 770 000

2. 出包工程

出包工程是指企业通过招标方式将工程项目发给施工企业，由施工企业施工的建筑工程和安装工程。其工程的具体支出主要由施工企业核算，在这种方式下，"在建工程"账户主要反映企业与施工企业办理工程结算的情况，企业支付给施工企业的工程价款作为工程成本，通过"在建工程"账户核算。企业按合理估计的发包工程进度和合同规定向施工企业结算的进度款，借记"在建工程"，贷记"银行存款"等账户；工程完工时，按合同规定补付的工程款，借记"在建工程"账户，贷记"银行存款"等账户；工程达到预定可使用状态时，按其成本，借记"固定资产"账户，贷记"在建工程"账户。

【例6-4】　甲施工企业将一栋厂房的建造工程出包给丙企业承建，按合同估计的发包工程进度和合同规定向丙企业（丙企业为增值税一般纳税人）结算进度款2 400 000元，增值税额216 000元，工程完工后，收到丙企业有关工程结算单据，补付工程款1 200 000元，并取得丙公司开具的增值税专用发票108 000元，工程完工并达到预定可使用状态，甲施工企业应编制如下会计分录：

（1）按合同估计的发包工程进度和合同规定向丙企业结算进度款时：

借：在建工程　　　　　　　　　　　　　　　　　　　　　　　2 400 000
　　应交税费——应交增值税（进项税额）　　　　　　　　　　　　216 000
　　贷：银行存款　　　　　　　　　　　　　　　　　　　　　　2 616 000

（2）补付工程款时：

借：在建工程　　　　　　　　　　　　　　　　　　　　　　　1 200 000
　　应交税费——应交增值税（进项税额）　　　　　　　　　　　　108 000
　　贷：银行存款　　　　　　　　　　　　　　　　　　　　　　1 308 000

（3）工程完工并达到预定可使用状态时：

借：固定资产　　　　　　　　　　　　　　　　　　　　　　　3 600 000
　　贷：在建工程　　　　　　　　　　　　　　　　　　　　　　3 600 000

## 三、固定资产的折旧

### （一）固定资产折旧概述

企业应当在固定资产的使用寿命内，按照确定的方法对应计折旧额进行系统分摊。所谓应计折旧额是指应当计提折旧的固定资产的原值扣除其预计净残值后的金额，已计提减值准备的固定资产，还应当扣除已计提的固定资产减值准备累计金额。

企业应当根据固定资产的性质和使用情况，合理确定固定资产的使用寿命和预计净残值。固定资产的寿命、预计净残值一经确定，不得随意变更。但是符合《企业会计准则第

4号——固定资产》第十九条规定的除外。上述事项在报经股东大会或董事会、经理(厂长)会议或类似机构批准后,作为计提折旧的依据,并按照法律、行政法规等的规定报送有关各方备案。

1. 影响折旧的因素

(1) 固定资产的原价,是指固定资产的成本。

(2) 预计净残值,是指假定固定资产预计使用寿命已满并处于使用寿命终了时的预期状态,企业目前从该项资产处置中获得的扣除预计处置费用后的金额。

(3) 固定资产减值准备,是指固定资产已计提的固定资产减值准备累计金额。

(4) 固定资产的使用寿命,是指使用固定资产的预计期间,或者该固定资产所能生产产品或提供劳务的数量。

2. 不计提折旧的固定资产

除以下情况外,企业应当对所有的固定资产计提折旧:

(1) 已提足折旧仍继续使用的固定资产。

(2) 单独计价入账的土地。

3. 确定计提折旧的范围时应注意的事项

(1) 固定资产应当按月计提折旧,当月增加的固定资产,当月不计提折旧,从下月起计提折旧;当月减少的固定资产,当月仍计提折旧,从下月起不计提折旧。

(2) 固定资产提足折旧后,不论是否继续使用,均不再计提折旧;提前报废的固定资产,也不再补提折旧。所谓提足折旧,是指已经提足该项固定资产的应计提折旧额。

(3) 已达到预定使用状态但尚未办理竣工决算的固定资产,应当按照估计价值确定其成本,并计提折旧;待办理竣工决算后再按实际成本调整原来的估计价值,但不需要调整原已计提的折旧额。

企业至少应当于每年年度终了,对固定资产的使用寿命、预计净残值和折旧方法进行复核。固定资产使用寿命预计数与原先估计数有差异的,应当调整固定资产使用寿命;固定资产预计净残值预计数与原先估计数有差异的,应当调整预计净残值。

与固定资产有关的经济利益预期实现方式有重大变化的,应当改变固定资产折旧方法。固定资产使用寿命、预计净残值和折旧方法的改变应当作为会计估计变更进行会计处理。

(二) 固定资产的折旧方法

企业应当根据与固定资产有关的经济利益的预期实现方式,合理选择折旧方法。固定资产折旧方法包括年限平均法、工作量法、双倍余额递减法和年数总和法等。

企业选用不同的固定资产折旧方法,将影响固定资产使用寿命期间内不同时期的折旧费用,因此固定资产的折旧方法一旦确定,不得随意变更。

1. 年限平均法

年限平均法又称直线法,是指将固定资产的应计折旧额均衡地分摊到固定资产预计使用寿命内的一种方法,采用这种方法计算的每期折旧额相等。计算公式如下:

$$年折旧率 = (1 - 预计净残值率) \div 预计使用寿命(年) \times 100\%$$

$$月折旧率 = 年折旧率 \div 12$$

$$月折旧额 = 固定资产原价 \times 月折旧率$$

**【例 6-5】** 甲公司有一栋厂房,原价为 5 000 000 元,预计可使用 20 年,预计报废时的净残值率为 4%。该厂房的折旧率和折旧额的计算如下:

$$年折旧率=(1-4\%)\div 20\times 100\%=4.8\%$$
$$月折旧率=4.8\%\div 12=0.4\%$$
$$月折旧额=5\,000\,000\times 0.4\%=20\,000(元)$$

### 2. 工作量法

工作量法是根据实际工作量计算每期应计提折旧额的一种方法。计算公式如下:

$$单位工作量折旧额=固定资产原价\times(1-预计净残值率)\div 预计总工作量$$
$$某项固定资产月折旧额=该项固定资产当月工作量\times 单位工作量折旧额$$

**【例 6-6】** 某企业的自卸汽车的原价为 600 000 元,预计总行驶里程为 500 000 千米,预计报废时的净残值率为 5%,本月行驶 4 000 千米。该辆汽车的月折旧额计算如下:

$$单位里程折旧额=600\,000\times(1-5\%)\div 500\,000=1.14(元/千米)$$
$$本月折旧额=4\,000\times 1.14=4\,560(元)$$

### 3. 双倍余额递减法

双倍余额递减法是指在不考虑固定资产预计净残值的情况下,根据每期期初固定资产原价减去累计折旧后的余额和双倍的直线法折旧率计算固定资产折旧额的一种方法。应用这种方法计算折旧额时,由于每年年初固定资产净值没有扣除预计净残值,所以在计算固定资产折旧额时,应在其折旧年限到期前两年内,将固定资产净值扣除预计净残值后的余额平均摊销。计算公式如下:

$$年折旧率=2\div 预计使用寿命(年)\times 100\%$$
$$月折旧率=年折旧率\div 12$$
$$月折旧额=(固定资产原价-累计折旧)\times 月折旧率$$
$$最后两年的月折旧额=(固定资产原价-累计折旧-预计净残值)\div 2\div 12$$

**【例 6-7】** 某企业一项固定资产的原价为 5 000 000 元,预计使用年限为 10 年,预计净残值为 100 000 元。按双倍余额递减法计提折旧,每年的折旧额计算如下:

年折旧率=2÷10×100%=20%

第 1 年应计提的折旧额=5 000 000×20%=1 000 000(元)

第 2 年应计提的折旧额=(5 000 000−1 000 000)×20%=800 000(元)

第 3 年应计提的折旧额=(5 000 000−1 000 000−800 000)×20%=640 000(元)

第 4 年应计提的折旧额=(5 000 000−1 000 000−800 000−640 000)×20%
=512 000(元)

第 5 年应计提的折旧额=(5 000 000−1 000 000−800 000−640 000−512 000)×20%
=409 600(元)

第 6 年应计提的折旧额=(5 000 000−1 000 000−800 000−640 000−512 000−409 600)×20%
=327 680(元)

第 7 年应计提的折旧额=(5 000 000−1 000 000−800 000−640 000−512 000
−409 600−327 680)×20%=262 144(元)

第 8 年应计提的折旧额=(5 000 000−1 000 000−800 000−640 000−512 000
−409 600−327 680−262 144)×20%=209 715.2(元)

第九章 固定资产

第 9 年、第 10 年的年折旧额=(5 000 000－1 000 000－800 000－640 000－512 000
　　　　　　　　　　－409 600－327 680－262 144－209 715.2－100 000)÷2
　　　　　　　　　=369 430.4(元)

每年各月折旧额根据年折旧额除以 12 来计算。

4. 年数总和法

年数总和法又称年限合计法,是指将固定资产的原值减去预计净残值后的余额,乘以一个以固定资产尚可使用寿命为分子,以预计使用寿命逐年数字之和为分母的逐年递减的分数计算每年的折旧额的一种方法。计算公式如下:

年折旧率=尚可使用寿命÷预计使用寿命的年数总和×100%
月折旧率=年折旧率÷12
月折旧额=(固定资产原价－预计净残值)×月折旧率

【例 6-8】 某企业一项固定资产的原价为 5 000 000 元,预计使用年限为 10 年,预计净残值为 50 000 元。按年数总和法计提折旧,计算的各年折旧额如表 6-1 所示。

预计使用寿命的年数总和=10×(10+1)÷2=55(年)

表 6-1 折旧额计算表(按年数总和法)　　　　　　　金额单位:元

| 年份 | 尚可使用年限 | 原价－预计净残值 | 年折旧率 | 年折旧额 | 累计折旧 |
|---|---|---|---|---|---|
| 第 1 年 | 10 | 4 950 000 | 10/55 | 900 000 | 900 000 |
| 第 2 年 | 9 | 4 950 000 | 9/55 | 810 000 | 1 710 000 |
| 第 3 年 | 8 | 4 950 000 | 8/55 | 720 000 | 2 430 000 |
| 第 4 年 | 7 | 4 950 000 | 7/55 | 630 000 | 3 060 000 |
| 第 5 年 | 6 | 4 950 000 | 6/55 | 540 000 | 3 600 000 |
| 第 6 年 | 5 | 4 950 000 | 5/55 | 450 000 | 4 050 000 |
| 第 7 年 | 4 | 4 950 000 | 4/55 | 360 000 | 4 410 000 |
| 第 8 年 | 3 | 4 950 000 | 3/55 | 270 000 | 4 680 000 |
| 第 9 年 | 2 | 4 950 000 | 2/55 | 180 000 | 4 860 000 |
| 第 10 年 | 1 | 4 950 000 | 1/55 | 90 000 | 4 950 000 |

(三) 固定资产折旧的账务处理

企业应当按月计提固定资产折旧,计提的折旧应当记入"累计折旧"账户,并根据用途计入相关资产的成本和当期损益。企业所属各施工单位为组织和管理施工生产活动所使用的固定资产,其计提的折旧记入"工程施工——间接费用"账户;企业的附属企业所使用的固定资产,其计提的折旧记入"生产成本——工业生产"账户;企业承包的建筑安装工程所使用的施工机械,其计提的折旧记入"机械作业"账户;企业经营其他业务所使用的固定资产,其计提的折旧记入"其他业务成本"账户;企业所属非独立核算的辅助生产部门所使用的固定资产,其计提的折旧记入"生产成本——辅助生产"账户;企业行政管理部门所使用的固定资产,其计提的折旧记入"管理费用"账户。企业计提固定资产折旧时,借记"工程施工——间接费用""生产成本——工业生产""机械作业""其他业务成本""生产成本——辅助生产""管理费用"等账户,贷记"累计折旧"账户。

【例 6-9】 甲施工企业 2×18 年 5 月份各类固定资产应计提的折旧额及其分配情况,如表 6-2 所示。

表 6-2 应计提的折旧额及其分配情况　　　　　　　　　　　　　金额单位:元

| 固定资产类别 | 应计提折旧的固定资产原值 | 月折旧率 | 月折旧额 | 按使用对象分配 ||||| 
|---|---|---|---|---|---|---|---|---|
| | | | | 工程施工 | 工业生产 | 机械作业 | 辅助生产 | 管理费用 |
| 房屋及建筑物 | 10 000 000 | 0.20% | 20 000 | 4 000 | 3 000 | | 2 000 | 11 000 |
| 施工机械 | 8 000 000 | 0.80% | 64 000 | | | 64 000 | | |
| 运输设备 | 4 000 000 | 0.75% | 30 000 | | | 30 000 | | |
| 生产设备 | 1 000 000 | 0.60% | 6 000 | | 4 000 | | 2 000 | |
| 仪器及实验设备 | 800 000 | 0.50% | 4 000 | | 1 000 | | 400 | 2 600 |
| 其他生产用固定资产 | 2 400 000 | 0.50% | 12 000 | 1 200 | 2 400 | | 800 | 7 600 |
| 合计 | 26 200 000 | | 136 000 | 5 200 | 10 400 | 94 000 | 5 200 | 21 200 |

账务处理如下:

借:工程施工——间接费用　　　　　　　　　　　　　　　　　　　　5 200
　　生产成本——工业生产　　　　　　　　　　　　　　　　　　　　10 400
　　　　　　——辅助生产　　　　　　　　　　　　　　　　　　　　5 200
　　机械作业　　　　　　　　　　　　　　　　　　　　　　　　　　94 000
　　管理费用　　　　　　　　　　　　　　　　　　　　　　　　　　21 200
　　贷:累计折旧　　　　　　　　　　　　　　　　　　　　　　　　136 000

## 四、固定资产的后续支出

固定资产的后续支出是指固定资产使用过程中发生的更新改造支出、修理费用等。企业的固定资产在投入使用后,为了适应新技术发展的需要或者为维护或提高固定资产的使用效能,往往需要对现有固定资产进行维护、改建、扩建或者改良,必然产生必要的后续支出。

固定资产的更新改造等后续支出,满足固定资产确认条件的,应当计入固定资产成本,如有被替换部分,应同时将被替换部分的账面价值从该固定资产的原账面价值中扣除;不符合固定资产确认条件的固定资产修理费用,应当在发生时计入当期损益。

（一）资本化的后续支出

固定资产发生的可资本化的后续支出,通过"在建工程"账户核算。固定资产发生可资本化的后续支出时,企业应将固定资产的原价、已计提的累计折旧和减值准备转销,将其账面价值转入在建工程,并停止计提折旧。借记"在建工程""累计折旧""固定资产减值准备"等账户,贷记"固定资产"账户;发生的可资本化的后续支出,借记"在建工程"账户,贷记"银行存款"等账户。在固定资产发生的后续支出完工并达到预定可使用状态时,借记"固定资产"账户,贷记"在建工程"账户。并按重新确定的使用寿命、预计净残值和折旧方法计提折旧。

**【例 6-10】** 2×18 年 6 月 30 日,甲施工企业一台履带吊车出现故障,经检验发现其中的电动机磨损严重,需要更换。该履带吊车购买于 2×13 年 6 月 30 日,甲施工企业已将其整体作为一项固定资产进行确认,原价 400 000 元(其中电动机在 2×13 年 6 月 30 日的市场价格为 85 000 元,预计净残值为 0 元,预计使用年限为 10 年),采用年限平均法计提折旧。为继续使用该履带吊车并提高工作效率,甲施工企业决定对其进行改造,为此购买了一台更大功率的电动机替代原电动机。新购置电动机的价款为 82 000 元,增值税税额为 10 660 元,款项已通过银行转账支付;改造中,辅助生产车间发生了劳务支出 15 000 元。假定原电动机磨损严重,没有任何价值。不考虑其他相关税费,甲施工企业应编制如下会计分录:

(1) 固定资产转入在建工程时:

本例的更新改造支出符合固定资产的确认条件,应予资本化;同时应终止确认原电动机价值。

履带吊车累计折旧=400 000÷10×5=200 000(元)
原电动机的价值为 85 000-(85 000÷10×5)=42 500(元)
履带吊车净值=400 000-(200 000+42 500)=157 500(元)

借:营业外支出——处置非流动资产损失　　　　　　　　　　　　42 500
　　在建工程——履带吊车　　　　　　　　　　　　　　　　　　157 500
　　累计折旧　　　　　　　　　　　　　　　　　　　　　　　　200 000
　　贷:固定资产——履带吊车　　　　　　　　　　　　　　　　　　400 000

(2) 发生更新改造支出时:

借:工程物资——新电动机　　　　　　　　　　　　　　　　　　82 000
　　应交税费——应交增值税(进项税额)　　　　　　　　　　　　10 660
　　贷:银行存款　　　　　　　　　　　　　　　　　　　　　　　92 660

借:在建工程——履带吊车　　　　　　　　　　　　　　　　　　97 000
　　贷:工程物资——新电动机　　　　　　　　　　　　　　　　　82 000
　　　　生产成本——辅助生产　　　　　　　　　　　　　　　　　15 000

(3) 在建工程转回固定资产时:

履带吊车的入账价值=157 500+97 000=254 500(元)

借:固定资产——履带吊车　　　　　　　　　　　　　　　　　　254 500
　　贷:在建工程——履带吊车　　　　　　　　　　　　　　　　　254 500

### (二) 费用化的后续支出

企业各部门发生的不可资本化的后续支出,应当在发生时计入当期损益。比如,企业发生的固定资产日常修理费用,借记"管理费用"账户,贷记"银行存款"等账户。

**【例 6-11】** 2×17 年 3 月 1 日,甲施工企业对管理部门使用的设备进行日常维修,发生修理费 5 000 元。甲施工企业应编制如下会计分录：

 借：管理费用                           5 000
  贷：银行存款                          5 000

### 五、固定资产的处置

企业在生产经营过程中，可能将不适用或不需用的固定资产对外出售转让，或因磨损、技术进步等原因对固定资产进行报废，或因遭受自然灾害而对损毁的固定资产进行处理。

固定资产处置包括固定资产的出售、转让、报废或损毁、对外投资、非货币性资产交换、债务重组等。处置固定资产应通过"固定资产清理"账户核算，具体有以下几个环节：

（1）固定资产转入清理。固定资产转入清理时，按固定资产账面价值，借记"固定资产清理"账户，按已计提的累计折旧，借记"累计折旧"账户，按已计提的减值准备，借记"固定资产减值准备"账户，按其账面原价，贷记"固定资产"账户。

（2）发生清理费用等的处理。固定资产清理过程中发生的相关税费及相关费用，借记"固定资产清理"账户，贷记"银行存款"等账户。

（3）出售收入、残料等的处理。收回出售固定资产的价款、残料价值和变价收入等，应冲减清理支出，借记"银行存款""原材料"等账户，贷记"固定资产清理""应交税费——应交增值税（销项税额）"等账户。

（4）保险赔偿的处理。计算或收到的应由保险公司或过失人赔偿的损失，借记"其他应收款""银行存款"等账户，贷记"固定资产清理"账户。

（5）清理净损益的处理。① 固定资产出售、转让、对外投资、非货币化交换、债务重组等，清理完成后的利得，借记"固定资产清理"账户，贷记"资产处置收益——非流动资产处置利得"账户。清理完成后的损失，借记"资产处置收益——非流动资产处置损失"账户，贷记"固定资产清理"账户。② 固定资产损毁、报废等，清理完成后的利得，借记"固定资产清理"账户，贷记"营业外收入——非流动资产处置利得"账户。清理完成后的损失，借记"营业外支出——非流动资产处置损失"账户或"营业外支出——非常损失"账户，贷记"固定资产清理"账户。

#### （一）固定资产出售

**【例 6-12】** 甲施工企业由于搬迁新厂址，将企业原有的办公大楼对外出售，原价为 2 000 000 元，已计提折旧 1 200 000 元，未计提减值准备，不含税售价 1 800 000 元，增值税销项税额 198 000 元，已通过银行收回价款。甲施工企业应编制如下会计分录：

（1）将出售固定资产转入清理时：

 借：固定资产清理                    800 000
   累计折旧                      1 200 000
  贷：固定资产                     2 000 000

（2）收回出售固定资产价款时：

 借：银行存款                      1 998 000
  贷：固定资产清理                  1 800 000
    应交税费——应交增值税（销项税额）      198 000

(3) 结转出售固定资产的利得时：

借：固定资产清理 1 000 000
　　贷：资产处置收益——非流动资产处置利得 1 000 000

### （二）固定资产报废

**【例 6-13】** 乙施工企业现有的一台传动履带式推土机由于性能等原因决定提前报废，原价为 500 000 元，已提折旧 450 000 元，未计提减值准备。报废时的残值变价收入为 20 000 元，报废清理过程中发生清理费 3 500 元。有关收入、支出均通过银行办理结算。乙施工企业应编制如下会计分录：

(1) 将报废固定资产转入清理时：

借：固定资产清理 50 000
　　累计折旧 450 000
　　贷：固定资产 500 000

(2) 收回残料变价收入时：

借：银行存款 20 000
　　贷：固定资产清理 20 000

(3) 支付清理费用时：

借：固定资产清理 3 500
　　贷：银行存款 3 500

(4) 结转出售固定资产的利得时：

借：营业外支出——非流动资产处置损失 33 500
　　贷：固定资产清理 33 500

### （三）固定资产损毁

**【例 6-14】** 丙施工企业因遭受水灾而损毁一座仓库，该仓库原价 4 000 000 元，已计提折旧 1 000 000 元，未计提减值准备，其残值估计价值 50 000 元，残料已办理入库。发生的清理费用 20 000 元，以现金支付。经保险公司核定应赔偿损失 1 500 000 元，尚未收到赔款。假定不考虑相关税费的影响。丙施工企业应编制如下会计分录：

(1) 将损毁的仓库转入清理时：

借：固定资产清理 3 000 000
　　累计折旧 1 000 000
　　贷：固定资产 4 000 000

(2) 残料入库时：

借：原材料 50 000
　　贷：固定资产清理 50 000

(3) 支付清理费用时：

借：固定资产清理 20 000
　　贷：银行存款 20 000

(4) 确定应由保险公司赔偿的损失时：

借：应收账款——保险公司　　　　　　　　　　　　　　　　1 500 000
　　　贷：固定资产清理　　　　　　　　　　　　　　　　　　　　　　1 500 000

(5) 结转损毁固定资产发生的损失时：

借：营业外支出——非常损失　　　　　　　　　　　　　　　　1 470 000
　　　贷：固定资产清理　　　　　　　　　　　　　　　　　　　　　　1 470 000

## 六、固定资产的出租

施工企业让渡固定资产使用权并收取租金，在满足收入确定条件的情况下，应确认相关的收入和费用。

出租固定资产取得租金收入时，借记"银行存款"等账户，贷记"其他业务收入""应交增值税（销项税额）"等账户；摊销出租固定资产的成本和发生与转让有关的各种费用支出时，借记"其他业务成本"等账户，贷记"累计折旧"等账户。

【例6-15】丁施工企业为增值税一般纳税人，2×12年12月31日，丁施工企业将一台履带式挖掘机出租给乙公司使用，租期为4个月，每月收取不含税租金15 000元，增值税税额为1 950元。该批设备初始入账价值为1 800 000元，预计使用年限为15年，采用直线法摊销，且不考虑增值税以外的其他相关税费。丁施工企业应编制如下会计分录：

(1) 取得租金时：

借：银行存款　　　　　　　　　　　　　　　　　　　　　　　　16 950
　　　贷：其他业务收入——固定资产出租收入　　　　　　　　　　　　15 000
　　　　　应交税费——应交增值税（销项税额）　　　　　　　　　　　 1 950

(2) 计提折旧时：

每月计提折旧额＝1 800 000÷15÷12＝10 000（元）

借：其他业务成本——固定资产出租成本　　　　　　　　　　　　10 000
　　　贷：累计折旧　　　　　　　　　　　　　　　　　　　　　　　　10 000

## 七、固定资产的清查

企业应当定期或者至少于每年年末对固定资产进行清查盘点，以保证固定资产核算的真实性，充分挖掘企业现有的潜力，在固定资产清查过程中，如果发现盘盈、盘亏的固定资产，应当填制固定资产盘盈盘亏报告表。清查固定资产的损溢，应当及时查明原因，并按照规定程序报批处理。

### （一）固定资产的盘盈

企业在财产清查中盘盈的固定资产，作为前期差错处理。企业在财产清查中盘盈的固定资产，在按管理权限报经批准处理前应先通过"以前年度损益调整"账户核算。盘盈的固定资产，应按重置成本确定其入账价值，借记"固定资产"账户，贷记"以前年度损益调整"账户。

【例 6-16】 2×18 年 1 月 20 日,戊施工企业在财产清查中发现 2×16 年 12 月份购入的一台自卸汽车尚未入账,重置成本 50 000 元(假定其计税基础不存在差异)。假定戊施工企业按净利润的 10%提取法定盈余公积金、5%提取任意盈余公积,不考虑相关税费及其他相关因素的影响。戊企业应编制如下会计分录:

（1）盘盈固定资产时:

借:固定资产　　　　　　　　　　　　　　　　　　　　　　　　50 000
　　贷:以前年度损益调整　　　　　　　　　　　　　　　　　　　　　50 000

（2）结转为留存收益时:

借:以前年度损益调整　　　　　　　　　　　　　　　　　　　　　50 000
　　贷:盈余公积——法定盈余公积　　　　　　　　　　　　　　　　　5 000
　　　　　　——任意盈余公积　　　　　　　　　　　　　　　　　　2 500
　　　利润分配——未分配利润　　　　　　　　　　　　　　　　　　42 500

根据《企业会计准则——会计政策变更和差错更正》的规定,本例中盘盈固定资产作为前期差错进行处理,应通过"以前年度损益调整"进行核算。

（二）固定资产盘亏

企业在财产清查中盘亏的固定资产,按照盘亏资产的账面价值,借记"待处理财产损溢"账户,按照已计提的累计折旧,借记"累计折旧"账户,按照已计提的减值准备,借记"固定资产减值准备"账户,按照固定资产的原价,贷记"固定资产"账户。企业按照管理权限报经批准处理时,按照可收回的保险赔偿或过失人赔偿,借记"其他应收款"账户,按照应计入营业外支出的金额,借记"营业外支出——盘亏损失"账户,贷记"待处理财产损溢"账户。

【例 6-17】 己施工企业进行财产清查时发现短缺一台笔记本电脑,原价 10 000 元,已计提折旧 7 000 元,已施工企业应编制如下会计分录:

（1）盘亏固定资产时:

借:待处理财产损溢——待处理非流动资产损溢　　　　　　　　　　3 000
　　累计折旧　　　　　　　　　　　　　　　　　　　　　　　　　　7 000
　　贷:固定资产　　　　　　　　　　　　　　　　　　　　　　　10 000

（2）报经批准核销时:

借:营业外支出——盘亏损失　　　　　　　　　　　　　　　　　　3 000
　　贷:待处理财产损溢——待处理非流动资产损溢　　　　　　　　　3 000

## 八、固定资产的减值

固定资产的初始记账是历史成本,由于固定资产使用期限较长,市场条件和经营环境的变化、科学技术的进步以及企业经营管理不善等原因,都可能导致固定资产创造未来经济利益的能力大大下降。因此,固定资产的真实价值有可能低于账面价值,在期末必须对固定资产减值损失进行确认。

固定资产在资产负债表日可能发生减值的迹象时,其可收回金额低于账面价值的,企业应当将固定资产的账面价值减记至可收回金额,减记的金额确认为减值损失,计入当期损益,同时计提相应的资产减值准备,借记"减值准备损失——计提的固定资产减值准备"账户,贷记"固定资产减值准备"账户。固定资产减值损失一经确认,在以后会计期间不得转回。

**【例6-18】** 2×17年12月31日,庚施工企业的自卸汽车存在发生减值的迹象。经计算,该机器的可收回金额合计为1 230 000元,账面价值为1 500 000元,以前年度未对该设备计提减值准备,庚施工企业应编制如下会计分录:

$$固定资产应计提的减值准备=1\,500\,000-1\,230\,000=270\,000(元)$$

借:资产减值损失——计提的固定资产减值准备　　　　　　　270 000
　贷:固定资产减值准备　　　　　　　　　　　　　　　　　　270 000

**【例6-19】** 2×14年12月31日,戊施工企业购入一台施工用设备,增值税专用发票上注明价款800 000元,增值税额为104 000元,预计使用年限为8年。2×15年12月31日,由于有新的可替代设备的出现,致使该设备发生减值,估计可收回金额为490 000元。2×18年12月31日,该设备进一步发生减值,估计可收回金额为240 000元。戊施工企业应编制如下会计分录(为简单起见,本题折旧额按年计提):

(1) 2×14年12月31日:

借:固定资产　　　　　　　　　　　　　　　　　　　　　　800 000
　应交税费——应交增值税(进项税额)　　　　　　　　　　 104 000
　贷:银行存款　　　　　　　　　　　　　　　　　　　　　 904 000

(2) 2×15年12月31日:

$$计提折旧额=800\,000\div8=100\,000(元)$$

借:工程施工——间接费用　　　　　　　　　　　　　　　　100 000
　贷:累计折旧　　　　　　　　　　　　　　　　　　　　　 100 000

$$计提固定资产减值准备额=800\,000-100\,000-490\,000=210\,000(元)$$

借:资产减值损失　　　　　　　　　　　　　　　　　　　　210 000
　贷:固定资产减值准备　　　　　　　　　　　　　　　　　 210 000

(3) 2×16年12月31日、2×17年12月31日:

$$计提折旧额=490\,000\div7=70\,000(元)$$

借:工程施工——间接费用　　　　　　　　　　　　　　　　 70 000
　贷:累计折旧　　　　　　　　　　　　　　　　　　　　　　70 000

(4) 2×18年12月31日:

借:工程施工——间接费用　　　　　　　　　　　　　　　　 70 000
　贷:累计折旧　　　　　　　　　　　　　　　　　　　　　　70 000

$$计提固定资产减值准备额=490\,000-70\,000\times3-240\,000=40\,000(元)$$

借:资产减值损失　　　　　　　　　　　　　　　　　　　　 40 000
　贷:固定资产减值准备　　　　　　　　　　　　　　　　　　40 000

(5) 2×19年12月31日:

$$计提折旧额=240\,000\div4=60\,000(元)$$

借：工程施工——间接费用　　　　　　　　　　　　　60 000
　　贷：累计折旧　　　　　　　　　　　　　　　　　　　60 000

## 第三节　临时设施

### 一、临时设施概述

（一）临时设施的概念

临时设施是指施工企业为了保证施工和管理的正常进行而建造的各种临时性生产、生活设施。

施工队伍进入新的建筑工地时，为了保证施工的顺利进行，必须搭建一些施工人员的临时宿舍、机具棚、材料室、化灰池、储水池，以及施工单位或附属企业在现场的临时办公室；施工过程中应用的临时给水、排水、供电、供热和管道（不包括设备）、临时铁路专用线、轻便铁道；门卫室；简易料棚、工具储藏室；工地收发室等。但在工程完工以后，这些临时设施就失去了它原来的作用，必须拆除或作其他处理。

施工企业在施工现场所使用的临时设施一般有两种情况：

一是由建设单位或总包单位提供。这种情况下的临时设施，不属于施工企业的临时设施范围；

二是由施工企业向建设单位或总包单位收取临时设施包干费，负责搭建施工所需要的临时设施，这种情况下的临时设施，属于施工企业的临时设施范围，也是本节要核算的内容。

（二）临时设施的摊销方法

临时设施的摊销方法，应当根据其服务年限和服务对象合理地加以确定。临时设施的摊销方法有两种：

1. 工期法

工期法是指将临时设施的成本平均分摊到各期的一种方法，其原理与固定资产折旧的年限平均法相同。计算公式如下：

$$临时设施月摊销额 = \frac{临时设施原值 \times (1 - 预计净残值率)}{预计使用年限（月）}$$

2. 工作量法

工作量法是指根据实际工作量计提摊销额的一种方法，它主要是考虑了临时设施的使用强度。计算公式如下：

$$每一工作量摊销额 = \frac{临时设施原值 \times (1 - 预计净残值率)}{预计工作量}$$

$$临时设施月摊销额 = 临时设施当月工作量 \times 每一工作量摊销额$$

在实际工作中，对于价值相对较低的临时设施，也可采用一次摊销法，直接将临时设施的成本计入受益的工程成本。如果临时设施为两个以上的工程成本核算对象服务，应按一定的分配标准，将其价值在受益的各个工程成本核算对象之间进行分配。

## 二、临时设施的账务处理

### (一)临时设施核算应设置的会计账户

为了临时设施取得、摊销和处置等情况,施工企业一般需要设置"临时设施""临时设施摊销""临时设施清理"等账户。

1. "临时设施"账户

本账户核算施工企业购入或搭建的临时设施的成本,借方登记购入或搭建的临时设施的实际成本,贷方登记处置临时设施的实际成本,期末借方余额,反映期末在用临时设施的实际成本。"临时设施"账户按照临时设施的种类和使用部门进行明细核算。

2. "临时设施摊销"账户

本账户属于"临时设施"的调整账户,核算临时设施的摊销额,贷方登记计提的临时设施摊销额,借方登记转出的临时设施摊销额,期末贷方余额反映在用临时设施已提摊销额。

3. "临时设施清理"账户

本账户核算施工企业因出售、拆除、报废和毁损等原因转入清理的临时设施价值,及其在清理过程中所发生的清理费用和清理收入等,借方登记转出的临时设施账面价值、清理过程中需要支付的相关税费及其他费用,贷方登记出售临时设施的价款和清理过程中取得的残料价值或变价收入,期末借方余额,反映企业尚未清理完毕的临时设施清理净损失,期末贷方余额,则反映企业尚未清理完毕的临时设施清理净收益。临时设施清理完毕后,应将净损失或净收益分别转入"营业外支出"或"营业外收入"。结转后本账户应无余额。

### (二)临时设施的取得

临时设施有两种取得方式:一是外购,施工企业购入的临时设施,应按实际支付的购买价款、相关税费、使临时设施达到可使用状态前所发生的可归属于该项临时设施的运输费、装卸费、安装费和专业人员服务费等,作为临时设施成本,借记"临时设施"账户,贷记"银行存款"等账户。二是自行建造,对于需要通过建筑安装才能完成的临时设施,在搭建过程中发生的各项费用,先通过"在建工程"账户核算,发生费用时,借记"在建工程"账户,贷记"原材料""应付职工薪酬"等账户;待到搭建完工,达到预定可使用状态时,按建造期间发生的实际成本,再从"在建工程"账户转入本账户,即借记"临时设施"账户,贷记"在建工程"账户。下面主要介绍自行建造的临时设施。

【例6-20】 某施工企业在施工现场搭建一栋临时职工宿舍,发生的实际搭建成本为66 400元,其中:领用材料的计划成本为12 000元,应负担的材料成本差异率为2%,应付搭建人员的工资为30 000元,另外还以银行存款支付其他费用为22 000元,搭建完工后随即交付使用。该施工企业应编制如下会计分录:

(1)搭建过程中发生各种费用时:

```
借:在建工程——临时宿舍                    64 240
    贷:原材料                              12 000
        材料成本差异                           240
        应付职工薪酬                        30 000
        银行存款                            22 000
```

(2) 临时设施搭建完工交付使用时：

借：临时设施——临时宿舍　　　　　　　　　　　　　　　　　　64 240
　　贷：在建工程——临时宿舍　　　　　　　　　　　　　　　　　　64 240

### （三）临时设施的摊销

施工企业的各种临时设施，应根据其服务方式，合理确定摊销方法，在恰当的期限内将其价值摊入工程成本。当月增加的临时设施，当月不摊销，从下月起开始摊销；当月减少的临时设施，当月继续摊销，从下月起停止摊销。摊销时，应将按月计算的摊销额，借记"工程施工"账户，贷记"临时设施摊销"账户。

**【例 6-21】** 承[例 6-20]，如临时宿舍的预计净残值率为 4%，预计工期的受益期限为 30 个月，该施工企业应编制如下会计分录：

每月临时设施摊销费 = 64 240 × (1 − 4%) ÷ 30 = 2 055.68(元)

借：工程施工　　　　　　　　　　　　　　　　　　　　　　　2 055.68
　　贷：临时设施摊销　　　　　　　　　　　　　　　　　　　　　2 055.68

### （四）临时设施的清理

企业出售、拆除、报废的临时设施应转入清理。转入清理的临时设施，按临时设施账面净值，借记"临时设施清理"账户，按已摊销额，借记"临时设施摊销"账户，按其账面原值，贷记"临时设施"账户。出售、拆除过程中发生的变价收入和残料价值，借记"银行存款""原材料"账户，贷记"临时设施清理"账户，发生的清理费用，借记"临时设施清理"账户，贷记"银行存款"等账户。清理结束后，若发生净损失，借记"营业外支出"账户，贷记"临时设施清理"账户，若发生净收益，则借记"临时设施清理"账户，贷记"营业外收入"账户。

**【例 6-22】** 承[例 6-20]和[例 6-21]，由于承包工程已竣工，不再需用，将其拆除，其账面累计已摊销额为 53 024 元，支付拆除人员工资 3 000 元，收回残料 2 000 元，已验收入库，清理工作结束，不考虑相关税费的影响。该施工企业应编制如下会计分录：

(1) 将拆除的临时设施转入清理时：

借：临时设施清理——临时宿舍　　　　　　　　　　　　　　　　11 216
　　临时设施摊销　　　　　　　　　　　　　　　　　　　　　　53 024
　　贷：临时设施——临时宿舍　　　　　　　　　　　　　　　　　　64 240

(2) 分配拆除人员工资时：

借：临时设施清理——临时宿舍　　　　　　　　　　　　　　　　 3 000
　　贷：应付职工薪酬　　　　　　　　　　　　　　　　　　　　　 3 000

(3) 残料验收入库时：

借：原材料　　　　　　　　　　　　　　　　　　　　　　　　 2 000
　　贷：临时设施清理　　　　　　　　　　　　　　　　　　　　　 2 000

(4) 结转清理后净损失时：

处置临时设施净损失 11 216 + 3 000 − 2 000 = 12 216(元)

借：营业外支出——处置临时设施损失　　　　　　　　　　　　12 216
　　贷：临时设施清理——临时宿舍　　　　　　　　　　　　　　12 216

## 复习思考题

1. 什么是固定资产？固定资产有哪两个特点？
2. 固定资产有哪几种取得方式？
3. 什么是折旧？影响折旧的因素有哪四个？
4. 固定资产的折旧方法有哪四种？
5. 固定资产的后续支出有哪两种？
6. 固定资产盘盈、盘亏一般通过哪个账户处理？
7. 固定资产发生减值能否转回？发生减值怎样进行账务处理？
8. 处置固定资产通过哪几个账户？
9. 临时设施的账务处理一般用哪三个账户？

## 实训练习题

### 练习题一

（一）目的：练习自营建造固定资产的核算。

（二）资料：乙施工企业采取自营建造钢结构厂房一栋，发生如下经济业务：

（1）为该工程项目购入专用材料，增值税专用发票上注明价款为 900 000 元，增值税额为 117 000 元。

（2）领用价款为 800 000 元的专用材料。

（3）领用主要材料一批，计划成本为 40 000 元，应负担的材料成本差异为 2%。

（4）分配自营建造人员工资 70 000 元。

（5）结转辅助生产部门劳务费用 60 000 元。

（6）以银行存款支付其他费用 50 000 元。

（7）钢结构厂房工程完工，经验收合格交付使用，结转按其实际成本。

（8）工程完工后，将剩余的专用材料 100 000 元转作本企业的存货，已验收入库。

（三）要求：根据上述资料编制会计分录。

### 练习题二

（一）目的：练习固定资产折旧的计算。

（二）资料：乙施工企业一台固定资产原值 100 000 元，折旧年限 5 年，残值率 4%。

（三）要求：根据上述资料，分别按年限平均法、双倍余额递减法、年数总和法计算各年的折旧额。

### 练习题三

（一）目的：练习固定资产增减变化的核算。

（二）资料：乙施工企业发生如下经济业务：

(1) 购入一台需要安装的设备,增值税专用发票上注明价款为 325 000 元,增值税额为 42 250 元,安装费为 10 000 元,运杂费为 5 000 元,款项以银行存款支付。

(2) 将一辆不需用自卸汽车出售,原值 800 000 元,已提折旧 350 000 元,售价 400 000 元,增值税税额为 52 000 元,已存入银行。

(3) 将一台推土机报废,原值 560 000 元,已提折旧 510 000 元,支付清理费 5 000 元,残值收入 8 000 元,存入银行。

(4) 发现账外摊铺机一台,账面原价 1 000 000 元,预计使用年限 10 年,残值率为 5%,已使用 6 年。

(三) 要求:根据上述资料编制会计分录。

## 练 习 题 四

(一) 目的:练习固定资产减值的核算。

(二) 资料:乙施工企业发生如下经济业务:

(1) 2×14 年 12 月 31 日,该公司购入一台不需要安装的设备,增值税专用发票上注明价款为 1 000 000 元,增值税额为 130 000 元,使用期限为 8 年。

(2) 2×15 年 12 月 31 日,由于有新的可替代设备的出现,致使该设备发生减值,估计可收回金额为 720 000 元。

(3) 2×19 年 12 月 31 日,该设备进一步发生减值,估计可收回金额为 280 000 元。

要求:根据上述资料编制会计分录。

(三) 要求:根据上述资料编制会计分录。

## 练 习 题 五

(一) 目的:练习临时设施增减变化的核算。

(二) 资料:乙施工企业发生如下经济业务:

(1) 2×17 年元月,乙企业在 A 工地搭建施工用作业棚,耗用原材料 148 000 元,耗用人工 92 480 元。

(2) 2×17 年 2 月,A 工地作业棚交付使用,受益期限为 2 年。

(3) 2×18 年 2 月,A 工地部分作业棚因损坏拆除,其原值为 60 000 元,已使用 1 年,拆除时回收材料 2 000 元,耗用人工费 1 800 元。

(三) 要求:根据上述资料编制临时设施搭建、完工、摊销的会计分录;编制拆除作业棚损毁部分的会计分录。

# 第七章 无形资产

**课程思政**

**案例研究：乐视网——无形资产的财务造假**

乐视网无形资产的构成包括影视剧版权、系统软件和非专利技术。2010—2016年，乐视网的总资产中以无形资产为主，最高达60%，最低超过20%。乐视网无形资产来源有自制和外购两种，且以外购影视剧版权为主。

乐视网财务报表中无形资产会计核算问题如下：

（1）研发支出资本化不合理。2013—2018年，34.34亿元的研发支出被资本化，占该期间乐视网总研发支出约62.87%。资本化研发费用被处理为无形资产，虚增了乐视网的净利润。

（2）摊销方法难以反映实际。乐视网选择直线法摊销影视版权而不是常规的加速法，使取得影视版权初期摊销额较低而利润较大，有悖于谨慎性原则，因为影视版权初期收入较高。

（3）计提减值准备较低。2012—2016年年报显示，乐视网仅在2014年对影视版权计提了554 697.13元的减值准备，而在其他4年并未确认其减值，无法反映实际情况，也背离了企业会计准则的要求。2017年由于影视版权等长期资产发生大额减值，乐视网巨亏约181.84亿元。

2021年3月26日，证监会行政处罚书指出：乐视网于2007—2016年连续10年财务造假，致使2010年报送和披露的申请首次公开发行股票并上市的相关文件、2010—2016年年报存在虚假记载的行为；对乐视网的违法发行为罚款2.4亿元。乐视网针对案涉行政处罚决定未申请行政复议、亦未提起行政诉讼，且拖延缴纳罚款。2022年5月19日，北京金融法院作出裁定：准予强制执行证监会作出的对乐视网2.4亿元罚款的行政处罚。

（黄珂婧.文化企业财务报表中的无形资产：以乐视网为例[J].经济研究导刊,2021(04):81-84.）

# 第一节 无形资产概述

## 一、无形资产的概念和特点

无形资产是指企业拥有或者控制的没有实物形态的可辨认货币性资产,通常包括专利权、非专利技术、商标权、著作权、特许权、土地使用权等。无形资产具有以下特征。

### (一) 不具有实物形态

无形资产是不具有实物形态的非货币资产。它不像固定资产、存货等有形资产具有实物形体。

### (二) 具有可辨认性

资产满足下列条件之一的,符合无形资产定义中的可辨认性标准:

(1) 能够从企业中分离或划分出来,并能单独或者与相关合同、资产或负债一起,用于出售、转让、授予许可、租赁或者交换。

(2) 源自合同性权利或其他法定权利,无论这些权利是否可以从企业或其他权利和义务中转移或者分离。

商誉的存在无法与企业自身分离,不具有可辨认性,不属于无形资产。

### (三) 属于非货币性长期资产

无形资产属于非货币性资产且能够在多个会计期间为企业带来经济利益。无形资产的使用期限在1年以上,其价值将在各个受益期间逐渐摊销。

## 二、无形资产的内容

(1) 专利权。根据我国的专利法规定,专利权分为发明专利和实用新型及外观设计专利两种,自申请日起计算,发明专利权的期限为20年,实用新型及外观设计专利权的期限为10年。发明者在取得专利权后,在有效期限内将享有专利的独占权。

(2) 非专利技术。非专利技术主要包括工业专有技术、商业专有技术和管理专有技术。非专利技术没有法律上的有效年限,只有经济上的有效年限。

(3) 商标权。商标是指用来辨认特定商品和劳务的标记,代表着企业的一种信誉,从而具有相应的经济价值。根据我国商标法规定,注册商标的有效期限为10年,期满可依法延长。

(4) 著作权。著作权又称版权,是指作者对其创作的文学、科学和艺术作品依法享有的某些特殊权利。著作权包括两方面的权利,即精神权利(人身权利)和经济权利(财产权利)。

(5) 土地使用权。土地使用权是指某一企业按照法律规定所取得的在一定时期对国有土地进行开发、利用和经营的权利。

(6) 特许权。特许权又称特许经营权、专营权,是指企业在某一地区经营或销售某种特定商品的权利或是一家企业接受另一家企业使用其商标、商号、秘密技术等权利。

## 第二节 无形资产的核算

### 一、无形资产核算应设置的会计账户

为了核算和监督无形资产的取得、摊销和处置等情况,企业应当设置"无形资产""累计摊销""无形资产减值准备"等账户进行核算。

1."无形资产"账户

本账户核算企业持有的无形资产成本,借方登记无形资产的成本,贷方登记出售无形资产转出的无形资产账面余额,期末借方余额,反映企业无形资产的成本。"无形资产"账户应当按照无形资产的项目设置明细账户进行核算。

2."累计摊销"账户

本账户属于"无形资产"的调整账户,核算企业对使用寿命有限的无形资产计提的累计摊销,贷方登记企业计提的无形资产摊销,借方登记处置无形资产转出的累计摊销,期末贷方余额,反映企业无形资产的累计摊销额。

3."无形资产减值准备"账户

本账户属于"无形资产"的调整账户,核算企业在期末因技术陈旧、损坏、长期闲置等原因,导致其可收回金额低于其账面价值的无形资产计提的减值准备。贷方登记企业计提的无形资产减值准备,借方登记处置无形资产转出的减值准备,期末贷方余额,反映企业无形资产的累计减值准备。

### 二、无形资产的取得

无形资产应当按照成本进行初始计量。企业取得无形资产的主要方式有外购、自行研究开发等。取得的方式不同,其会计处理也有所区别。

（一）外购无形资产

外购无形资产的成本包括购买价款、相关税费以及直接归属于使该项无形资产达到预定用途所发生的其他支出。

【例7-1】 甲施工企业购入一项非专利技术,增值税专用发票上注明的价款为900 000元,增值税额为54 000元（适用税率为6%,不考虑其他税费）。以银行存款支付。

甲施工企业应编制如下会计分录：

借：无形资产——非专利技术　　　　　　　　　　　　　900 000
　　应交税费——应交增值税（进项税额）　　　　　　　 54 000
　　贷：银行存款　　　　　　　　　　　　　　　　　　　　954 000

（二）自行研究开发无形资产

企业内部研究开发项目所发生的支出应区分研究阶段支出和开发结算支出,企业自行

开发无形资产发生的研发支出,不满足资本化条件的,借记"研发支出——费用化支出"账户,满足资本化条件的,借记"研发支出——资本化支出"账户,贷记"原材料""银行存款""应付职工薪酬"等账户。研究开发项目达到预定用途形成无形资产的,应当按照"研发支出——资本化支出"账户的余额,借记"无形资产"账户,贷记"研发支出——资本化支出"账户。期(月)末,应将"研发支出——费用化支出"账户归集的金额转入"管理费用"账户,借记"管理费用"账户,贷记"研发支出——费用化支出"账户。如果无法可靠区分研究阶段的支出和开发阶段的支出,应将其所发生的研发支出全部费用化,计入当期损益,记入"管理费用"账户。

【例 7-2】 甲施工企业自行研究、开发一项技术,截至 2×17 年 12 月 31 日,发生研发支出合计 2 000 000 元,经测试,该项研发活动完成了研究阶段,从 2×18 年 1 月 1 日开始进入开发阶段。2×18 年发生开发支出 3 600 000 元,假定符合《企业会计准则第 6 号——无形资产》规定的开发支出资本化的条件,2×18 年 6 月 30 日,该项研发活动结束,最终开发出一项非专利技术。甲施工企业应编制如下会计分录:

(1) 2×17 年,发生研发支出时:

借:研发支出——费用化支出 2 000 000
  贷:银行存款等 200 000

(2) 2×17 年 12 月 31 日,发生的研发支出全部属于研究阶段支出时:

借:管理费用 2 000 000
  贷:研发支出——费用化支出 2 000 000

(3) 2×18 年,发生开发支出并满足资本化确认条件时:

借:研发支出——资本化支出 3 600 000
  贷:银行存款等 3 600 000

(4) 2×18 年 6 月 30 日,该技术研发完成并形成无形资产时:

借:无形资产 3 600 000
  贷:研发支出——资本化支出 3 600 000

### 三、无形资产的摊销

企业应当于取得无形资产时分析判断其使用寿命。使用寿命有限的无形资产应进行摊销。使用寿命不确定的无形资产不应该摊销。使用寿命有限的无形资产,通常其残值视为零。对于使用寿命有限的无形资产应当自可供使用(及其达到预定用途)当月起开始摊销,处置当月不再摊销。

无形资产摊销方法包括年限平均法(即直线法)、生产总量法等。企业选择的无形资产的摊销方法,应当反映与该项无形资产有关的经济利益的预期实现方式,无法可靠确定预期实现方式的,应当采用直线法摊销。

企业应当按月对无形资产进行摊销。无形资产的摊销额一般应当计入当期损益。企业管理用无形资产,其摊销金额计入管理费用;出租的无形资产,其摊销金额计入其他业务成本;某项无形资产包括的经济利益通过所生产的产品或其他资产实现的,其摊销金额应当计入相关资产成本。

【例 7-3】 甲施工企业购买了一项管理用特许权,成本为 4 800 000 元,合同规定受益年限为 10 年,每月应摊销 40 000 元(4 800 000÷10÷12)。每月摊销时,甲施工企业应编制如下会计分录:

  借:管理费用                      40 000
    贷:累计摊销                    40 000

【例 7-4】 2×18 年 1 月 1 日,甲施工企业将其研发的非专利技术([例 7-2])出租给丁公司,双方约定的租赁期为 10 年,每月应摊销 30 000 元(3 600 000÷10÷12)。每月摊销时,甲施工企业应编制如下会计分录:

  借:其他业务成本                    30 000
    贷:累计摊销                    30 000

## 四、无形资产的处置

企业处置无形资产是指无形资产对外出租、出售、捐赠,或者是无法为企业带来未来经济利益时,应予转销并终止确认。

### (一)无形资产出租

企业让渡无形资产使用权并收取租金,在满足收入确定条件的情况下,应确认相关的收入和费用。

出租无形资产取得租金收入时,借记"银行存款"等账户,贷记"其他业务收入"等账户;摊销出租无形资产的成本和发生与转让有关的各种费用支出时,借记"其他业务成本""税金及附加"等账户,贷记"累计摊销""应交税费——应交增值税(销项税额)"等账户。

【例 7-5】 甲施工企业为增值税一般纳税人,2×17 年 12 月 31 日,甲施工企业将某商标权出租给乙公司使用,租期为 4 年,每年收取不含税租金 150 000 元,应交纳增值税为 9 000 元。该商标权初始入账价值为 1 800 000 元,预计使用年限为 15 年,采用直线法摊销,假定按年摊销商标权,且不考虑增值税以外的其他相关税费。甲施工企业应编制如下会计分录:

(1)每年取得租金时:

  借:银行存款                     159 000
    贷:其他业务收入——出租商标权           150 000
      应交税费——应交增值税(销项税额)      90 000

(2)每年摊销时:

    每年摊销额=1 800 000÷15=120 000(元)

  借:其他业务成本——商标权摊销            120 000
    贷:累计摊销                    120 000

### (二)无形资产出售

企业出售无形资产,表明企业放弃该无形资产的所有权,应将所取得的价款与该无形资产账面价值的差额作为处置无形资产的利得或损失计入当期损益。

企业出售无形资产,应当按照实际收到的金额等,借记"银行存款"等账户,按照已计提的累计摊销,借记"累计摊销"账户,按其账面余额,贷记"无形资产"账户,按其差额,贷记"资产处置收益——非流动资产处置利得"账户或借记"资产处置收益——非流动资产处置损失"账户,已计提减值准备的,还应同时结转减值准备,借记"无形资产减值准备"账户。

**【例7-6】** 甲施工企业为增值税一般纳税人,出售一项专利技术,该专利技术的成本为600 000元,出售时已摊销220 000元,已计提的减值准备为100 000元,实际取得价款500 000元(增值税销项税额30 000元)。甲施工企业应编制如下会计分录:

```
借:银行存款                                530 000
   累计摊销                                220 000
   无形资产减值准备——专利技术              100 000
   贷:无形资产——专利技术                          600 000
      资产处置收益——非流动资产处置利得              220 000
      应交税费——应交增值税(销项税额)               30 000
```

### (三)无形资产报废

无形资产转让及用于对外投资、非货币性资产交换、债务重组等可参照进行账务处理。

如果无形资产预期不能为企业带来未来经济利益,则不再符合无形资产的定义,应将其报废并予以转销。转销时,应按已计提的累计摊销额,借记"累计摊销"账户,按已计提的减值准备,借记"无形资产减值准备"账户,按无形资产的账面余额,贷记"无形资产"账户,按其差额,借记"营业外支出——非流动资产处置损失"账户,或贷记"营业外收入——非流动资产损毁报废利得"账户。

**【例7-7】** 甲施工企业将一项已无使用价值的非专利技术予以转销,该专利技术的成本为9 000 000元,预计使用期限为10年,已摊销6年,累计计提减值准备为2 400 000元,无残值,假定不考虑其他相关因素。甲施工企业应编制如下会计分录:

$$累计摊销额 = 9\ 000\ 000 \div 10 \times 6 = 5\ 400\ 000(元)$$

```
借:累计摊销                                5 400 000
   无形资产减值准备——非专利技术            2 400 000
   营业外支出——非流动资产处置损失          1 200 000
   贷:无形资产——非专利技术                        9 000 000
```

## 五、无形资产的减值

无形资产在资产负债表日存在可能发生减值迹象时,其可收回金额低于账面价值的,企业应当将该无形资产的账面价值减至可收回金额,减记的金额确认为减值损失,计入当期损益,同时计提相应的资产减值准备账户,贷记"无形资产减值准备"账户。无形资产减值损失一经确认,在以后会计期间不得转回。

**【例7-8】** 2×18年12月31日,甲施工企业经技术测试发现账面价值为800 000元的非专利技术发生减值,预计可收回金额为750 000元,发生减值50 000元。甲施工企业应编制如下会计分录:

```
借:资产减值损失——计提的无形资产减值准备        50 000
   贷:无形资产减值准备                               50 000
```

## 第三节 其 他 资 产

其他资产是指除货币资金、交易性金融资产、应收及预付款项、存货、长期股权投资、持有至到期投资、固定资产、无形资产等以外的资产,如长期待摊费用。

长期待摊费用是指企业已经发生但应由本期和以后各期负担的分摊期限在1年以上的各项费用,如以经营租赁方式租入的固定资产发生的改良支出等。企业应设置"长期待摊费用"账户对此类项目进行核算,企业发生的长期待摊费用,借记"长期待摊费用"账户,贷记"原材料""银行存款"等账户;摊销长期待摊费用,借记"管理费用""销售费用"等账户,贷记"长期待摊费用"账户;"长期待摊费用"账户期末借方余额,反映企业尚未摊销完毕的长期待摊费用。"长期待摊费用"账户可按费用项目进行明细核算。

【例7-9】 2×18年4月1日,甲施工企业对以经营租赁方式新租入的办公楼进行装修,发生以下有关支出:领用生产用材料500 000元,辅助生产车间为该装修工程提供的劳务支出为185 000元;有关人员工资等职工薪酬425 000元。2×18年11月30日,该办公楼装修完工,达到预定可使用状态并交付使用,按租赁期10年进行摊销。假定不考虑其他因素。甲施工企业应编制如下会计分录:

(1)装修领用原材料时:

借:长期待摊费用　　　　　　　　　　　　　　　　　　　　　　　　500 000
　　贷:原材料　　　　　　　　　　　　　　　　　　　　　　　　　　　500 000

(2)装修工程接受辅助生产车间提供劳务时:

借:长期待摊费用　　　　　　　　　　　　　　　　　　　　　　　　185 000
　　贷:生产成本——辅助生产　　　　　　　　　　　　　　　　　　　185 000

(3)确认工程人员职工薪酬时:

借:长期待摊费用　　　　　　　　　　　　　　　　　　　　　　　　425 000
　　贷:应付职工薪酬　　　　　　　　　　　　　　　　　　　　　　　425 000

(4)2×18年12月31日年摊销装修支出时:

发生的办公楼装修支出 = 500 000 + 185 000 + 425 000 = 1 110 000(元)
2×18年12月份应分摊的装修支出 = 1 110 000 ÷ 10 ÷ 12 = 9 250(元)

借:管理费用　　　　　　　　　　　　　　　　　　　　　　　　　　9 250
　　贷:长期待摊费用　　　　　　　　　　　　　　　　　　　　　　　9 250

### 复习思考题

1. 什么是无形资产?无形资产有哪三个特点?
2. 如何确定无形资产的摊销期限?
3. 无形资产具体包括哪些内容?

4. 研发阶段如何划分？怎样理解研发费用的资本化与费用化？
5. 无形资产出租和出售的账务处理是否相同？
6. 什么是其他资产？

### 实训练习题

#### 练习题一

（一）目的：练习自行研发无形资产的核算。

（二）资料：乙企业自行研究开发一项专利技术，研究阶段发生研发支出合计1 000 000元，其中原材料费用600 000元，人工费用300 000元，其他支出100 000元；开发阶段共发生开发支出150 000元，其中原材料费用100 000元，人工费用50 000元，并已成功申请专利。

（三）要求：根据上述资料编制会计分录。

#### 练习题二

（一）目的：练习无形资产购买、摊销、出租与出售的核算。

（二）资料：乙施工企业2×10年1月发生如下经济业务：

（1）2×10年1月1日购买一项特许权，支付价款和有关费用共计1 080 000元，应交纳的增值税为64 800元。以银行存款支付。

（2）合同规定受益年限为10年。

（3）2×15年1月1日乙企业将该项特许权出租给S企业，期限3年，每月收取租金10 000元，应交纳的增值税为600元。

（4）2×18年1月1日，乙企业将该项特许权以150 000元卖给T企业，应交纳的增值税为9 000元。

（三）要求：根据上述资料编制会计分录。

#### 练习题三

（一）目的：练习无形资产减值的核算。

（二）资料：乙施工企业发生如下经济业务：

（1）2×12年12月31日，该公司购入一项著作权，价值1 000 000元，增值税额为60 000元，使用期限为8年。

（2）2×14年12月31日，由于新技术的出现，致使该著作权发生减值，估计可收回金额为600 000元。

（3）2×15年12月31日，该著作权进一步发生减值，预计可收回金额为420 000元。

（4）由于经济形势发生变化，2×18年12月31日该项著作权预计可收回金额为360 000元。

（三）要求：根据上述资料编制会计分录。

# 第八章
# 负债

## 会计文化：税制改革

从古至今，财税政策都是国家调节经济的重要杠杆，皆因时而变，随事而制。

(1) 唐朝"两税法"：安史之乱后，农民破产、逃亡、户口隐漏、户籍混乱，原本的租庸调制已经无法维持。唐德宗建中元年(公元780年)，宰相杨炎实行"两税法"，将当时混乱繁杂的税种合并为地税与户税两种税，规定"定税计钱，折钱纳物"。租庸调制则完全缴纳实物。货币纳税代替实物纳税的变革是唐代后期经济发展的反映。

(2) 北宋"方田均税法"：北宋初期存在严重的土地兼并，且实际恢复了"人丁"税。熙宁五年(公元1072年)，王安石推行"方田均税法"，丈量全国土地，按土地的肥瘠、质量、色别及陂原之差分为五等并登记造册，作为征税的凭据，规定：土地质量好等级高的户多纳，反之少纳，改变了"贫弱地薄而税重"的不合理局面，使税收趋于合理，调整了财富分配关系。

(3) 明朝"一条鞭法"：明太祖后期开始出现大规模土地兼并，农业经济萎缩、赋税日重；另外，明朝商品经济快速发展，货币作用不断上升。万历九年(公元1581年)，宰相张居正推行"一条鞭法"，把全国各州县的田赋、徭役以及其他杂征总为一条，合并征收银两，按亩折算缴纳，简化了税制，方便征收，使地方官员难于作弊，增加了财政收入，也减轻了农民负担。

(4) 2016年"营改增"："营改增"是指以前缴纳营业税的应税项目改成缴纳增值税。"营改增"的最大特点是减少重复征税，促使社会形成更好的良性循环，有利于企业降低税负。2011年10月26日营改增开始在上海进行试点，2016年5月1日起，"营改增"实现了行业全覆盖，并将所有企业新增不动产所含增值税纳入抵扣范围，确保所有行业税负只减不增。"营改增"改革是针对"营业税"税制弊端提出革新措施，以达到利用税收手段促进经济发展的目的。

(郭祥.古代重大财税改革与营改增的共性[J].税务研究,2017(04):95-99.)

# 第一节 短期借款

短期借款是指企业向银行或其他金融机构等借入期限在1年以下(含1年)的各种款项。短期借款一般是企业为了满足生产经营所需要的资金或者是为了抵偿各种债务而借入的。

企业应通过"短期借款"账户,核算短期借款的发生、偿还等情况。该账户的贷方登记取得借款本金的数额,借方登记偿还借款的本金数额,余额在贷方,反映企业尚未偿还的短期借款。该账户可按借款种类、贷款人和币种设置明晰账户进行明细核算。

1. 利息按季支付或利息虽不按季支付但数额较大

企业从银行借入短期借款应支付利息。在实际工作中,如果短期借款利息是按期支付的,如按季度支付利息,或者利息是在借款到期时连同本金一起归还,并且其数额较大的,企业应采用月末预提方式进行短期借款利息的核算。短期借款利息属于筹资费用,应当于发生时直接计入当期财务费用。自资产负债表日,企业应当按照计算确定的短期借款利息费用,借记"财务费用"账户,贷记"应付利息"账户;实际支付利息时,借记"应付利息"账户,贷记"银行存款"账户。短期借款到期偿还本金时,企业应借记"短期借款"账户,贷记"银行存款"账户。

【例8-1】 甲施工企业于2×18年4月1日向银行借入一笔生产经营用短期借款,共计90 000元,期限9个月,年利率为4%,根据与银行签署的借款协议,该项借款的本金到期后一次归还,利息按季支付。甲施工企业应编制如下会计分录:

(1) 4月1日,借入短期借款时:

借:银行存款　　　　　　　　　　　　　　　　　　　　　　　　　90 000
　　贷:短期借款　　　　　　　　　　　　　　　　　　　　　　　　90 000

(2) 4月末,计提应付利息时:

应计提的利息 = 90 000 × 4% ÷ 12 = 300(元)

借:财务费用　　　　　　　　　　　　　　　　　　　　　　　　　　300
　　贷:应付利息　　　　　　　　　　　　　　　　　　　　　　　　300

5月末计提利息费用的账务处理与4月份相同。

(3) 6月末,支付第二季度银行借款利息时:

借:财务费用　　　　　　　　　　　　　　　　　　　　　　　　　　300
　　应付利息　　　　　　　　　　　　　　　　　　　　　　　　　　600
　　贷:银行存款　　　　　　　　　　　　　　　　　　　　　　　　900

第三、第四季度的账务处理与第二季度相同。

(4) 年底偿还银行借款本金时:

借:短期借款　　　　　　　　　　　　　　　　　　　　　　　　　90 000
　　贷:银行存款　　　　　　　　　　　　　　　　　　　　　　　90 000

如果上述借款期限是8个月,则到期日为12月1日,11月末之前的会计处理与上述相同。12月1日偿还银行借款本金,同时支付10月份和11月份已提未付利息:

借:短期借款　　　　　　　　　　　　　　　　　　　　　　　90 000
　　应付利息　　　　　　　　　　　　　　　　　　　　　　　　　600
　　贷:银行存款　　　　　　　　　　　　　　　　　　　　　　　　90 600

2. 利息按月支付或虽不按月支付但数额较小

如果企业的短期借款利息是按月支付的,或者利息是在借款到期时连同本金一起归还,但是数额不大的,可以不采用预提的方法,而在实际支付或收到银行的计息通知时,直接计入当期损益,借记"财务费用"账户,贷记"银行存款"账户。

# 第二节 应付及预收款项

## 一、应付账款

### (一)应付账款概述

应付账款是指企业因购买材料、商品或接受劳务供应等经营活动而应付给供应单位的款项,以及因分包工程应付给分包单位的款项。应付账款一般应在与所购买物资所有权相关的主要风险和报酬已经转移,或者所购买的劳务已经接受时确认。

为了使所购入物资的金额、品种、数量和质量与合同规定的条款相符,避免因验收时发现所购物资的数量或质量存在问题而对入账的物资或应付账款金额进行改动。①在物资和发票账单同时到达的情况下,一般在所购物资验收入库后,根据发票账单登记入账,确认应付账款。②在所购物资已经验收入库,但是发票账单未能同时到达的情况下,企业应付物资供应单位的债务已经存在,在会计期末,为了反映企业负债情况,需要将所购物资和相关的应付账款暂估入账,待下月初作相反的分录,将上月末暂估入账的应付账款予以冲销。

企业应通过"应付账款"账户,核算应付账款的发生、偿还、转销等情况。该账户贷方登记应付给供应单位或分包单位的应付账款,借方登记偿还的应付账款,或开出商业汇票抵付应付账款的款项,或冲销无法支付的应付账款,余额一般在贷方,反映企业尚未支付的应付账款余额。本账户设置"应付供应单位款"和"应付分包单位款"两个二级账户,并按供应单位和分包单位设置明细账户进行明细核算。

### (二)应付账款发生与偿还

1. 应付账款的发生

企业购入材料、商品或接受劳务等所发生的应付账款,应按应付金额入账。购入材料、商品等验收入库,但贷款尚未支付,根据有关凭证(发票账单、随货同行发票上记载的实际价款或暂估价值),借记"材料采购""在途物资"等账户,根据可抵扣的增值税进项税额,借记"应交税费——应交增值税(进项税额)"等账户,按应付的款项,贷记"应付账款"账户。

企业接受供应单位提供劳务而发生的应付未付款项,根据供应单位的发票账单,借记"生产成本""管理费用"等账户,贷记"应付账款"账户。

企业因分包工程应付给分包单位的款项,根据相关的建造合同总造价及发票账单,借记"工程施工"账户,根据可抵扣的增值税进项税额,借记"应交税费——应交增值税(进项税额)"账户,贷记"应付账款"账户。

2. 应付账款的偿还

企业偿还应付账款或开出商业汇票抵付应付账款时,借记"应付账款"账户,贷记"银行存款""应付票据"等账户。

【例 8-2】 甲施工企业为增值税一般纳税人,2×18 年 4 月 1 日,从秦岭水泥厂购入水泥一批,货款 100 000 元,增值税 13 000 元,对方代垫运杂费 1 000 元。水泥已验收入库(该企业材料按实际成本计价核算),款项尚未支付。5 月 25 日,甲施工企业以银行存款支付购入水泥相关款项 117 000 元。甲施工企业应编制如下会计分录:

(1) 确认应付账款时:

借:原材料　　　　　　　　　　　　　　　　　　　　　　　101 000
　　应交税费——应交增值税(进项税额)　　　　　　　　　 13 000
　　贷:应付账款——应付供应单位款　　　　　　　　　　　　　114 000

(2) 偿还应付账款时:

借:应付账款——应付供应单位款　　　　　　　　　　　　　114 000
　　贷:银行存款　　　　　　　　　　　　　　　　　　　　　　114 000

应付账款附有现金折扣的应按照扣除现金折扣前的应付款总额入账。因在折扣期限内付款而获得的现金折扣,应在偿还应付款项时冲减财务费用。

【例 8-3】 甲施工企业为增值税一般纳税人,2×18 年 4 月 1 日,从沙坡砖瓦窑购入红砖一批,货款 100 000 元,增值税 13 000 元,对方代垫运杂费 1 000 元。红砖已验收入库(该企业材料按实际成本计价核算),款项尚未支付。按照购货协议的规定,甲企业如在 1 个月内付清货款,将获得 1% 的现金折扣(假定计算现金折扣时需考虑增值税)。甲施工企业于2×18 年 4 月 25 日,按照扣除现金折扣后的金额,用银行存款付清了沙坡砖瓦窑货款。甲施工企业应编制如下会计分录:

(1) 4 月 1 日,确认应付账款时:

借:原材料　　　　　　　　　　　　　　　　　　　　　　　101 000
　　应交税费——应交增值税(进项税额)　　　　　　　　　 13 000
　　贷:应付账款——应付供应单位款　　　　　　　　　　　　　114 000

(2) 4 月 25 日,偿还应付账款时:

现金折扣 = 114 000 × 1% = 1 140(元)
实际支付的货款 = 114 000 - 1 140 = 112 860(元)

借:应付账款——应付供应单位款　　　　　　　　　　　　　114 000
　　贷:银行存款　　　　　　　　　　　　　　　　　　　　　　112 860
　　　　财务费用　　　　　　　　　　　　　　　　　　　　　　 1 140

本例中,甲施工企业在 4 月 25 日(即购货后的第 24 天)付清所欠沙坡砖瓦窑的货款,按照购货协议可获得现金折扣。

实务中,企业外购电力、燃气等动力一般通过"应付账款"账户核算,即在每月付款时先做暂付款处理,借记"应付账款"账户,贷记"银行存款"等账户;月末按照外购动力的用途,借记"工程施工""生产成本"和"管理费用"等账户,贷记"应付账款"账户。

**【例 8-4】** 甲施工企业 2×18 年 5 月 12 日收到银行转来的供应单位收费单据,支付上月电费 158 000 元。月末经计算,本月应付电费 138 400 元,其中 M 工程电费 112 100 元,生产车间 13 500 元,企业行政管理部门电费 12 800 元,款项尚未支付。不考虑相关税费,甲施工企业应编制如下会计分录:

(1) 支付外购动力费时:

借:应付账款——应付供应单位款　　　　　　　　　　　　　　　158 000
　　贷:银行存款　　　　　　　　　　　　　　　　　　　　　　158 000

(2) 月末分配外购动力费时:

借:工程施工——M 工程　　　　　　　　　　　　　　　　　　112 100
　　生产成本——辅助生产　　　　　　　　　　　　　　　　　　13 500
　　管理费用　　　　　　　　　　　　　　　　　　　　　　　 12 800
　　贷:应付账款——应付供应单位款　　　　　　　　　　　　　138 400

**【例 8-5】** 甲施工企业将一单位工程分包给外单位施工,该单位工程造价 500 000 元,增值税 45 000 元,款项尚未支付。甲施工企业应编制如下会计分录:

借:工程施工——N 工程　　　　　　　　　　　　　　　　　　500 000
　　应交税费——应交增值税(进项税额)　　　　　　　　　　　45 000
　　贷:应付账款——应付分包单位款　　　　　　　　　　　　 545 000

(三) 应付账款转销

应付账款一般在较短期限内支付,但有时由于债权单位撤销或其他原因而使应付账款无法清偿。企业应将确实无法支付的应付账款予以转销,将其账面余额计入营业外收入,借记"应付账款"账户,贷记"营业外收入"账户。

**【例 8-6】** 承[例 8-5],甲施工企业 2×18 年 12 月 31 日确定上述应付供应单位款 545 000 元无法支付,应予转销。甲施工企业应编制如下会计分录:

借:应付账款——应付分包单位款　　　　　　　　　　　　　　545 000
　　贷:营业外收入——转销无法偿付的应付账款　　　　　　　 545 000

## 二、应付票据

(一) 应付票据概述

应付票据是指企业购买材料、商品和接受劳务供应等而开出、承兑的商业汇票,包括商业承兑汇票和银行承兑汇票。

企业应通过"应付票据"账户,核算应付票据的发生、偿付等情况。该账户贷方登记开出、承兑汇票的面值,借方登记支付票据的金额,余额在贷方,反映企业尚未到期的商业汇票的票面金额。

我国商业汇票的付款期限不超过 6 个月,因此,企业应将应付票据作为流动负债管理和核算。同时,由于应付票据的偿付时间较短,在会计实务中,一般均按照开出、承兑的应付票据的面值入账。

### (二)应付票据的账务处理

企业因购买材料、商品和接受劳务供应等而开出、承兑的商业汇票,应当按其票面金额作为应付票据的入账金额,借记"材料采购""原材料""库存商品""应付账款""应交税费——应交增值税(进项税额)"等账户,贷记"应付票据"账户。

【例 8-7】 甲施工企业为增值税一般纳税人,原材料按计划成本核算。2×18 年 5 月 8 日购入原材料一批,增值税专用发票上注明的价款为 60 000 元,增值税额为 7 800 元,原材料已验收入库。该企业开出并经开户银行承兑的银行承兑汇票一张,面值 67 800 元,期限 5 个月。10 月 8 日银行承兑汇票到期,甲施工企业通知其开户银行以银行存款支付票款。甲施工企业应编制如下会计分录:

(1) 开出并承兑商业汇票购入材料时:

借:材料采购　　　　　　　　　　　　　　　　　　　　　　　60 000
　　应交税费——应交增值税(进项税额)　　　　　　　　　 7 800
　　贷:应付票据　　　　　　　　　　　　　　　　　　　　　67 800

(2) 支付商业汇票款时:

借:应付票据　　　　　　　　　　　　　　　　　　　　　　　67 800
　　贷:银行存款　　　　　　　　　　　　　　　　　　　　　67 800

### (三)应付票据核销

(1) 应付商业承兑汇票到期,如企业无力支付票款,应将应付票据按账面余额转作应付账款,借记"应付票据"账户,贷记"应付账款"账户。

(2) 应付银行承兑汇票到期,如企业无力支付票款,应将应付票据的账面余额转作短期借款,借记"应付票据"账户,贷记"短期借款"账户。

【例 8-8】 承[例 8-7],假设上述银行承兑汇票到期时甲施工企业无力支付票款。甲施工企业应编制如下会计分录:

借:应付票据　　　　　　　　　　　　　　　　　　　　　　　67 800
　　贷:短期借款　　　　　　　　　　　　　　　　　　　　　67 800

## 三、应付利息

应付利息是指企业按照合同约定应支付的利息,包括短期借款、分期付息到期还本的长期借款、企业债券等应支付的利息。

企业应通过"应付利息"账户,核算应付利息的发生、支付情况。该账户贷方登记按照合同约定计算的应付利息;借方登记实际支付的利息,期末贷方余额反映企业应付未付的利息。本账户一般应按照债权人设置明细账户进行明细核算。

企业采用合同约定的利率计算确定利息费用时,按应付合同利息金额,借记"在建工程""财务费用""研发支出"等账户,贷记"应付利息"账户;实际支付利息时,借记"应付利息"账户,贷记"银行存款"等账户。

【例8-9】 甲施工企业借入3年期到期还本、每年付息的长期借款5 000 000元,合同约定年利率为4%。甲施工企业应编制如下会计分录:

(1)每年计算确定利息费用时:

$$每年应支付的利息 = 5\,000\,000 \times 4\% = 200\,000(元)$$

借:财务费用　　　　　　　　　　　　　　　　　　　　　　　　200 000
　　贷:应付利息　　　　　　　　　　　　　　　　　　　　　　　　200 000

(2)每年实际支付利息时:

借:应付利息　　　　　　　　　　　　　　　　　　　　　　　　200 000
　　贷:银行存款　　　　　　　　　　　　　　　　　　　　　　　　200 000

## 四、预收账款

预收账款是指企业按照合同规定向发包单位、购货单位预收的款项。预收账款与应付账款同为企业短期债务,但与应付账款不同的是,预收账款所形成的负债不是以货币偿付,而是以货物清偿。

企业应通过"预收账款"账户,核算预收账款的取得、偿付等情况。该账户贷方登记发生的预收账款数额和发包单位、购货单位补付账款的数额,借方登记企业完成发包工程或向购货方发货后冲销的预收账款数额和退回发包方、购货方多付账款的数额;期末贷方余额,反映企业预收的款项,如为借方余额,反映企业尚未转销的款项。本账户设置"预收工程款"和"预收销货款"两个二级账户,并按发包单位和购货单位设置明细账户进行明细核算。

企业预收发包单位、购货单位的款项时,借记"银行存款"账户,贷记"预收账款"账户;工程完工或销售实现时,按实现的收入和应交的增值税销项税额,借记"预收账款"账户,按照实现的营业收入,贷记"工程结算"或"其他业务收入"账户,按照增值税专用发票上注明的增值税税额,贷记"应交税费——应交增值税(销项税额)"等账户;企业收到发包单位、购货单位补付的款项,借记"银行存款"账户,贷记"预收账款"账户;向购货单位退回其多付的款项,借记"预收账款"账户,贷记"银行存款"账户。

预收货款业务不多的企业,可以不单独设置"预收账款"账户,其所发生的预收货款,可通过"应收账款"账户核算。

【例8-10】 甲施工企业收到发包单位预付的工程款500 000元,同时收到抵作备料款的钢材一批,价款100 000元,应交增值税13 000元。甲施工企业应编制如下会计分录:

借:银行存款　　　　　　　　　　　　　　　　　　　　　　　　500 000
　　原材料　　　　　　　　　　　　　　　　　　　　　　　　　　100 000
　　应交税费——应交增值税(进项税额)　　　　　　　　　　　　 13 000
　　贷:预收账款——预收工程款　　　　　　　　　　　　　　　　613 000

月末，填制"工程价款结算账单"，与发包单位结算已完工程价款 800 000 元，增值税额 72 000 元，同时扣还预收的工程款和备料款，余款已通过银行收回，甲施工企业应编制如下会计分录：

(1) 结算已完工程价款时：

借：预收账款——预收工程款　　　　　　　　　　　　　　872 000
　　贷：工程结算　　　　　　　　　　　　　　　　　　　　800 000
　　　　应交税费——应交增值税(销项税额)　　　　　　　　72 000

(2) 收到工程余款时：

借：银行存款　　　　　　　　　　　　　　　　　　　　　259 000
　　贷：预收账款——预收工程款　　　　　　　　　　　　　259 000

## 第三节　应付职工薪酬

### 一、应付职工薪酬的内容

职工薪酬是指企业为获得职工提供的劳动或解除劳动关系而给予的各种形式的报酬或赔偿。职工薪酬包括短期薪酬、离职后福利、辞退福利和其他长期职工福利。企业提供给职工配偶、子女、受赡养人、已故员工遗属及其他受益人等的福利，也属于职工薪酬。

这里所称的"职工"，主要包括三类人员：一是与企业订立劳动合同的所有人员，含全职、兼职和临时职工；二是未与企业订立劳动合同，但由企业正式任命的企业治理层和管理层人员，如董事会成员、监事会成员等；三是在企业的计划和控制下，虽未与企业订立劳动合同或未由其正式任命，但向企业所提供服务与职工所提供服务类似的人员，也属于职工的范畴，包括通过企业与劳务中介公司签订用工合同而向企业提供服务的人员。

职工薪酬主要包括以下内容。

(一) 短期薪酬

短期薪酬是指企业在职工提供相关服务的年度报告期间结束后 12 个月中需要全部予以支付的职工薪酬，因解除与职工的劳动关系给予的报酬除外。短期薪酬包括：

(1) 工资，是指按照构成工资总额的计时工资、计件工资、支付给职工的超额劳动报酬和增收节支的劳动报酬、为补偿职工特殊或额外的劳动消耗和因其他特殊原因支付给职工的津贴，以及为保证职工工资水平不受物价影响支付给职工的物价补贴等。其中，企业按照短期奖金计划向职工发放的奖金属于短期薪酬，按照长期奖金计划向职工发放的奖金属于其他长期职工薪酬。

(2) 职工福利，是指企业向职工提供的生活困难补助、丧葬补助费、抚恤费、职工异地安家费、防暑降温费等职工福利支出。

(3) 医疗保险费、工伤保险费和生育保险费等社会保险费，是指企业按照国家规定的基准和比例计算,向社会保险经办机构交纳的医疗保险、工伤保险费和生育保险费。

(4) 住房公积金,是指企业按照国家规定的基准和比例计算,向住房公积金管理机构缴存的住房公积金。

(5) 工会经费,是指企业为了改善职工文化生活,用于开展工会活动的相关支出。

(6) 职工教育经费,是指企业为了职工学习先进技术和提高文化水平和业务素质,用于开展职工教育及职工技能培训等相关支出。

(7) 短期带薪缺勤,是指职工虽然缺勤但企业仍向其支付报酬的安排,包括年休假、病假、婚假、产假、丧假、探亲假等。长期带薪缺勤属于其他长期职工福利。

(8) 短期利润分享计划,是指因职工提供服务而与职工达成的基于利润或其他经营成果提供薪酬的协议。长期利润分享计划属于其他长期职工福利。

(9) 其他短期薪酬,是指除上述薪酬之外的其他未获得职工提供的服务而给予的短期薪酬。

(二) 离职后福利

离职后福利是指企业为获得职工提供的服务而在职工退休或者与企业解除劳动关系后,提供的各种形式的薪酬和福利,短期薪酬和辞退福利除外。

(三) 辞退福利

辞退福利是指企业在职工劳动合同到期之前解除与职工的劳动关系,或者为鼓励职工自愿接受裁减而给予职工的补偿。

(四) 其他长期职工福利

其他长期职工福利,是指除短期薪酬、离职后福利、辞退福利之外所有的职工薪酬,包括长期带薪缺勤、长期残疾福利、长期利润分享计划等。

## 二、应付职工薪酬核算的账户设置

企业应当设置"应付职工薪酬"账户,核算应付职工薪酬的计提、结算、使用等情况。该账户的贷方登记已分配计入有关成本费用项目的职工薪酬的数额,借方登记实际发放职工薪酬的数额,包括扣还的款项等;该账户期末贷方余额,反映企业应付未付的职工薪酬。

"应付职工薪酬"账户应当按照"工资""职工福利""非货币福利""社会保险费""住房公积金""工会经费""职工教育经费""带薪缺勤""利润分享计划""设定提存计划""设定受益计划""辞退福利"等职工薪酬项目设置明细账户进行明细核算。

## 三、应付职工薪酬的核算

企业应当在职工为其提供服务的会计期间,将实际发生的短期薪酬确认为负债,并计入当期损益,其他会计准则要求或允许计入资产成本的除外。

(一) 货币性职工薪酬

1. 职工工资、奖金、津贴和补贴

对于职工工资、奖金、津贴和补贴等货币性职工薪酬,企业应当在职工为其提供服务的会计期间,将实际发生的职工工资、奖金、津贴和补贴等根据职工提供服务的受益对象,将应确认的职工薪酬,借记"工程施工""管理费用""生产成本""研发支出"等账户,贷记"应付职工薪酬——工资"账户。

【例 8-11】 甲施工企业 2×16 年 7 月份应付工资总额为 1 426 100 元,"工资费用分配汇总表"中列示的工程施工人员工资为 851 300 元,企业管理人员工资为 209 500 元,辅助生产部门工资人员为 192 300 元,新产品试制人员工资为 173 000 元。甲施工企业应编制如下会计分录:

```
借：工程施工                                    851 300
    管理费用                                    209 500
    生产成本——辅助生产                          192 300
    研发支出                                    173 000
    贷：应付职工薪酬——工资                            1 426 100
```

实务中,企业一般在每月发放工资前,根据"工资费用分配汇总表"中的"实发金额"栏的合计数,通过开户银行支付给职工或从开户银行提取现金,然后再向职工发放。

企业按照有关规定向职工支付工资、奖金、津贴和补贴等,借记"应付职工薪酬——工资"账户,贷记"银行存款""库存现金"等账户,企业从应付职工薪酬中扣还的各种款项(代垫的家属药费、个人所得税等),借记"应付职工薪酬——工资"账户,贷记"银行存款""库存现金""其他应收款""应交税费——应交个人所得税"等账户。

【例 8-12】 承[例 8-11],甲施工企业根据"工资费用分配汇总表"结算本月应付职工工资总额 1 426 100 元,其中企业代扣职工房租 12 660 元、代垫职工家属医药费 80 000 元,实发工资 1 333 440 元。甲施工企业应编制如下会计分录:

(1) 通过银行发放工资时:

```
借：应付职工薪酬——工资                        1 333 440
    贷：银行存款                                        1 333 440
```

(2) 代扣款项时:

```
借：应付职工薪酬——工资                           92 660
    贷：其他应收款——职工房租                            12 660
                ——代垫医药费                           80 000
```

2. 职工福利费

对于职工福利费,企业应当在实际发生时根据实际发生额计入当期损益或相关资产成本,借记"工程施工""管理费用""生产成本""研发支出"等账户,贷记"应付职工薪酬——职工福利"账户。

【例 8-13】 乙企业下设一所职工食堂,每月根据在岗职工数量及岗位分布情况、相关历史经验数据等计算需要补贴食堂的金额,从而确定每期因补贴食堂需要承担的福利费金额。2×18 年 9 月,企业在岗职工总计 235 人,其中工程施工部门 170 人,管理部门 30 人,辅助生产部门 20 人,研发部门 15 人,企业的历史经验表明,每个职工每月需补贴食堂 150 元。甲施工企业应编制如下会计分录:

| | |
|---|---:|
| 借:工程施工 | 25 500 |
| 　　管理费用 | 4 500 |
| 　　生产成本——辅助生产 | 3 000 |
| 　　研发支出 | 2 250 |
| 　　贷:应付职工薪酬——职工福利 | 35 250 |

【例8-14】承[例8-13],2018年10月,甲施工企业支付35 250元补助给食堂。甲施工企业应编制如下会计分录:

| | |
|---|---:|
| 借:应付职工薪酬——职工福利 | 35 250 |
| 　　贷:银行存款 | 35 250 |

3. 国家规定计提标准的职工薪酬

对于国家规定了计提基础和计提比例的医疗保险费、工伤保险费、生育保险费等社会保险费和住房公积金,以及按规定提取的工会经费和职工教育经费,企业应当在职工为其提供服务的会计期间,根据受益对象计入当期损益或相关资产成本:借记"工程施工""管理费用""生产成本""研发支出"等账户,贷记"应付职工薪酬"账户。

【例8-15】承[例8-11],2×18年7月份,甲施工企业根据相关规定,分别按照职工工资总额的2%、1.5%的计提标准,确认应付工会经费和职工教育经费。甲施工企业应编制如下会计分录:

| | |
|---|---:|
| 借:工程施工 | 29 795.50 |
| 　　管理费用 | 7 332.50 |
| 　　生产成本——辅助生产 | 6 730.50 |
| 　　研发支出 | 6 055.00 |
| 　　贷:应付职工薪酬——工会经费 | 28 522.00 |
| 　　　　　　　　　　　——职工教育经费 | 21 391.50 |

【例8-16】2×16年7月份,丙施工企业根据相关规定,计算应向社会保险经办机构交纳职工基本医疗保险费共计199 654元,其中,应计入工程施工的金额为119 182元、企业管理费用的金额为29 330元、辅助生产部门的金额为26 922元、新产品研发成本的金额为24 220元。丙施工企业应编制如下会计分录:

| | |
|---|---:|
| 借:工程施工 | 119 182 |
| 　　管理费用 | 29 330 |
| 　　生产成本——辅助生产 | 26 922 |
| 　　研发支出 | 24 220 |
| 　　贷:应付职工薪酬——社会保险费(基本医疗保险) | 199 654 |

4. 短期带薪缺勤

对于职工带薪缺勤,企业应当根据其性质及职工享有的权利,分为累计带薪缺勤和非累计带薪缺勤两类。企业应当对累计带薪缺勤和非累计带薪缺勤分别进行会计处理。如果带薪缺勤属于长期带薪缺勤的,企业应当作为其他长期职工福利处理。

(1)累计带薪缺勤是指带薪权利可以结转下期的带薪缺勤,本期尚未用完的带薪缺勤权利可以在未来期间使用。企业应当在职工提供了服务从而增加其未来享有的带薪缺勤权利时,确认与累计带薪缺勤相关的职工薪酬,并以累计未行使权力而增加的预期支付金额计量。确认累计带薪缺勤时,借记"管理费用"等账户,贷记"应付职工薪酬——带薪缺勤——短期带薪缺勤——累计带薪缺勤"账户。

(2) 非累计带薪缺勤是指带薪权利不能结转下期的带薪缺勤,本期尚未用完的带薪缺勤权利将预计取消,并且职工离开企业时也无权获得现金中支付。我国企业职工休婚假、产假、探亲假、病假期间的工资统统属于非累计带薪缺勤权利。由于职工提供服务本身不能增加其能够享受的福利金额,企业在职工未缺勤时不应当计提相关的费用和负债。为此,企业应当在职工实际缺勤的会计期间确认与非累计带薪缺勤相关的职工薪酬。

企业确认职工享有的与非累计带薪缺勤相关的职工薪酬,视同职工出勤确认的当期损益或相关资产成本。通常情况下,与非累计带薪缺勤相关的职工薪酬已经包括在企业每期向职工发放的工资等薪酬中,因此,不必额外作相应的账务处理。

(二) 非货币性职工薪酬

企业以其自产产品作为非货币性福利发放给职工的,应当根据受益对象,按照该产品的公允价值计入相关资产成本或当期损益,同时确认应付职工薪酬,借记"工程施工""管理费用""生产成本""研发支出"等账户,贷记"应付职工薪酬——非货币性职工福利"账户。

将企业拥有的房屋等资产无偿提供给职工使用的,应当根据受益对象,将该住房每期应计提的折旧计入相关资产成本或当期损益,同时确认应支付职工薪酬,借记"工程施工""管理费用""生产成本""制造费用"等账户,贷记"应付职工薪酬——非货币性职工福利"账户,并且同时借记"应付职工薪酬——非货币性职工福利"账户,贷记"累计折旧"账户。

租赁房屋等资产供职工无偿使用的应当根据受益对象,将每期应付的租金计入相关资产或当期损益,并确认应付职工薪酬,借记"工程施工""管理费用""生产成本""研发支出"等账户,贷记"应付职工薪酬——非货币性职工福利"账户。难以确认受益对象的非货币性福利,直接计入当期损益和应付职工薪酬。

企业以自产产品作为职工薪酬发放给职工时,应确认主营业务收入,借记"应付职工薪酬——非货币性职工福利"账户,贷记"主营业务收入""应交税费——应交增值税(销项税额或进项税额转出)"等账户,同时结转相关成本。企业支付租赁房屋等资产供职工无偿使用所发生的租金,借记"应付职工薪酬——非货币性职工福利"账户,贷记"银行存款"等账户。

另外,对于设定提存计划,企业应当根据在资产负债表日为换取职工在会计期间提供的服务而应向单独主体缴存的提存金,确认为应付职工薪酬负债,并计入当期损益或相关资产成本,借记"工程施工""管理费用""生产成本""研发支出"等账户,贷记"应付职工薪酬——设定提存计划"账户。

## 第四节 应交税费

### 一、应交税费概述

企业根据税法规定,应交纳的各种税费包括增值税、消费税、城市维护建设税、资源税、企业所得税、土地增值税、房产税、车船税、城镇土地使用税、教育费附加、印花税、耕地占用税和环境保护税等。

企业通过"应交税费"账户,包括反映各种税费的应交、交纳等情况。该账户贷方登记应交纳的各种税费等,借方登记实际交纳的税费;期末余额一般在贷方,反映企业尚未交纳的税费,期末余额如在借方,反映企业多交或尚未抵扣的税费。本账户按应交的税费项目设置明细账户进行明细核算。

企业代扣代缴的个人所得税等,也通过"应交税费"账户核算,而企业交纳的印花税、耕地占用税等不需要预计应交数的税金,不通过"应交税费"账户核算。

## 二、应交增值税

### (一) 增值税核算应设置的会计账户

为了核算企业应交增值税的发生、抵扣、交纳、退税及转出等情况,增值税一般纳税人应当在"应交税费"账户下设置"应交增值税""未交增值税""预交增值税""待抵扣进项税额""待转销项税额""待认证进项税额"等明细账户。

(1) "应交增值税"明细账内设置"进项税额""销项税额抵减""已交税金""转出未交增值税""减免税款""销项税额""出口退税""进项税额转出""转出多交增值税""简易计税"等专栏。

(2) "未交增值税"明细账户,核算一般纳税人月底终了从"应交增值税"或"预交增值税"明细账户转入当月应交未交、多交或预交的增值税额,以及当月交纳以前期间未交的增值税额。

(3) "预交增值税"明细账户,核算一般纳税人转让不动产、提供不动产经营租赁服务、提供建筑服务、采用预收款方式销售自行开发的房地产项目等,按现行增值税制度规定应预交的增值税额。

(4) "待抵扣进项税额"明细账户,核算一般纳税人由于已取得增值税扣税凭证并经税务部门认证,按照现行增值税制度规定准予以后期间从销项税额中抵扣的进项税额。

(5) "待认证进项税额"明细账户,核算一般纳税人由于未取得增值税扣税凭证或未经税务机关认证而不得从当期销项税额中抵扣的进项税额。

(6) "待转销项税额"明细账户,核算一般纳税人销售货物、加工修理修配劳务、服务、无形资产或不动产,已确认相关收入(或利得)但尚未发生增值税纳税义务而需于以后期间确认为销项税额的增值税额。

### (二) 取得资产、接受应税劳务或应税行为

1. 一般纳税人购进货物、接受加工修理修配劳务或者服务、取得无形资产或者不动产

一般纳税人购进货物、接受加工修理修配劳务或者服务、取得无形资产或者不动产,按应计入相关成本费用的金额,借记"在途物资"或"原材料""库存商品""生产成本""无形资产""固定资产""管理费用"等账户,按可抵扣的增值税额,借记"应交税费——应交增值税(进项税额)"账户,按应付或实际支付的金额,贷记"应付账款""应付票据""银行存款"等账户。购进货物发生的退货,应根据税务机关开具的红字增值税专用发票编制相反的会计分录。

【例8-17】 2×17年6月5日,购入原材料一批,增值税专用发票上注明的价款为120 000元,增值税额为15 600元,材料尚未到达,全部款项已用银行存款支付。甲施工企业应编制如下会计分录:

借:在途物资 120 000
　　应交税费——应交增值税(进项税额) 15 600
　　贷:银行存款 135 600

【例8-18】 承[例8-17],6月10日,收到5日购入的原材料并验收入库,并与运输公司结清运输费用,增值税专用发票上注明的运输费用为5 000元,增值税额为450元,运输费用和增值税额已用转账支票付讫。甲施工企业应编制如下会计分录:

借:原材料 125 000
　　应交税费——应交增值税(进项税额) 450
　　贷:银行存款 5 450
　　　　在途物资 120 000

2. 货物等已验收入库尚未取得增值税扣款凭证

企业购进的货物等已到达并已验收入库,但尚未收到增值税扣税凭证的,应按货物清单或相关合同协议上的价格暂估入账。按应计入相关成本费用的金额,借记"原材料""库存商品""无形资产""固定资产"等账户,按未来可抵扣的增值税,借记"应交税费——待认证进项税额"账户,按应付或实际支付的金额,贷记"应付账款""应付票据""银行存款"等账户。待取得相关增值税扣款凭证并经认证后,借记"应交税费——应交增值税(进项税额)"账户或"应交税费——待抵扣进项税额"账户,贷记"应交税费——待认证进项税额"账户。

【例8-19】 2016年6月25日,甲施工企业购进原材料一批已验收入库,但尚未收到增值税扣税凭证,款项也未支付。随货材料清单列明原材料销售价款为260 000元,估计未来可抵扣的增值税额为33 800元。甲施工企业应编制如下会计分录:

借:原材料 260 000
　　应交税费——待认证进项税额 33 800
　　贷:应付账款——暂估应付账款 293 800

7月5日,取得相关增值税专用发票上注明的价款为260 000元,增值税为33 800元,增值税专用发票已认证。全部款项以银行存款支付。甲施工企业应编制如下会计分录:

借:应付账款——暂估应付账款 301 600
　　应交税费——应交增值税(进项税额) 33 800
　　贷:应交税费——待认证进项税额 33 800
　　　　银行存款 301 600

3. 进项税额转出

企业已单独确认进项税额的购进货物、加工修理修配劳务或服务、无形资产或者不动产但其事后改变用途,或发生非正常损失,企业应将记入"应交税费——应交增值税(进项税额)"账户的金额转入"应交税费——应交增值税(进项税额转出)"账户。

【例8-20】 甲施工企业因管理不善发生意外火灾损失,有关增值税专用发票注明的材料成本为 60 000 元,增值税额为 7 800 元。企业将损毁库存材料作为待处理财产损溢入账。甲施工企业应编制如下会计分录:

　　借:待处理财产损溢——待处理流动资产损溢　　　　　　　　　　　67 800
　　　　贷:原材料　　　　　　　　　　　　　　　　　　　　　　　　60 000
　　　　　　应交税费——应交增值税(进项税额转出)　　　　　　　　　7 800

(三)销售货物、提供应税劳务、发生应税行为

1. 销售货物、提供加工修理修配劳务、销售服务、无形资产或不动产

企业应当按应收或已收的金额,借记"应收账款""应收票据""银行存款"等账户,按取得的收入金额,贷记"主营业务收入""其他业务收入""固定资产清理"等账户,按现行增值税制度规定计算的销项税额(或采用简易计税方法计算的应纳增值税额),贷记"应交税费——应交增值税(销项税额或简易计税)"账户。

【例8-21】 甲施工企业销售产品一批,增值税专用发票上注明的价款为 500 000 元,增值税额为 65 000 元,提货单和增值税专用发票已交给买方,款项尚未收到。甲施工企业应编制如下会计分录:

　　借:应收账款　　　　　　　　　　　　　　　　　　　　　　　　565 000
　　　　贷:其他业务收入　　　　　　　　　　　　　　　　　　　　500 000
　　　　　　应交税费——应交增值税(销项税额)　　　　　　　　　　65 000

2. 视同销售

企业有些交易和事项从会计角度看不属于销售行为,不能确定销售收入,但按照税法规定,应视同对外销售处理,计算应交增值税。视同销售需要交纳增值税的事项有:企业将资产或委托加工的物资用于非应税项目、集体福利或个人消费,将资产、委托加工的货物作为投资、分配给股东或投资者、无偿赠送给他人等。在有些情况下,企业应当根据视同销售的具体内容,按照现行增值税制度规定计算的销项税额(或采用简易计税方法计算的应纳增值税),借记"在建工程""长期股权投资""应付职工薪酬""营业外支出"等账户,贷记"应交税费——应交增值税(销项税额或简易计税)"账户等。

【例8-22】 2×16 年 6 月 10 日,甲施工企业将自己生产的产品用于自营工程。该批产品的成本为 180 000 元,计税价格为 250 000 元。甲施工企业应编制如下会计分录:

　　借:在建工程　　　　　　　　　　　　　　　　　　　　　　　　180 000
　　　　贷:库存商品　　　　　　　　　　　　　　　　　　　　　　180 000

(四)交纳增值税

企业交纳当月应交的增值税,借记"应交税费——应交增值税(已交税金)"账户,贷记"银行存款"账户;企业交纳以前期间未交的增值税,借记"应交税费——未交增值税"账户,贷记"银行存款"账户。

【例8-23】 承[例8-17]至[例8-22],2×16 年 6 月份发生销项税额合计为 65 000 元,进项税额转出为 7 800 元,进项税额合计为 49 850 元,当月交纳增值税为 20 000 元,甲施工企业应编制如下会计分录:

应交纳增值税 = 65 000 + 7 800 - 49 850 = 22 950(元)

借：应交税费——应交增值税(已交税金)　　　　　　　　　　　　　　20 000
　　贷：银行存款　　　　　　　　　　　　　　　　　　　　　　　　　　　20 000

### (五)月末转出多交和未交增值税

月度终了，企业应当将当月应交未交或多交的增值税自"应交增值税"明细账户转入"未交增值税"明细账户。对于当月应交未交或多交的增值税，借记"应交税费——应交增值税(转出未交增值税)"账户，贷记"应交税费——未交增值税"账户；对于当月多交的增值税，借记"应交税费——未交增值税"账户，贷记"应交税费——应交增值税(转出多交增值税)"账户。

**【例8-24】** 承[例8-23]，月末，甲施工企业将尚未交纳的其余增值税2 950元转账，甲施工企业应编制如下会计分录：

借：应交税费——应交增值税(转出未交增值税)　　　　　　　　　　2 950
　　贷：应交增值税——未交增值税　　　　　　　　　　　　　　　　　2 950

7月5日，甲施工企业交纳6月未交增值税2 950元，甲施工企业应编制如下会计分录：

借：应交税费——未交增值税　　　　　　　　　　　　　　　　　　　2 950
　　贷：银行存款　　　　　　　　　　　　　　　　　　　　　　　　　　2 950

需要指出的是，企业购入材料等不能取得增值税专用发票的，发生的增值税应计入材料采购成本，借记"材料采购""在途物资""原材料"等账户，贷记"银行存款"等账户。

## 三、其他应交税费

其他应交税费是指除上述应交增值税以外的其他应上缴国家的税费，包括应交资源税、应交土地增值税、应交所得税、应交房产税、应交土地增值税、应交车船税、应交矿产资源补偿费、应交环境保护税、应交个人所得税等。企业应当在"应交税费"账户下设置相应的明细账户进行核算，贷方登记应交纳的有关税费，借方登记已交纳的有关税费，期末贷方余额反映尚未交纳的有关税费。

### (一)应交城市维护建设税

城市维护建设税是以增值税和消费税为计税基础征收的一种税。其纳税人为交纳增值税和消费税的单位和个人，以纳税人实际交纳的增值税和消费税额为计税基础，并分别与两项税金同时交纳。税率因纳税人所在地不同从1%~7%不等。公式为：

$$应纳税额 = (应交增值税 + 应交消费税) \times 适用税率$$

企业按规定计算出应交纳的城市维护建设税，借记"税金及附加"等账户，贷记"应交税费——应交城市维护建设税"账户。交纳城市维护建设税，借记"应交税费——城市维护建设税"账户，贷记"银行存款"账户。

**【例8-25】** 甲施工企业2×18年6月份实际应交增值税510 000元，适用的城市维护建设税税率为7%。甲施工企业应编制如下会计分录：

(1) 计算应交城市维护建设税：

$$应交城市维护建设税 = 510 000 \times 7\% = 35 700(元)$$

| 借：税金及附加 | 35 700 | |
|---|---|---|
| 　　贷：应交税费——应交城市维护建设税 | | 35 700 |

（2）用银行存款上交城市维护建设税：

| 借：应交税费——应交城市维护建设税 | 35 700 | |
|---|---|---|
| 　　贷：银行存款 | | 35 700 |

### （二）应交教育费附加

教育费附加是为了发展教育事业面向企业征收的附加费用，企业按应交流转税的一定比例进行交纳。企业按规定计算出应交纳的教育费附加，借记"税金及附加"等账户，贷记"应交税费——应交教育费附加"账户。交纳教育费附加，借记"应交税费——应交教育费附加"账户，贷记"银行存款"账户。

**【例 8-26】** 甲施工企业 2×18 年 6 月份实际应交增值税 510 000 元，适用的教育费附加税率为 3%。甲施工企业应编制如下会计分录：

（1）计算应交教育费附加时：

$$应交教育费附加 = 510\ 000 \times 3\% = 15\ 300(元)$$

| 借：税金及附加 | 15 300 | |
|---|---|---|
| 　　贷：应交税费——应交教育费附加 | | 15 300 |

（2）用银行存款上交教育费附加时：

| 借：应交税费——应交教育费附加 | 15 300 | |
|---|---|---|
| 　　贷：银行存款 | | 15 300 |

### （三）应交个人所得税

企业职工按规定应交纳的个人所得税通常由单位代扣代缴。企业按规定计算的代扣代缴的职工个人所得税，借记"应付职工薪酬"账户，贷记"应交税费——应交个人所得税"账户；企业交纳个人所得税时，借记"应交税费——应交个人所得税"账户，贷记"银行存款"等账户。

**【例 8-27】** 甲施工企业结算本月应付职工工资总额 300 000 元，按税法规定应代扣代缴的个人所得税共计 3 000 元，实发工资 297 000 元。甲施工企业应编制如下会计分录：

（1）代扣个人所得税时：

| 借：应付职工薪酬——工资 | 3 000 | |
|---|---|---|
| 　　贷：应交税费——应交个人所得税 | | 3 000 |

（2）交纳个人所得税时：

| 借：应交税费——应交个人所得税 | 3 000 | |
|---|---|---|
| 　　贷：银行存款 | | 3 000 |

其他税费施工企业涉及的较少，这里就不作介绍了。

## 第五节　应付股利及其他应付款

### 一、应付股利

应付股利是指企业根据股东大会或类似机构审议批准的利润分配方案确定分配给投资者的现金股利或利润。企业通过"应付股利",核算企业确定或宣告支付但尚未支付的现金股利或利润。该账户贷方登记应支付的现金股利或利润,借方登记实际支付的现金股利或利润;期末贷方余额反映企业应付未付的现金股利或利润。本账户应按照投资者设置明细账户进行明细核算。

企业根据股东大会或类似机构审议批准的利润分配方案,确认应付给投资者的现金股利或利润时,借记"利润分配——应付现金股利或利润"账户,贷记"应付股利"账户;向投资者实际支付现金股利或利润时,借记"应付股利"账户,贷记"银行存款"等账户。

【例 8-28】　M 有限责任公司有甲、乙、丙三个股东,分别占注册资本的 30%、30%、40%。2×16 年度该公司实现净利润 8 000 000 元,经过股东大会批准,决定 2×17 年分配股利 5 000 000 元,股利已用银行存款支付。M 有限责任公司应编制如下会计分录:

(1) 确认应付投资者利润时:

$$甲股东应分配的股利 = 5\,000\,000 \times 30\% = 1\,500\,000(元)$$
$$乙股东应分配的股利 = 5\,000\,000 \times 30\% = 1\,500\,000(元)$$
$$丙股东应分配的股利 = 5\,000\,000 \times 40\% = 2\,000\,000(元)$$

借：利润分配——应付现金股利或利润　　　　　　　　　5 000 000
　　贷：应付股利——甲股东　　　　　　　　　　　　　　1 500 000
　　　　　　　　——乙股东　　　　　　　　　　　　　　1 500 000
　　　　　　　　——丙股东　　　　　　　　　　　　　　2 000 000

(2) 支付投资者利润时:

借：应付股利——甲股东　　　　　　　　　　　　　　　1 500 000
　　　　　　——乙股东　　　　　　　　　　　　　　　1 500 000
　　　　　　——丙股东　　　　　　　　　　　　　　　2 000 000
　　贷：银行存款　　　　　　　　　　　　　　　　　　　5 000 000

此外,需要说明的是,企业董事会或类似机构通过的利润分配方案中拟分配的现金股利或利润,不需要进行账务处理,但应在附注中披露。企业分配的股票股利不通过"应付股利"账户核算。

### 二、其他应付款

其他应付款是指企业应付票据、应付账款、预收账款、应付职工薪酬、应交税费、应付股利等经营活动以外的其他各项应付、暂收的款项。如应付经营租赁固定资产租金、租入包装物租金、存入保证金等。企业应通过"其他应付款"账户,核算其他应付款的增减变动及其结存情况。该账户贷方登记发生的各种应付、暂收款项;借方登记偿还或转销的各种应付、暂收款项;该账户期末贷方余额,反映企业应付未付的其他应付款项。本账户按照其他应付款的项目和对方单位(或个人)设置明细账户进行明细核算。

企业发生其他应付、暂付款项时,借记"管理费用"等账户,贷记"其他应付款"账户;支付或退回其他各种应付、暂收款项时,借记"其他应付款"账户,贷记"银行存款"等账户。

**【例 8-29】** 甲施工企业从 2×18 年 4 月 1 日起,以经营租赁的方式租入施工机械一批,用于 N 工程,每月租金为 12 000 元,每半年支付一次。9 月 30 日,甲施工企业以银行存款支付应付租金 72 000 元。甲施工企业应编制如下会计分录:

(1) 4 月份计提应付经营租赁租入施工机械租金时:

借:工程施工——N 工程　　　　　　　　　　　　　　　　　　　12 000
　　贷:其他应付款　　　　　　　　　　　　　　　　　　　　　　　　12 000

5 月份、6 月份、7 月份和 8 月份计提经营租入施工机械租金的会计处理如上。

(2) 9 月 30 日,支付租金时:

借:其他应付款　　　　　　　　　　　　　　　　　　　　　　　60 000
　　工程施工——N 工程　　　　　　　　　　　　　　　　　　　　12 000
　　贷:银行存款　　　　　　　　　　　　　　　　　　　　　　　　　72 000

## 第六节　长期借款

### 一、长期借款概述

长期借款是指企业向银行或其他金融机构借入的期限在 1 年以上(不含 1 年)的各种借款。就长期借款的用途来讲,企业一般用于固定资产的购建、改扩建工程、大修理工程、对外投资以及为了保持长期经营能力等方面的需要。与短期借款相比,长期借款除数额大、偿还期限较长以外,其借款的利息需要根据权责发生制的需要,按期预提计入所构建资产的成本或直接计入当期财务费用。由于长期借款的期限较长,至少是在 1 年以上,因此,在资产负债表非流动负债项目中列示。

由于长期借款的使用关系到企业的生产经营规模和效益,因此,必须加强管理与核算。企业除了要遵守有关的贷款规定,编制借款计划并要有不同形式的担保外,还应监督借款的使用、按期支付长期借款的利息以及按规定的期限归还借款本金等。因此,长期借款会计处理的基本要求是核算和监督长期借款的借入、借款利息的结算和借款本息的归还情况,促使企业遵守信贷纪律,提高信用等级,同时要确保长期借款发挥效益。

### 二、长期借款的账务处理

企业应通过"长期借款"账户,核算长期借款的借入、归还等情况。该账户的贷方登记长期借款本息的增加额;借方登记本息的减少额;贷方余额表示企业尚未偿还的长期借款。本账户可按照贷款单位和贷款种类设置明细账,分别"本金""应计利息""利息调整"等进行明细核算。

长期借款账务处理的内容主要包括取得长期借款、确认利息以及归还长期借款。

(一)长期借款取得与使用

企业借入长期借款,应按实际收到的金额,借记"银行存款"账户,贷记"长期借款——本金"账户;如存在差额,还应借记"长期借款——利息调整"账户。

【例8-30】 甲施工企业为增值税一般纳税人,于2×17年1月1日从银行借入资金5 000 000元,借款期限为2年,借款年利率为4.8%,到期一次还本付息,不计复利,所借款项存入银行。甲施工企业用该借款购入一台不需要安装的设备,价款4 200 000元,增值税额为546 000元,另支付其他费用6 000元,设备已于当日投入使用。甲施工企业应编制如下会计分录:

(1)取得借款时:

借:银行存款              5 000 000
  贷:长期借款——本金          5 000 000

(2)支付设备款及其他费用时:

固定资产入账价值=4 200 000+6 000=4 206 000(元)

借:固定资产              4 206 000
  应交税费——应交增值税(进项税额)    546 000
  贷:银行存款             4 752 000

(二)长期借款利息的确认

长期借款利息费用应当在资产负债表日按照实际利率法计算确定,实际利率与合同利率差异较小的,也可以采用合同利率计算确定利息费用。长期借款按合同利率计算确定的应付未付利息,如果属于分期付息的,记入"应付利息"账户,如果属于到期一次还本付息的,记入"长期借款——应计利息"账户。

长期借款计算确定的利息费用,应当按以下原则计入有关成本、费用:属于筹建期间的,计入管理费用;属于生产经营期间的,如果长期借款用于构建固定资产等符合资本化条件的资产,在资产尚未达到预定可使用状态前,所发生的利息支出数应当资本化,计入在建工程等相关资产成本;资产达到预定可使用状态后发生的利息支出,以及按规定不予资本化的利息支出,计入财务费用。发生借款利息时,借记"在建工程""财务费用""研发支出"等账户,贷记"应付利息"或"长期借款——应计利息"账户。

【例8-31】 承[例8-30],甲施工企业于2×17年1月31日计提长期借款利息。甲施工企业应编制如下会计分录:

计提的长期借款利息=5 000 000×4.8%÷12=20 000(元)

借:财务费用              20 000
  贷:长期借款——应计利息        20 000

2×17年2月份至2×17年12月每月末预提利息分录如上。

### (三) 长期借款归还

企业归还长期借款本金时,应按归还的金额,借记"长期借款——本金"账户,贷记"银行存款"账户;按归还的利息,借记"应付利息"或"长期借款——应计利息"账户,贷记"银行存款"账户。

**【例 8-32】** 承[例 8-30]和[例 8-31],甲施工企业于 2×18 年 12 月 31 日,偿还这笔银行借款本息。甲施工企业应编制如下会计分录:

$$应计利息 = 5\,000\,000 \times 4.8\% \div 12 \times 24 = 480\,000(元)$$

借:长期借款——本金　　　　　　　　　　　　　　　5 000 000
　　　　　　——应计利息　　　　　　　　　　　　　　480 000
　　贷:银行存款　　　　　　　　　　　　　　　　　　5 480 000

## 第七节　应付债券

### 一、应付债券概述

应付债券是指企业为筹集(长期)资金而发行的债券。通过发行债券取得的资金,构成企业一项非流动负债,企业会在未来某一特定日期按债券所记载的利率、期限等约定还本付息。

企业债券发行价格的高低一般取决于债券票面金额、债券票面利率、发行当时的市场利率以及债券期限的长短等因素。债券发行有面值发行、溢价发行和折价发行三种情况。企业债券按其面值价格发行,称为面值发行;以低于债券面值价格发行,称为折价发行;以高于债券面值发行,则称为溢价发行。债券溢价或折价不是债券发行企业的收益或损失,而是发行债券企业在债券存续期间内对利息费用的一种调整。

### 二、应付债券的账务处理

企业应通过设置"应付债券"账户,核算应付债券发行、计提利息、还本付息等情况。该账户贷方登记应付债券的本金和利息;借方登记归还的债券本金和利息;期末贷方余额表示企业尚未偿还的长期债券。本账户可按"面值""利息调整""应计利息"等账户设置明细账户进行明细核算。

企业应当设置"企业债券备查簿",详细登记每一企业债券的票面金额、债券票面利率、还本付息期限与方式、发行总额、发行日期和编号、委托代售单位、转换股份等资料。企业债券到期结清时,应当在备查簿内逐笔注销。

应付债券有面值发行、溢价发行和折价发行三种会计处理方法,本书只讲解债券按面值发行的会计处理。

#### (一) 发行债券

企业按面值发行债券时,应按实际收到的金额,借记"银行存款"等账户,按债券票面金额,贷记"应付债券——面值"账户;存在差额的,还应借记或贷记"应付债券——利息调整"账户。

【例8-33】 甲施工企业于2×16年10月1日发行五年期、到期一次还本付息、年利率为6%(不计复利)、发行面值总额为50 000 000元的债券,假定年利率等于实际利率。按债券面值发行,甲施工企业应编制如下会计分录:

借:银行存款                                                    50 000 000
    贷:应付债券——面值                                         50 000 000

（二）债券利息的确认

发行长期债券的企业,应按期计提利息。对于按面值发行的债券,在每期采用票面利率计算计提利息时,应当按照与长期借款相一致的原则计入有关成本费用,借记"在建工程""工程施工""财务费用""研发支出"等账户,其中,对于分期付息、到期一次还本的债券,其按票面利率计算确定的应付未付利息通过"应付利息"账户核算,对于一次还本付息的债券,其按票面利率计算确定的应付未付利息通过"应付债券——应计利息"账户核算。应付债券按实际利率(实际利率与票面利率差异较小时也可按票面利率)计算确定的利息费用,应按照与长期借款一致的原则计入有关成本、费用。

【例8-34】 承[例8-33],甲施工企业发行债券所筹资金于当日建造固定资产,至2×16年12月31日工程尚未完工,计提本年长期债券利息。企业按照《企业会计准则第17号——借款费用》的规定,将该期债券产生的实际利息全部资本化。甲施工企业应编制如下会计分录:

每月应计提的债券利息 = 50 000 000×6%÷12 = 250 000(元)
2×16年应计提的债券利息 = 250 000×3 = 750 000(元)

借:在建工程                                                    750 000
    贷:应付债券——应计利息                                     750 000

（三）债券还本付息

长期债券到期,企业支付债券利息时,借记"应付债券——面值"和"应付债券——应计利息""应付利息"等账户,贷记"银行存款"等账户。

【例8-35】 承[例8-33]和[例8-34],2021年9月30日,甲施工企业偿还债券本金和利息。甲施工企业应编制如下会计分录:

长期债券应计提的利息=250 000×60=15 000 000(元)

借:应付债券——面值                                             50 000 000
        ——应计利息                                             15 000 000
    贷:银行存款                                                 65 000 000

# 第八节 长期应付款

长期应付款是指企业除长期借款和应付债券以外的其他各种长期应付款项,包括应付融资租入固定资产的租赁费,以分期付款方式购入固定资产发生的应付款项等。长期应付款除具有长期负债的一般特点外,还具有款项主要形成固定资产并分期付款的特点。

企业应设置"长期应付款"账户,核算企业融资租入固定资产和以分期付款方式购入固定资产时应付的款项及偿还情况。该账户贷方登记应付的长期应付款项;借方登记偿还的长期应付款项;期末贷方余额反映企业应付未付的长期应付款项。本账户可按长期应付款的种类和债权人设置明细科目进行明细核算。

### 一、应付融资租赁款

应付融资租赁款是指企业融资租入固定资产而形成的非流动负债。

企业融资租入的固定资产,在租赁有效期内,其所有权仍归出租方,但承租人获得租赁资产的实际控制权,享有了资产在有效使用期限内所带来的各种经济利益,同时,作为取得这项权利的代价,需要支付大致相等于该项资产的公允价值的金额,这些款项在支付前,构成了应付融资租赁款。

融资租入固定资产时,在租赁开始日,按应计入固定资产成本的金额(租赁开始日租赁资产的公允价值与最低租赁付款额现值两者中较低者,加上初始直接费用),借记"在建工程"或"固定资产"账户,按最低租赁付款额,贷记"长期应付款"账户,按发生的初始直接费用,贷记"银行存款"等账户,按其差额,贷记"未确认融资费用"账户。

在融资租赁下,承租人向出租人支付的租金中,包含了本金和利息两部分,承租人支付租金时,一方面应减少长期应付款,另一方面应将未确认的融资费用,在租赁期内各个期间按一定的方法确认为当期融资费用。企业应当采用实际利率法计算确认当期的融资费用。

### 二、具有融资性质的延期付款

企业购买资产有可能延期支付有关价款。如果延期支付的购买价款超过正常信用条件,实际上具有融资性质的,所购资产的成本应当以延期支付购买价款的现值为基础确定。实际支付的价款与购买价款的现值之间的差额,应当在信用期内采用实际利率法进行摊销,计入相关资产成本或当期损益。具体来说,企业购入资产超过正常信用条件延期付款实际上具有融资性质时,应按购买价款的现值,借记"固定资产""在建工程"等账户,按应支付的价款总额,贷记"长期应付款"账户,按其差额,借记"未确认融资费用"账户。企业在信用期间内采用实际利率法摊销未确认融资费用,应按摊销额,借记"在建工程""财务费用"等账户,贷记"未确认融资费用"账户。

---

**复习思考题**

1. 什么是短期借款?什么是长期借款?其利息费用如何进行账务处理?
2. 什么是应付职工薪酬?应付职工薪酬包括哪些内容?如何进行账务处理?
3. 什么是应付账款?什么是应付票据?
4. "应交税费"账户核算的内容有哪些?如何进行账务处理?
5. 债券发行价格有哪几种?债券利息有哪几种计息方法?应付债券利息如何进行账务处理?

## 实训练习题

### 练习题一

（一）目的：练习流动负债的核算。

（二）资料：乙施工企业为增值税一般纳税人，2×18年6月份发生如下经济业务：

（1）向银行借入期限为9个月，利率为6%的短期借款50万元，已存入企业银行账户，采取到期还本付息的方式还款。

（2）购入钢管一批，增值税专用发票上注明的价款为500 000元，增值税额为65 000元，另外对方代垫包装费3 000元。现金折扣的条件为：2/10，企业在第8天付款。

（3）购入镀锌管一批，增值税专用发票上注明的价款为100 000元，增值税额为13 000元，另支付运杂费2 000元，企业签发一张期限为3个月商业承兑汇票。

（4）上述票据到期，乙企业无款支付。

（5）2×18年7月份应付工资总额为1 000 000元，其中工程施工人员工资为800 000元，企业管理人员工资为100 000元，辅助生产部门人员工资为50 000元，新产品试制人员工资为50 000元。

（6）结算本月应付职工工资总额1 000 000元，其中企业代扣职工房租10 000元、代垫职工家属医药费50 000元，实发工资940 000元。

（7）分别按照职工工资总额的2%、1.5%的计提标准，计提应付工会经费和职工教育经费。

（8）向投资者分配并支付现金股利，甲、乙、丙分别应分得股利60 000元、30 000元、10 000元。

（三）要求：根据上述资料编制会计分录。

### 练习题二

（一）目的：练习非流动负债的核算。

（二）资料：

（1）乙企业因建造厂房需要，向银行借入长期借款1 000 000元，利率6%、期限5年、复利计息、到期还本付息。1年后完工并交付使用。

（2）乙企业因建造办公楼需要，发行5年期、到期一次还本付息、年利率为6.6%（不计复利）、面值总额为10 000 000元的债券，平价发行，办公大楼于第二年年末建成，第一、第二年分别支付工程款6 000 000元、4 000 000元，并办理竣工手续。

（三）要求：根据上述资料编制会计分录。

# 第九章 所有者权益

课程思政

**案例研究：** 可转换可赎回优先股——负债和所有者权益之间的"缓冲层"

可转换可赎回优先股作为一种复合式金融工具，被视为"最像负债的权"或者"最像权益的债"，相当于负债和所有者权益之间的一个"缓冲层"。

小米集团以手机、智能硬件和 LOT 平台为业务核心，2010—2017 年共发行了 17 轮可转换可赎回优先股，融资金额超过 100 亿元人民币。但小米集团的财务报表显示 2015—2017 年分别亏损 76 亿元、4.9 亿元和 439 亿元，主要原因就是小米集团将资产负债表中的可转换可赎回优先股指定为负债而不是所有者权益，导致小米公司呈现出一幅巨额亏损、资不抵债、濒临倒闭的景象。但如果将这部分优先股作为所有者权益，2017 年小米集团将会形成近 54 亿元的实际盈利。因此，优先股夹在负债和权益之间所具有的双重性质及其对企业财务状况的影响是显而易见的。

类似可转换可赎回优先股这种"缓冲层"式的金融工具可以发挥更加积极的作用，如国家金融资产管理公司。当年国有企业经营亏损、负债沉重，甚至连银行利息也难以支付。为使企业脱困，由国家金融资产管理公司收购银行的不良资产，把原来银行与企业间的债权、债务关系，转变为金融资产管理公司与企业间的股权、产权关系，实施"债转股"。债权转为股权后，企业无须还本付息，减少成本费用、降低还款压力，改善了资产负债水平。国家金融资产管理公司成为企业阶段性持股的股东，依法行使股东权利，在企业经济状况好转以后，通过资产重组、上市、转让或企业回购等形式回收资金，退出相应股权。这确实解决了众多企业与银行之间的紧张关系，帮助企业走出困境。从企业财务会计角度看，这就是一个账面"游戏"，但却产生了良好的实效。

（高敏雪，张思敏.话说负债与所有者权益之间的界限：从企业资产负债表到国民资产负债表[J].中国统计,2018(08):35-37.）

所有者权益是指企业资产扣除负债后由所有者享有的剩余权益。公司所有者权益又称为股东权益。所有者权益具有以下特征：①除非发生减资、清算或分派现金股利，企业不需要偿还所有者权益；②企业清算时，只有在清偿所有的负债后，所有者权益才返还给所有者；③所有者凭借所有者权益能够参与企业利润的分配。

## 第一节 实收资本

### 一、实收资本概述

实收资本是指企业按照章程规定或合同、协议约定，接受投资者投入企业的资本。实收资本的构成比例或股东的股份比例，是确定所有者在企业所有者权益中份额的基础，也是企业进行利润分配或股利分配的主要依据。

我国《公司法》规定，股东可以用货币出资，也可以用实物、知识产权、土地使用权等可以用货币估价并可以依法转让的非货币财产作价出资；但是，法律行政法规规定不得作为出资的财产除外。企业应当对作为出资的非货币资产评估作价，核实财产，不得高估或者低估作价。法律、行政法规对评估作价有规定的，从其规定。全体股东的货币出资金额不得低于有限责任公司注册资本的30%，不论以何种方式出资，投资者如在投资过程中违反投资合约或协议规定，不按规定如期缴足出资额，企业可以依法追究投资者的违约责任。

企业收到投资者投入的资本后，应根据有关原始凭证(如投资清单、银行通知单等)，分别不同的出资方式进行会计处理。

### 二、实收资本的账务处理

（一）接受现金资产投资

1. 股份有限公司以外的企业接受现金资产投资

【例9-1】 甲、乙、丙、丁共同投资设立S有限责任公司，注册资本为5 000 000元，甲乙丙持股比例分别为45%、25%、20%、10%。按照公司章程规定，甲、乙、丙、丁投入资本分别为2 250 000元、1 250 000元、1 000 000元和500 000元。S有限责任公司已如期收到各投资者一次缴足的款项。S有限责任公司应编制如下会计分录：

借：银行存款　　　　　　　　　　　　　　　　　5 000 000
　　贷：实收资本——甲　　　　　　　　　　　　　2 250 000
　　　　　　——乙　　　　　　　　　　　　　　　1 250 000
　　　　　　——丙　　　　　　　　　　　　　　　1 000 000
　　　　　　——丁　　　　　　　　　　　　　　　　500 000

实收资本的构成比例即投资者的出资比例或股东的股份比例，通常是确定所有者在企业所有者权益中所占的份额和参与企业生产经营决策的基础，也是企业进行利润分配或股利分配的依据，同时还是企业清算时确定所有者对净资产的要求权的依据。

## 2. 股份有限公司接受现金资产投资

股份有限公司发行股票时,既可以按面值发行股票,也可以溢价发行(我国目前不允许折价发行)。股份有限公司在核定的股本总额及核定的股份总额的范围内发行股票时,应在实际收到现金资产时进行会计处理。

【例9-2】 T股份有限公司发行普通股10 000 000股,每股面值1元,每股发行价格为10元,假定股票发行成功,股款100 000 000元已全部收到,不考虑发行过程中的税费问题。根据上述资料。T股份有限公司应编制如下会计分录:

应记入"资本公积"账户的金额 = 100 000 000 − 10 000 000 × 1 = 90 000 000(元)

借:银行存款　　　　　　　　　　　　　　　　　　　　　　　100 000 000
　　贷:股本　　　　　　　　　　　　　　　　　　　　　　　　　10 000 000
　　　　资本公积——股本溢价　　　　　　　　　　　　　　　　　90 000 000

本例中,T股份有限公司发行股票实际收到的价款为100 000 000元,应借记"银行存款"账户;实际发行的股票面值总额为10 000 000元,应贷记"股本"账户,按其差额,贷记"资本公积——股本溢价"账户。

### (二) 接受非现金投资

#### 1. 接受投入固定资产

企业接受投资者作价投入的房屋、建筑物、机器设备等固定资产,应按投资合同或协议约定价值确定固定资产价值(但投资合同或协议约定价值不允许的除外)和在注册资本中享有的份额。

【例9-3】 A公司设立时收到B公司作为资本投入的不需要安装的机器设备一台,合同规定该机器设备的价值为2 000 000元,增值税进项税额为260 000元(由投资方支付税款,并提供或开具增值税专用发票)。经约定,A公司接受乙公司的投入资本为2 260 000元。合同约定的固定资产与公允价值相符,不考虑其他因素。A公司应编制如下会计分录:

借:固定资产　　　　　　　　　　　　　　　　　　　　　　　2 000 000
　　应交税费——应交增值税(进项税额)　　　　　　　　　　　　260 000
　　贷:实收资本——B公司　　　　　　　　　　　　　　　　　　2 260 000

本例中该项固定资产合同约定的价值与公允价值相符,A公司接受B公司投入的固定资产按合同约定金额与增值税进项税额作为实收资本,因此,按2 260 000元的金额贷记"实收资本"账户。

#### 2. 接受投入材料物资

企业接受投资者作价投入的材料物资,应按投资合同或协议约定材料物资价值(但投资合同或协议约定价值不允许的除外)和在注册资本中享有的份额。

【例9-4】 A公司设立时收到C公司作为资本投入的原材料一批,该批材料投资合同为1 000 000元,增值税进项税额为130 000元。假设合同约定的价值与公允价值相符,不考虑其他因素,原材料按实际成本进行日常核算,A公司应编制如下会计分录:

借:原材料　　　　　　　　　　　　　　　　　　　　　　　　1 000 000
　　应交税费——应交增值税(进项税额)　　　　　　　　　　　　130 000
　　贷:实收资本——C公司　　　　　　　　　　　　　　　　　　1 130 000

本例中,原材料的合同约定的价值与公允价值相符,甲施工企业接受丙公司投入的原材料按合同约定金额与增值税进项税额作为实收资本,因此,按 1 130 000 元的金额贷记"实收资本"账户。

3. 接受投入无形资产

企业收到以无形资产方式投入的资本,应按投资合同或协议约定价值确定无形资产价值(但投资合同或协议约定价值不允许的除外)和在注册资本中享有的份额。

【例 9-5】 A 公司设立时收到 D 公司作为资本投入的非专利技术一项,该非专利技术协议约定价值为 80 000 元。同时收到 E 公司作为资本投入的土地使用权一项,该土地使用权约定价值为 60 000 元。假设 A 公司接受该非专利技术和土地使用权符合国家注册资本管理的有关规定,可按合同约定作实收资本入账,合同约定的价值与公允价值相符,不考虑其他因素,A 公司应编制如下会计分录:

借:无形资产——非专利技术　　　　　　　　　　　　　　　　80 000
　　　　　　——土地使用权　　　　　　　　　　　　　　　　60 000
　　贷:实收资本——D 公司　　　　　　　　　　　　　　　　80 000
　　　　　　　——E 公司　　　　　　　　　　　　　　　　60 000

本例中,非专利技术与土地使用权的合同约定的价值与公允价值相符,因此,可按 60 000 元和 80 000 元的金额贷记"实收资本"账户。

### (三)实收资本(或股本)的增减变动

一般情况下,企业的实收资本应相对固定不变,但在某些特定情况下,实收资本也可能发生增减变化,我国企业法人登记管理条例规定,除国家另有规定外,企业的注册资金应当与实收资本相一致,当实收资本比原注册资金增加或减少的幅度大于 20% 时,应持资金使用证明或者验资证明,向原登记主管机关申请变更登记。如擅自改变注册资本或抽逃资金,要受到工商行政管理部门的处罚。

1. 实收资本(或股本)的增加

一般企业增加资本主要有三个途径:接受投资者追加投资、资本公积转增资本和盈余公积转增资本。

需要注意的是,由于资本公积和盈余公积属于所有者权益,用其转增资本时,如果是独资企业比较简单,直接结转即可。如果是股份有限公司或有限责任公司应该按照原出资比例相应增加各投资者的出资额。

【例 9-6】 承[例 9-1]为扩大生产规模,经批准,S 有限责任公司注册资本扩大为 7 000 000 元,甲、乙、丙、丁按照原出资比例分别追加投资 900 000 元、500 000 元、400 000 元、200 000 元。已如期收到各投资者一次缴足的款项。S 有限责任公司应编制如下会计分录:

借:银行存款　　　　　　　　　　　　　　　　　　　　　　2 000 000
　　贷:实收资本——甲　　　　　　　　　　　　　　　　　900 000
　　　　　　　——乙　　　　　　　　　　　　　　　　　500 000
　　　　　　　——丙　　　　　　　　　　　　　　　　　400 000
　　　　　　　——丁　　　　　　　　　　　　　　　　　200 000

本例中,甲、乙、丙、丁按原出资比例追加实收资本,因此,S 有限责任公司应分别按照

900 000元、500 000元、400 000元、200 000元的金额贷记"实收资本"中的甲、乙、丙、丁明细分类账。

**【例9-7】** 承[例9-6],因扩大生产规模,经批准,S有限责任公司按原出资比例将资本公积1 000 000元转增资本。S有限责任公司应编制如下会计分录:

借:资本公积　　　　　　　　　　　　　　　　　　　　　1 000 000
　　贷:实收资本——甲　　　　　　　　　　　　　　　　　　　450 000
　　　　　　　——乙　　　　　　　　　　　　　　　　　　　250 000
　　　　　　　——丙　　　　　　　　　　　　　　　　　　　200 000
　　　　　　　——丁　　　　　　　　　　　　　　　　　　　100 000

本例中,资本公积1 000 000元按原出资比例转增资本,因此,S有限责任公司应分别按照450 000元、250 000元、200 000元、100 000元的金额贷记"实收资本"中的甲、乙、丙、丁明细分类账。

2. 实收资本(或股本)的减少

企业减少实收资本应按法定程序批准,股份有限公司采用收购本公司股票方式减资的,通过"库存股"账户核算回购股份的金额。减资时,按股票面值和注销股数计算的股票面值冲减股本,按注销库存股的账面余额与所冲减股本的差额冲减股本溢价,股本溢价不足冲减的,应依次冲减"盈余公积""利润分配——未分配利润"等账户。如果回购股票支付的价款低于面值总额,所注销库存股的账面余额与所冲减股本的差额作为增加资本公积(股本溢价)处理。

# 第二节 资 本 公 积

## 一、资本公积概述

### (一)资本公积的来源

资本公积是企业收到投资者出资额超出其在注册资本(或股本)中所占份额的部分,以及其他资本公积等。资本公积包括资本溢价(或股本溢价)和其他资本公积等。

形成资本溢价(或股本溢价)的原因有溢价发行股票、投资者超额缴入资本等。

其他资本公积是指除净损益以外所有者权益的其他变动。如企业的长期股权投资采用权益法时,因被投资单位除净损益、其他综合收益和利润分配以外所有者权益的其他变动,投资企业按应享有份额而增加或减少的资本公积。

企业根据国家有关规定实行股权鼓励的,如果在等待期内取消了授予的权益工具,企业应在进行权益工具加速行权处理时,将剩余等待期内应确认的金额立即计入当期损益,并同时确认资本公积。企业集团(由母公司和其全部子公司构成)内发生的股份支付交易,如结算企业是接受服务企业的投资者,应当按照授予日权益工具的公允价值或应承担的公允价值确认为对接受服务企业的长期股权投资,同时确认资本公积(其他资本公积)或负债。

资本公积的核算包括资本溢价(或股本溢价)的核算,其他资本公积的核算和资本公积转增资本的核算等内容。

### (二)资本公积与实收资本(或股本)、留存收益的区别

1. 资本公积与实收资本(或股本)的区别

(1) 从来源和性质看,实收资本(或股本)是指投资者按照企业章程或合同、协议的约定,实际投入企业并依法进行注册的资本,它体现了企业所有者对企业的基本产权关系。资本公积是投资者的出资额超出其在注册资本中所占份额的部分,以及直接计入所有者权益的利得和损失,它不直接表明所有者对企业的基本产权关系。

(2) 从用途看,实收资本(或股本)的构成比例是确定所有者参与企业财务经营决策的基础,也是企业进行利润分配或股利分配的依据,同时还是企业清算时确定所有者对净资产的要求权的依据。资本公积的用途主要是用来转增资本(或股本)。资本公积不体现各所有者的占有比例,也不能作为投资者参与企业财务经营决策或进行利润分配(或股利分配)的依据。

2. 资本公积与留存收益的区别

资本公积的来源不是企业实现的利润,而主要来自资本溢价(或股本溢价)等。留存收益是企业从历年实现的利润中提取或形成的留存于本企业的内部积累,来源于企业生产经营活动实现的利润。

## 二、资本公积的账务处理

### (一)资本溢价(或股本溢价)

1. 资本溢价

除股份有限公司外的其他类型的企业,在企业创立时,投资者认缴的出资额与注册资本一致,一般不会产生资本溢价。但在企业重组或新的投资者加入时,常常会出现资本溢价。因为在企业进行正常生产经营后,其资本利润率通常要高于企业初创阶段,另外,企业有内部积累,新投资者加入企业后,对这些积累也要分享,所以新加入的投资者往往要付出大于原投资者的出资额,才能取得与原投资者相同的出资比例。投资者多缴的部分就形成了资本溢价。

【例9-8】 A有限责任公司由甲、乙两位投资者投资800 000元设立,每人各出资400 000元,1年后,为扩大经营规模,经批准,A有限责任公司注册资本增加到1 200 000元,并引入第三位投资者丙加入。按照投资协议,新加入者需缴入现金500 000元,同时享有该公司1/3的股份。A有限责任公司已收到该现金投资。假定不考虑其他因素。A有限责任公司应编制如下会计分录:

$$第三位投资者记入实收资本金额 = 1\,200\,000 \times \frac{1}{3} = 400\,000(元)$$

$$第三位投资者记入资本公积金额 = 500\,000 - 400\,000 = 100\,000(元)$$

借:银行存款　　　　　　　　　　　　　　　　　　　　　500 000
　　贷:实收资本——丙公司　　　　　　　　　　　　　　　400 000
　　　　资本公积——资本溢价　　　　　　　　　　　　　　100 000

本例中，A有限责任公司收到第三位投资者的现金投资500 000元中，400 000元属于第三位投资者在注册资本中所享有的份额，应记入"实收资本"账户，100 000元属于资本溢价，应记入"资本公积——资本溢价"账户。

2. 股本溢价

股份有限公司是以发行股票的方式筹集股本的，股票可按面值发行，也可按溢价发行，我国目前不准折价发行。与其他类型的企业不同，股份有限公司在成立时可能会溢价发行股票，因而在成立之初，就可能会产生股本溢价。股本溢价的数额等于股份公司发行股票时实际收到的款项超过股票面值的部分。

在按面值发行股票的情况下，企业发行股票取得的收入，应全部作为股本处理；在溢价发行股票的情况下，企业发行股票取得的收入，等于股票面值部分作为股本处理，超出股票面值的溢价收入应作为股本溢价处理。

发行股票相关的手续费、佣金等交易费用，如果是溢价发行股票的，应从溢价中抵扣，冲减资本公积（股本溢价）；无溢价发行股票或溢价金额不足以抵扣的，应将不足抵扣的部分冲减盈余公积和未分配利润。

【例9-9】 B股份有限公司发行普通股100 000 000股，每股面值1元，每股发行价2元。B股份有限公司与证券公司约定，按发行收入的2%收取佣金，从发行收入中扣除。假定收到的股款已存入银行。B股份有限公司应编制如下会计分录：

公司收到证券公司转来的发行收入 = 100 000 000 × 2 × (1 − 2%) = 196 000 000(元)

应记入"资本公积"账户的金额 = 196 000 000 − 100 000 000

= 96 000 000(元)

借：银行存款　　　　　　　　　　　　　　　　　　　196 000 000
　　贷：股本　　　　　　　　　　　　　　　　　　　　100 000 000
　　　　资本公积——股本溢价　　　　　　　　　　　　96 000 000

## （二）其他资本公积

本书以被投资单位除净收益以外的所有者权益的其他变动为例，介绍相关的其他资本公积的核算。

企业对被投资单位的长期股权投资采用权益法核算的，在持股比例不变的情况下，对被投资单位除净收益以外的所有者权益的其他变动，应按出股比例计算其应享有或分担被投资单位所有者权益的增减数额。在处置长期股权投资时，应转销与该笔投资相关的其他资本公积。

【例9-10】 C有限责任公司于2×18年1月1日向D公司投资10 000 000元，拥有该公司30%的股份，并对该公司有重大影响，因而对D公司长期股权投资采用权益法核算。2×18年12月31日，D公司除净损益、其他综合收益和利润分配以外的所有者权益增加了1 500 000元，假定除此之外，D公司的所有者权益没有变化，C有限责任公司的持股比例没有变化，D公司资产的账面余额与公允价值一致，不考虑其他因素，C有限责任公司编制如下会计分录：

C有限责任公司对D公司投资增加的资本公积 = 1 500 000 × 30% = 450 000(元)

借：长期股权投资——D公司　　　　　　　　　　　　　450 000
　　贷：资本公积——其他资本公积　　　　　　　　　　450 000

本例中，C有限责任公司对D公司的长期股权投资采用权益法核算，持股比例没有变化，D公司发生了除净损益以外的所有者权益的其他变动，C有限责任公司应按其持股比例计算应享有的D公司所有者权益数额450 000元作为增加其他资本公积处理。

### (三) 资本公积转增资本

经股东大会或类似机构决议，用资本公积转增资本时，应冲减资本公积，同时按照转增资本前的实收资本（或股本）的结构或比例，将转增的金额记入"实收资本"或"股本"账户下各所有者的明细分类账。

有关账务处理，参照本章[例9-7]的有关内容。

## 第三节 留存收益

### 一、留存收益概述

留存收益是指企业从历年实现的利润中提取或形成的留存于企业的内部积累，包括盈余公积和未分配利润两类。

盈余公积是指企业按照有关规定从净利润中提取的积累资金。公司制企业的盈余公积包括法定盈余公积和任意盈余公积。法定盈余公积是指企业按照规定的比例从净利润中提取的盈余公积。任意盈余公积是指企业按照股东会或股东大会决议提取的盈余公积。

企业提取的盈余公积经批准可用于弥补亏损、转增资本或发放现金股利或利润等。

未分配利润是指企业实现的净利润经过弥补亏损、提取盈余公积和向投资者分配利润后留存在企业的、历年结存的利润。相对于所有者权益的其他部分来说，企业对于未分配利润的使用有较大的自主权。

### 二、留存收益的账务处理

#### (一) 利润分配

利润分配是指企业根据国家有关规定和企业章程、投资者协议等，对企业当年可供分配的利润所进行的分配。

$$\begin{matrix} \text{可供分配} \\ \text{的利润} \end{matrix} = \begin{matrix} \text{当年实现的} \\ \text{净利润（或净亏损）} \end{matrix} + \begin{matrix} \text{年初未分配利润} \\ \text{（或 - 年初未弥补亏损）} \end{matrix} + \begin{matrix} \text{其他} \\ \text{转入} \end{matrix}$$

利润分配的顺序依次是：①提取法定盈余公积；②提取任意盈余公积；③向投资者分配利润。

企业应通过"利润分配"账户，核算企业利润的分配（或亏损的弥补）和历年分配（或弥补）后的未分配利润（或未弥补亏损）。该账户应分别"提取法定盈余公积""提取任意盈余公积""应付现金股利或利润""盈余公积补亏""未分配利润"等进行明细核算。企业未分配利润通过"利润分配——未分配利润"明细账户进行核算。年度终了，企业应将全年实现的净利润或发生的净亏损,自"本年利润"账户转入"利润分配——未分配利润"账户,并将"利润分配"账户所属其他明细账户的余额,转入"未分配利润"明细账户。结转后,"利润分配——未分配利润"账户如为贷方余额,表示累计未分配利润;如为借方余额,则表示累计未弥补的亏损数额。

【例9-11】 E股份有限公司2×18年年初未分配利润为300 000元,当年实现净利润5 000 000元,提取法定盈余公积500 000元,提取任意盈余公积250 000元,宣告发放现金股利2 000 000元,假定不考虑其他因素。E股份有限公司应编制如下会计分录:

(1)结转实现净利润时:

借:本年利润　　　　　　　　　　　　　　　　　　　　　　5 000 000
　　贷:利润分配——未分配利润　　　　　　　　　　　　　　　　5 000 000

如当年发生亏损,则借记"利润分配——未分配利润"账户,贷记"本年利润"账户。

(2)提取法定盈余公积、宣告发放现金股利时:

借:利润分配——提取法定盈余公积　　　　　　　　　　　　　500 000
　　　　　　——提取任意盈余公积　　　　　　　　　　　　　250 000
　　　　　　——应付现金股利或利润　　　　　　　　　　　　2 000 000
　　贷:盈余公积　　　　　　　　　　　　　　　　　　　　　　750 000
　　　　应付股利　　　　　　　　　　　　　　　　　　　　　2 000 000

(3)将"利润分配"账户所属其他明细账户的余额结转至"未分配利润"明细账户:

借:利润分配——未分配利润　　　　　　　　　　　　　　　　2 750 000
　　贷:利润分配——提取法定盈余公积　　　　　　　　　　　　500 000
　　　　　　　　——提取任意盈余公积　　　　　　　　　　　　250 000
　　　　　　　　——应付现金股利或利润　　　　　　　　　　2 000 000

结转后,如果"未分配利润"明细账户的余额在贷方,表示累计未分配的利润;如果余额在借方,则表示累计未弥补的亏损。本例中,"利润分配——未分配利润"明细账户的余额在贷方,贷方余额为2 550 000元(年初未分配利润300 000元+本年利润5 000 000元-提取法定盈余公积500 000-提取法定盈余公积250 000-应付现金股利2 000 000),即为E公司2×18年年末的累计未分配利润。

(二)盈余公积

按照《公司法》有关规定,公司制企业应按照净利润(减弥补以前年度亏损,下同)的10%提取法定盈余公积。非公司制企业法定盈余公积的提取比例可超过净利润的10%。法定盈余公积累计额已达到注册资本的50%是可以不再提取。值得注意的是,如果以前年度未分配利润有盈余(即年初未分配利润余额为正数),在计算提取法定盈余公积的基数时,不应该包括企业年初未分配利润;如果以前年度(5年内)未分配利润有亏损(即年初未分配利润余额为负数),在计算提取法定盈余公积的基数时,应先弥补以前年度亏损(5年内)再提取盈余公积。

公司制企业可根据股东会或股东大会的决议提取任意盈余公积。非公司制企业经类似权力机构批准,也可提取任意盈余公积。法定盈余公积和任意盈余公积的区别在于其各自计提的依据不同,前者以国家的法律法规为依据;后者由企业的权力机构自行决定。

企业提取的盈余公积经批准可用于弥补亏损、转增资本、发放现金股利或利润。

1. 提取盈余公积

企业按规定提取盈余公积时,应通过"利润分配"和"盈余公积"等账户核算。

【例 9-12】 承[例 9-11],E 股份有限公司 2×18 年年初未分配利润为 300 000 元,当年实现净利润 5 000 000 元,E 公司按当年净利润的 10% 提取法定盈余公积。假定不考虑其他因素,E 股份有限公司应编制如下会计分录:

本年提取法定盈余公积=5 000 000×10%=500 000(元)

借:利润分配——提取法定盈余公积　　　　　　　　　　　　500 000
　　贷:盈余公积——法定盈余公积　　　　　　　　　　　　　　　　500 000

2. 盈余公积补亏

【例 9-13】 经股东大会批准,F 股份有限公司用以前年度提取的盈余公积弥补当年亏损,当年弥补亏损 200 000 元。假定不考虑其他因素,F 股份有限公司应编制如下会计分录:

借:盈余公积　　　　　　　　　　　　　　　　　　　　　　200 000
　　贷:利润分配——盈余公积补亏　　　　　　　　　　　　　　　　200 000

3. 盈余公积转增资本

【例 9-14】 因扩大规模需要,经股东大会批准,G 股份有限公司将盈余公积 500 000 元转增资本。假定不考虑其他因素,G 股份有限公司应编制如下会计分录:

借:盈余公积　　　　　　　　　　　　　　　　　　　　　　500 000
　　贷:股本　　　　　　　　　　　　　　　　　　　　　　　　　　500 000

4. 用盈余公积发放现金股利或利润

【例 9-15】 H 股份有限公司 2×17 年 12 月 31 日股本为 50 000 000 元(每股面值 1 元),可供投资者分配的利润为 5 000 000 元,盈余公积为 20 000 000 元。2×18 年 3 月 20 日,股东大会批准了 2×17 年利润分配方案,按每 10 股 2 元发放现金股利。H 公司共需分派 10 000 000 元现金股利,其中动用可供投资者分配的利润 5 000 000 元、盈余公积 5 000 000 元。假定不考虑其他因素,H 股份有限公司应编制如下会计分录:

(1)发放现金股利时:

借:利润分配——应付现金股利或利润　　　　　　　　　　5 000 000
　　盈余公积　　　　　　　　　　　　　　　　　　　　　5 000 000
　　贷:应付股利　　　　　　　　　　　　　　　　　　　　　　10 000 000

(2)支付股利时:

借:应付股利　　　　　　　　　　　　　　　　　　　　　10 000 000
　　贷:银行存款　　　　　　　　　　　　　　　　　　　　　　10 000 000

本例中,H 股份有限公司经股东大会批准,以未分配利润和盈余公积发放现金股利,其中,属于以未分配利润发放现金股利的部分 5 000 000 元应记入"利润分配——应付现金股利或利润"账户,属于以盈余公积发放现金股利的部分 5 000 000 元应记入"盈余公积"账户。

## 第九章 所有者权益

### 复习思考题

1. 所有者权益与负债的区别？
2. 所有者权益都包括哪些内容？
3. 什么是资本公积？资本公积与实收资本的区别？资本公积与留存收益的区别？
4. 什么是留存收益？留存收益包括哪些内容？
5. 什么是未分配利润？未分配利润是怎样形成的？

### 实训练习题

#### 练 习 题 一

（一）目的：练习实收资本、资本公积的核算。

（二）资料：乙公司发生如下经济业务：

(1) 收到 A 企业投入的货币资金 1 500 000 元，存入银行。

(2) 收到 B 企业投入材料一批，增值税专用发票上注明的价款为 1 200 000 元，增值税 156 000 元（由投资方支付税款，并提供或开具增值税专用发票），合同约定的价格与发票上的价款相符，材料已验收入库。

(3) 收到 C 企业投入的设备一台，双方约定价格为 800 000 元，增值税额为 130 000 元（由投资方支付税款，并提供或开具增值税专用发票），该设备已交付使用。

(4) 收到 D 企业投入的土地使用权，双方约定价格为 1 800 000 元。

(5) 接受 E 企业加入联营，E 企业出资 800 000 元占该公司 10% 的份额，乙企业原注册资本为 4 500 000 元。

(6) 乙企业经批准将资本公积 500 000 元、盈余公积 300 000 元转增资本。

（三）要求：根据上述资料编制会计分录。

#### 练 习 题 二

（一）目的：练习盈余公积、利润分配的核算。

（二）资料：乙公司 2×16 年实现总利润 2 000 000 元，发生如下经济业务：

(1) 税前弥补以前年度亏损 500 000 元。

(2) 提取法定盈余公积 150 000 元，任意盈余公积 75 000 元。

(3) 向投资者分配利润 450 000 元。

(4) 盈余公积 200 000 元转增资本。

(5) 年终，将"本年利润"账户的贷方余额 2 000 000 元予以结转。

(6) 年终，结转"利润分配"账户各明细账户的余额。

（三）要求：根据上述资料编制会计分录。

# 第十章 收入

**课程思政**

**会计文化：** 四柱结算法——后唐长兴二年沙州净土寺财务报告

"四柱结算法"的创立和运用，是我国唐宋时代在中式会计方法上的重大突破，是我国古代的会计工作者在管理社会经济实践中创造的科学结算方法。

"四柱结算法"的四大基本要素为"旧管""新收""开除""实在"（见在），会计等式为"旧管＋新收－开除＝见在"。长兴二年（公元931年）沙州净土寺直岁愿达所编的会计报告表明"四柱结算法"在唐代后期业已创立，并在一定范围内得到运用。

公元931年沙州净土寺财物总况的会计报告：

（1）"承前帐"（即旧管）部分依次排列各项财物的数量，合计数为1 549.765硕（1硕≈75千克）。

（2）"自年新附入"（即新收）部分依次排列各类实物的新收总数之外，还抄录有各项实物收入的明细数目，并逐项说明本年各项收入之来源，合计数为253.24硕。

（3）破用（即开除）部分的排列顺序与新收部分相同，先总数、后明细数目，各项支出一一交待其开支原因，合计数为324.751硕。

（4）本年财物结存（即见在）部分按照"四柱结算法"的处理方法，对寺院1年来经济活动结果进行总的结算。

旧管＋新收－开除＝见在，即：1 549.765＋253.24－324.715＝1 478.29（硕）

（5）会计报告的结尾按照当时官方、民间大体通行的报告格式，说明以上账目已经过"算会"审核无误，现将其结果公诸于众，以待批准核销。

这份会计报告以"四柱"为基本格式，以"四柱结算法"为基本方法，系统地反映了寺院1年来经济活动的全过程及其结果，是一份比较完善的四柱式会计报告清单。它既有总括反映，也有明细反映，且以总合控制明细，收入有源，支出有因，且计算结果正确，条理比较分明。"四柱结算法"在宋代得到了普遍运用，并走向成熟。

参考文献：祝子丽.敦煌寺院会计文书中的单式簿记思想研究[D].湖南大学，2013.

## 第一节　收入概述

### 一、收入的含义和特征

收入是指企业在日常经营活动中形成的、会导致所有者权益增加的、与所有者投入资本无关的经济利益的总流入。收入具有如下特点：

（1）收入从企业的日常活动中产生，而不是偶发的交易或事项中产生。
（2）收入可能表现为企业资产的增加，也可能表现为企业负债的减少。
（3）收入能导致企业所有者权益的增加。
（4）收入只包括本企业经济利益的流入，不包括为第三方或客户代售的款项。

收入按与日常经营的关系可分为营业收入和非营业收入。本章收入仅指营业收入，非营业收入即营业外收入在第十二章讲解。

### 二、收入的分类

收入按经营业务的主次分为主营业务收入和其他业务收入。

#### （一）主营业务收入

主营业务收入也称基本业务收入，是指施工企业为完成其经营目标从事日常主要活动所取得的收入。施工企业是主要从事建筑安装工程施工的企业，因此，施工企业的主营业务是建造合同收入。

#### （二）其他业务收入

其他业务收入也称副营业务收入，是指施工企业为完成其经营目标所从事的与日常主活动相关的非经常性的、兼营的业务所取得的收入。施工企业其他业务收入主要包括销售商品和材料收入、机械作业收入、固定资产出租收入、无形资产出租收入等。

## 第二节　建造合同收入

### 一、建造合同收入的含义、特征和分类

施工企业事先与买方签订不可撤销的建造合同，并按建造合同要求进行施工生产，在资产负债表日，按建造合同的结果是否能够可靠估计选择适用的收入确认标准确认收入金额，按建造合同的完工进度确认收入。

(一) 建造合同的含义和特征

建造合同是指施工企业为建造一项或者数项在设计、技术、功能、最终用途等方面密切相关的资产而订立的合同。其中,资产是指房屋、道路、桥梁、水坝等建筑物以及船舶、飞机、大型机械设备等。所建造的资产从其功能和最终用途来看,可以分为两类:一类是建成后就可以投入使用和单独发挥作用的单项工程,如房屋、桥梁、船舶等;另一类是在设计、技术、功能和最终用途等方面密切相关的、由数项资产构成的建设项目,只有在数项资产全部建成投入使用时,才能整体发挥效益。例如,承建一个发电厂,该项目由锅炉房、发电室、冷却塔等几个单项工程构成,只有各单项工程全部建成投入使用时,发电厂才能正常运转和发电。

建造合同属于经济合同范畴,但它不同于一般的材料采购合同和劳务合同,而是有其自身的特征,主要表现在以下几个方面:

(1) 先有买主,即客户;后有标底,即资产。建造资产的造价在签订合同时已经确定。

(2) 资产的建设期长,一般要跨越一个会计年度,有的甚至长达数年。施工企业为了能够及时反映各年度的经营成果和财务状况,一般情况下,不能等到合同完工时才确认收入和费用,而应按照权责发生制的要求,遵循配比原则,在合同实施过程中,按照一定的方法,合理地确认各个会计年度的收入和费用。

(3) 所建造的资产体积大,价值高。

(4) 建造合同一般为不可撤销合同。

(二) 建造合同分类

建造合同通常分为两种类型,即固定造价合同和成本加成合同。

固定造价合同是指按照固定的合同价或固定单价确定工程造价的建造合同。固定造价合同的风险主要由建造承包方承担。

成本加成合同是指以合同约定或其他方式议定的成本为基础,加上该成本的一定比例或定额费用确定工程造价的建造合同。成本加成合同的风险则主要由发包方承担。

## 二、建造合同收入的内容

建造工程合同收入主要包括以下两部分内容。

(一) 合同中规定的初始收入

合同中规定的初始收入,是指施工企业与发包商在双方签订的合同中最初商定的合同总金额,它构成了合同收入的基本内容。

(二) 因合同变更、索赔、奖励等形成的收入

因合同变更、索赔、奖励等形成的收入并不构成合同双方在签订合同时已在合同中商定的合同总金额,而是在执行合同过程中由于合同变更、索赔、奖励等原因而形成的追加收入。施工企业不能随意确认这部分收入,只有在符合规定时这部分收入才能构成合同总收入。施工企业因合同变更、索赔、奖励而取得的收入属于价外费用,应征收增值税。

合同变更是指客户为改变合同规定的作业内容而提出的调整。施工企业只有在客户能够认可因变更而增加的收入,且该收入能够可靠地计量,才能将因合同变更而增加的收入予以确认。

索赔款是指因发包商或第三方的原因造成的,由施工企业向发包商或第三方收取的,用以补偿不包括在合同造价中的款项。施工企业只有在根据谈判情况判断,预计对方能够同意该项索赔,且对方同意接受的金额能够可靠计量的情况下,才能将因索赔款而形成的收入予以确认。

奖励款是指工程达到或超过规定的标准时,客户同意支付给施工企业的额外款项。施工企业应当在根据目前合同情况,足以判断工程进度,且工程质量能够达到或超过既定标准,奖励金额能够可靠的计量时,才能将奖励而形成的收入以确认。

### 三、合同结果能够可靠估计时的处理

在确认和计量建造合同收入与费用时,首先应当判断建造合同的结果在资产负债表日能否可靠地估计。

在资产负债表日,建造合同的结果能够可靠地估计,应当根据完工百分比法确认合同收入和合同费用。完工百分比法是指根据合同完工进度确认收入与费用的方法。采用完工百分比法确认合同收入和合同费用,能够为报表使用者提供有关合同进度及本期业绩的有用信息。

建造合同的结果能够可靠估计是企业采用完工百分比法确认合同收入和合同费用的前提条件。企业应当区分固定造价合同和合同加成合同,分别判断建造合同结果能否能够可靠地估计。

#### (一)固定造价合同的结果能够可靠地估计的条件

固定造价合同的结果能够可靠地估计,是指同时具备下列条件:

(1)合同总收入能够可靠地计量。合同总收入一般根据施工企业与客户签订的合同中的合同总金额来确定,如果在合同中明确规定了总金额,且订立的合同是合法有效的,则合同总收入能够可靠地计量;反之,合同总收入不能可靠地计量。

(2)与合同相关的经济利益很可能流入企业。企业能够收到合同价款,说明与合同相关的经济利益很可能流入企业。合同价款能否收回,取决于客户与施工企业双方是否都能正常履行合同。如果客户与施工企业有一方不能正常履行合同,则表明施工企业无法收回工程价款,不满足经济利益很可能流入企业的条件。

(3)实际发生的合同成本能够清楚地区分和可靠地计量。实际发生的合同成本能够清楚地区分和可靠地计量,关键在于施工企业能否做好建造合同成本核算的各项基础工作和准确计算合同成本。如果建造承包商能够做好建造合同成本核算的各项基础工作,准确核算实际发生的合同成本,划清当期成本与下期成本的界限、不同成本核算对象之间成本的界限、未完合同成本与已完合同成本的界限,则说明实际发生的合同成本能够清楚地区分和可靠地计量;反之,则说明实际发生的合同成本不能清楚地区分和可靠地计量。

(4)合同完工进度和为完成合同尚需发生的成本能够可靠地确定。合同完工进度能够可靠地确定,要求施工企业已经和正在为完成合同而进行工程施工,并已完成了一定的工程量,达到了一定的工程完工进度,对将要完成的工程量也能够作出科学、可靠的测定。如果施工企业尚未动工或刚刚开工,尚未形成一定的工程量,对将要完成的工程量不能作出科学、可靠的测定,则表明合同完工程度不能可靠地确定。

## (二) 成本加成合同的结果能够可靠地估计的条件

成本加成合同结果能够可靠估计,是指同时满足下列条件:①与合同相关的经济利益很可能流入企业;②实际发生的合同成本能够清楚区分和可靠地计量。

对成本加成合同而言,合同成本的组成内容一般已在合同中进行了相应的规定,合同成本是确定其合同造价的基础,也是确定其完工进度的重要基础,因此要求其实际成本的合同成本能够清楚地区分和可靠地计量。

## (三) 完工进度的确定

企业确定合同完工进度可以选用下列方法。

1. 累计实际发生的合同成本占合同预计总成本的比例

累计实际发生的合同成本占合同预计总成本的比例,这是确定合同完工进度比较常用的方法。用计算公式表示如下:

$$合同完工进度 = 累计实际发生的合同成本 \div 合同预计总成本 \times 100\%$$

累计实际发生的合同成本,是指形成工程完工进度的工程实体和工作量所耗用的直接材料和间接材料,不包括下列内容:

(1) 与合同未来活动相关的合同成本,包括施工中尚未安装、使用和耗用的材料费用。

(2) 在分包工程的工程量完成之前预付给分包单位的款项。对总承包商来说,分包工程是其承建的总体工程的一部分,分包工程的工作量也是其总体工程的工作量。总承包商在确定总体工程的完工进度时,应考虑分包工程的完工进度。

2. 已经完成的合同工作量占合同预计总工作量的比例

该法适用于合同工作量容易确定的建造合同,如道路工程、土石方挖掘、砌筑工程等。用计算公式表示如下:

$$合同完工进度 = 已经完成的合同工作量 \div 合同预计总工作量 \times 100\%$$

3. 实际测定的完工进度

该法适用于一些特殊的建造合同,如水下施工工程等。需要指出的是,这种技术测量并不是由施工企业自行随意测定,而应由专业人员现场进行科学测定。

## (四) 完工百分比的运用

采用完工百分比确认合同收入和合同费用时,收入和相关费用应按下列公式计算:

$$本期确认的合同收入 = 合同总收入 \times 完工进度 - 以前会计期间累计已确认合同收入$$

$$本期确认的合同费用 = 合同预计总成本 \times 完工进度 - 以前会计期间累计已确认合同费用$$

$$本期确认的合同毛利 = (合同总收入 - 合同预计总成本) \times 完工进度 - 以前会计期间累计已确认合同毛利$$

对于当期完成的建造合同,应当按照实际合同总收入扣除会计期间累计已确认收入后的金额,确认为当期合同收入;同时,按照累计实际发生的合同成本扣除以前会计期间累计已确认费用后的金额,确认为当期合同费用。

## 四、建造合同收入的核算

为了反映建造合同收入、合同费用以及税费的计算和确认情况,施工企业应设置"主营业务收入""主营业务成本"和"税金及附加"等账户进行核算:

"主营业务收入"账户核算企业当期确认的合同收入,贷方登记当期确认的合同收入,借方登记期末转入"本年利润"账户的合同收入,结转后本账户无余额。

"主营业务成本"账户核算企业当期确认的合同费用,借方登记当期确认的合同费用,贷方登记期末转入"本年利润"账户的合同费用,结转后本账户无余额。

"税金及附加"账户核算企业经营活动应负担的相关税费,包括消费税、城市维护建设税、教育费附加和资源税等。借方登记按规定计算的与经营活动相关的税费,贷方登记期末转入"本年利润"账户的税费,结转后本账户无余额。

本章涉及的主要税费为:城市维护建设税和教育费附加(相关内容参考第八章第四节)。

【例 10-1】 甲建筑企业签订了一项总金额(含税)为 9 810 000 元的固定造价建造合同,不含税合同造价 9 000 000 元,增值税 810 000 元,承建一座桥梁。工程已于 2×16 年 7 月开工,预计 2×18 年 10 月完工。最初,预计工程总成本为 8 000 000 元,到 2×17 年年底,预计工程总成本已为 8 100 000 元。建造该项工程的其他有关资料如表 10-1 所示。

表 10-1 甲建筑施工企业承建桥梁工程相关资料  单位:元

| 年份 | 2×16 | 2×17 | 2×18 | 合计 |
| --- | --- | --- | --- | --- |
| 累计实际发生成本 | 2 000 000 | 5 832 000 | 8 100 000 | 8 100 000 |
| 预计完成合同尚需发生成本 | 6 000 000 | 2 268 000 | — | — |
| 结算合同价款 | 1 962 000 | 5 232 000 | 2 616 000 | 9 810 000 |
| 实际收到价款 | 1 500 000 | 4 000 000 | 4 310 000 | 9 810 000 |

甲建筑企业对本项建造合同的有关账务处理如下(为简化起见,会计分录以汇总数反映):

1. 2×16 年

(1) 开出账单结算工程价款:

借:工程施工——合同成本　　　　　　　　　　　　　　　　　2 000 000
　　贷:原材料等　　　　　　　　　　　　　　　　　　　　　　2 000 000

借:应收账款　　　　　　　　　　　　　　　　　　　　　　　1 962 000
　　贷:工程结算　　　　　　　　　　　　　　　　　　　　　　1 800 000
　　　　应交税费——应交增值税(销项税额)　　　　　　　　　　162 000

(2) 收到工程价款:

借:银行存款　　　　　　　　　　　　　　　　　　　　　　　1 500 000
　　贷:应收账款　　　　　　　　　　　　　　　　　　　　　　1 500 000

(3) 确认和计量当年的合同收入和费用:

合同完工进度＝2 000 000÷(2 000 000＋6 000 000)×100％＝25％

当年确认的合同收入＝9 000 000×25％＝2 250 000(元)

当年确认的合同费用＝(2 000 000＋6 000 000)×25％＝2 000 000(元)

当年确认的毛利＝2 250 000－2 000 000＝250 000(元)

借：主营业务成本　　　　　　　　　　　　　　　　　　　　2 000 000
　　工程施工——合同毛利　　　　　　　　　　　　　　　　　　250 000
　　贷：主营业务收入　　　　　　　　　　　　　　　　　　　　2 250 000

2. 2×17 年

(1) 开出账单结算工程价款：

借：工程施工——合同成本　　　　　　　　　　　　　　　　　3 832 000
　　贷：原材料等　　　　　　　　　　　　　　　　　　　　　　3 832 000

借：应收账款　　　　　　　　　　　　　　　　　　　　　　　5 232 000
　　贷：工程结算　　　　　　　　　　　　　　　　　　　　　　4 800 000
　　　　应交税费——应交增值税(销项税额)　　　　　　　　　　　432 000

(2) 收到工程价款：

借：银行存款　　　　　　　　　　　　　　　　　　　　　　　4 000 000
　　贷：应收账款　　　　　　　　　　　　　　　　　　　　　　4 000 000

(3) 确认和计量当年的合同收入和费用：

合同完工进度＝5 832 000÷(5 832 000＋2 268 000)×100％＝72％

当年确认的合同收入＝9 000 000×72％－2 250 000＝4 230 000(元)

当年确认的合同费用＝(5 832 000＋2 268 000)×72％－2 000 000＝3 832 000(元)

当年确认的毛利＝4 230 000－3 832 000＝398 000(元)

借：主营业务成本　　　　　　　　　　　　　　　　　　　　3 832 000
　　工程施工——合同毛利　　　　　　　　　　　　　　　　　　398 000
　　贷：主营业务收入　　　　　　　　　　　　　　　　　　　　4 230 000

3. 2×18 年

(1) 开出账单结算工程价款时：

借：工程施工——合同成本　　　　　　　　　　　　　　　　　2 268 000
　　贷：原材料等　　　　　　　　　　　　　　　　　　　　　　2 268 000

借：应收账款　　　　　　　　　　　　　　　　　　　　　　　2 616 000
　　贷：工程结算　　　　　　　　　　　　　　　　　　　　　　2 400 000
　　　　应交税费——应交增值税(销项税额)　　　　　　　　　　　216 000

(2) 收到工程价款时：

借：银行存款　　　　　　　　　　　　　　　　　　　　　　　4 310 000
　　贷：应收账款　　　　　　　　　　　　　　　　　　　　　　4 310 000

(3) 确认和计量当年的合同收入和费用时：

当年确认的合同收入＝9 000 000－2 250 000－4 230 000＝2 520 000(元)
当年确认的合同费用＝8 100 000－2 000 000－3 832 000＝2 268 000(元)
当年确认的毛利＝2 520 000－2 268 000＝252 000(元)

借：主营业务成本　　　　　　　　　　　　　　　　　　　2 268 000
　　工程施工——合同毛利　　　　　　　　　　　　　　　　　252 000
　　贷：主营业务收入　　　　　　　　　　　　　　　　　　2 520 000

(4) 合同完工时，应结清工程施工和工程结算账户时：

借：工程结算　　　　　　　　　　　　　　　　　　　　　90 000 000
　　贷：工程施工——合同成本　　　　　　　　　　　　　81 000 000
　　　　　　　　——合同毛利　　　　　　　　　　　　　　9 000 000

## 五、合同结果不能可靠估计时的处理

如果建造合同的结果不能可靠地估计，则不能采用完工百分比法确认和计量合同收入和费用，而应区别两种情况进行会计处理。

(1) 合同成本能够收回，合同收入根据能够收回的实际合同成本予以确认，合同成本在其发生的当期确认为合同费用。

(2) 合同成本不可能收回的，应在发生时立即确认为合同费用，不确认合同收入。

【例10-2】 丁施工企业与建设单位签署了一项总金额为1 320 000元的固定造价建造合同，其中，不含税合同造价1 200 000元，增值税108 000元，承建一段公路。

(1) 如果第一年实际发生工程成本400 000元，双方均能履行合同规定的义务，但丁企业在年末对该项工程的完工进度无法可靠确定。

这种情况下，丁施工企业不能采用按百分比法确认收入。由于客户能够履行合同，当年发生的成本均能收回，所以丁企业可将当年的成本金额同时确认为当年的收入和费用，当年不确认利润。丁施工企业应编制如下会计分录：

借：主营业务成本　　　　　　　　　　　　　　　　　　　　4 000 000
　　贷：主营业务收入　　　　　　　　　　　　　　　　　　4 000 000

(2) 如果丁施工企业当年发生的工程成本400 000元不可能收回。

这种情况下，该企业应将400 000元确认为当年的费用，不确认收入。丁企业应编制如下会计分录：

借：主营业务成本　　　　　　　　　　　　　　　　　　　　4 000 000
　　贷：工程施工——合同毛利　　　　　　　　　　　　　　4 000 000

如果建造合同的结果不能可靠估计的不确定性因素不复存在，就不应再按照上述规定确认合同收入和费用，而应转为按照完工百分比法确认合同收入和费用。

【例10-3】 承[例10-2]，如果到第二年，完工进度无法可靠确定的因素消除。第二年实际发生成本为500 000元，预计为完成合同尚需发生的成本为100 000元，丁施工企业应编制如下会计分录：

合同完工进度 =（400 000 + 500 000）÷（400 000 + 500 000 + 100 000）× 100% = 90%

当年确认的合同收入 = 1 200 000 × 90% − 400 000 = 680 000（元）

当年确认的合同费用 =（400 000 + 500 000 + 100 000）× 90% − 400 000 = 500 000（元）

当年确认的毛利 = 680 000 − 500 000 = 180 000（元）

借：主营业务成本　　　　　　　　　　　　　　　　　　　　　500 000
　　工程施工——合同毛利　　　　　　　　　　　　　　　　　　180 000
　　贷：主营业务收入　　　　　　　　　　　　　　　　　　　　680 000

## 六、合同预计损失的处理

施工企业正在建造的资产,类似于工业企业的在产品,性质上属于施工企业的存货,期末应当对其进行减值测试。如果建造合同的预计总成本超过合同总收入,则形成合同预计损失,应提取减值损失。合同完工时,将已提取的减值准备冲减合同费用。

【例 10-4】 假定甲建筑企业签订了一项总金额（不含税）为 5 800 000 元的固定造价建造合同,承建一栋厂房。工程已于 2×16 年 8 月开工,预计 2×18 年 10 月完工。

(1) 2×16 年预计工程总成本为 5 500 000 元,当年发生合同成本 1 540 000 元。

(2) 2×17 年年底,预计工程总成本已为 6 000 000 元,当年发生合同成本 3 260 000 元。

(3) 2×18 年 6 月提前 4 个月完成建造合同,实际发生成本为 5 950 000 元,工程质量优良,建设单位同意支付奖励款 200 000 元。

甲建筑企业应编制如下会计分录：

1. 2×16 年

合同完工进度 = 1 540 000 ÷ 5 500 000 × 100% = 28%

当年确认的合同收入 = 5 800 000 × 28% = 1 624 000（元）

当年确认的合同费用 = 5 500 000 × 28% = 1 540 000（元）

当年确认的毛利 = 1 624 000 − 1 540 000 = 84 000（元）

借：主营业务成本　　　　　　　　　　　　　　　　　　　　1 540 000
　　工程施工——合同毛利　　　　　　　　　　　　　　　　　　84 000
　　贷：主营业务收入　　　　　　　　　　　　　　　　　　　1 624 000

2. 2×17 年

合同完工进度 =（1 540 000 + 3 260 000）÷ 6 000 000 × 100% = 80%

当年确认的合同收入 = 5 800 000 × 80% − 1 624 000 = 3 016 000（元）

当年确认的合同费用 = 6 000 000 × 80% − 1 540 000 = 3 260 000（元）

当年确认的毛利 = 3 016 000 − 3 260 000 = −244 000（元）

当年确认的合同预计损失 =（6 000 000 − 5 800 000）×（1 − 80%）= 40 000（元）

借：主营业务成本　　　　　　　　　　　　　　　　　　　　3 260 000
　　贷：主营业务收入　　　　　　　　　　　　　　　　　　　3 016 000
　　　　工程施工——合同毛利　　　　　　　　　　　　　　　　244 000

借：资产减值损失——计提的存货跌价准备　　　　　　　　　　　40 000
　　贷：存货跌价准备　　　　　　　　　　　　　　　　　　　　40 000

注：在 2×17 年年底，由于合同预计总成本 6 000 000 元大于合同总收入 5 800 000 元，预计发生损失总额为 200 000 元，由于已在"工程施工——合同毛利"中反映了－160 000 元（84 000－244 000）的亏损，因此应将剩余的、为完成工程将要发生的预计损失 40 000 元确认为当期费用。

3. 2×18 年

合同总收入 = 5 800 000 + 200 000 = 6 000 000(元)
当年确认的合同收入 = 6 000 000 − (1 624 000 + 3 016 000) = 1 360 000(元)
当年确认的合同费用 = 5 950 000 − 1 540 000 − 3 260 000 = 1 150 000(元)
当年确认的毛利 = 1 360 000 − 1 150 000 = 210 000(元)

借：主营业务成本　　　　　　　　　　　　　　　　　1 150 000
　　工程施工——合同毛利　　　　　　　　　　　　　　210 000
　　贷：主营业务收入　　　　　　　　　　　　　　　　　1 360 000

4. 工程全部完工

将"存货跌价准备"相关的余额冲减"主营业务成本"。

借：存货跌价准备　　　　　　　　　　　　　　　　　　40 000
　　贷：主营业务成本　　　　　　　　　　　　　　　　　　40 000

结清工程施工和工程结算账户：

借：工程结算　　　　　　　　　　　　　　　　　　　6 000 000
　　贷：工程施工——合同成本　　　　　　　　　　　　5 950 000
　　　　　　　　——合同毛利　　　　　　　　　　　　　50 000

## 第三节　其他业务收入

### 一、其他业务收入的内容

施工企业除工程施工外因开展其他活动而取得的收入属于其他业务收入。其他业务收入主要包括：

（1）产品销售收入是指施工企业或其附属内部非独立核算的工业企业，将其生产的各种产品销售给外单位或本企业其他内部独立核算单位所取得的收入。

（2）机械作业收入是指施工企业或其附属内部独立核算的机械站、运输队等，对外单位或本企业其他内部独立核算单位提供机械作业、运输作业等劳务所取得的收入。

（3）材料销售收入是指施工企业将不用的材料、工程物资，向外单位或本企业其他内部独立核算单位销售所取得的收入。

（4）固定资产出租收入是指施工企业将固定资产出租给其他单位所取得的租金收入。

（5）无形资产出租收入是指施工企业将无形资产出租给其他单位所取得的租金收入。

(6) 其他收入是指施工企业取得的除上述收入之外的其他各项收入。

## 二、其他业务收入的确认

### (一) 销售收入的确认

施工企业销售产品、材料所取得的收入属于销售收入,必须同时满足以下五个条件才能确认为收入实现:

(1) 企业已将产品、材料所有权上的主要风险和报酬转移给购货方。

(2) 企业既没有保留通常与所有权向联系的继续管理权,也没有对已销售的产品、材料实施有效控制。

(3) 相关的经济利益很可能已经流入企业。

(4) 收入的金额能够可靠地计量。

(5) 相关的已发生或将发生的成本能够可靠地计量。

### (二) 提供劳务收入的确认

施工企业对外提供机械作业、运输作业收入属于提供劳务取得的收入,应分别下列情况确认:

(1) 在同一会计年度内开始并完成的劳务应在作业完成时确认收入,确认的金额为合同或协议总金额。确认的方法可参照销售收入的确认原则。

(2) 开始和完成分属于不同的会计年度且在资产负债表日能对该项交易的结果作出可靠估计的劳务应按完工百分比法确认收入。同时满足下列条件的,为提供作业的结果能够可靠估计:①收入的金额能够可靠地计量;②相关的经济利益很可能流入企业;③交易的完工进度能够可靠地确定(参照建造合同收入完工进度的确定);④交易中已发生和将发生的成本能够可靠地计量。

### (三) 让渡资产使用权产生的收入的确认

施工企业固定资产出租收入、无形资产出租收入属于让渡资产使用权收入,必须同时满足下列条件才能确认为收入实现:

(1) 相关的经济利益很可能流入企业。

(2) 收入的金额能够可靠地计量。

## 三、其他业务收入的核算

为了反映其他业务收入的实现和其他业务支出的发生情况,施工企业应设置"其他业务收入""其他业务成本"和"税金及附加"等账户进行核算:

"其他业务收入"账户核算施工企业除主营业务以外的其他业务收入,贷方登记当期取得的其他业务收入,借方登记期末转入"本年利润"账户的其他业务收入,结转后本账户无余额。本账户应按其他业务的种类设置明细账户进行明细核算。

"其他业务成本"账户核算施工企业除主营业务以外的其他业务成本,借方登记当期发生的其他业务成本,贷方登记期末转入"本年利润"账户的其他业务成本,结转后本账户无余额。本账户应按其他业务的种类设置明细账户进行明细核算。

【例10-5】 甲施工企业对外销售材料一批,开出的增值税专用发票上注明售价为40 000元,增值税额为5 200元,货物已发出,并已向银行办妥相关手续;该批材料的成本为35 000元,材料成本差异为1‰。

借:银行存款　　　　　　　　　　　　　　　　　　　　　　　　　45 200
　　贷:其他业务收入——材料销售收入　　　　　　　　　　　　　　40 000
　　　　应交税费——应交增值税(进项税额转出)　　　　　　　　　　5 200

借:其他业务成本——材料销售成本　　　　　　　　　　　　　　　　35 350
　　贷:原材料　　　　　　　　　　　　　　　　　　　　　　　　　35 000
　　　　材料成本差异　　　　　　　　　　　　　　　　　　　　　　　350

【例10-6】 甲施工企业为外单位提供运输作业,开出的增值税专用发票上注明运输作业收入为20 000元,增值税额为1 800元,款项已收存入银行,发生运输成本为16 000元。

借:银行存款　　　　　　　　　　　　　　　　　　　　　　　　　21 800
　　贷:其他业务收入——机械作业收入　　　　　　　　　　　　　　20 000
　　　　应交税费——应交增值税(销项税额)　　　　　　　　　　　　1 800

借:其他业务成本——机械作业成本　　　　　　　　　　　　　　　　16 000
　　贷:机械作业——汽车运输　　　　　　　　　　　　　　　　　　16 000

【例10-7】 甲施工企业出租施工机械一台,开出的增值税专用发票上注明租金收入为10 000元,增值税额为1 300元,款项已收存入银行,每月计提折旧8 000元。

借:银行存款　　　　　　　　　　　　　　　　　　　　　　　　　11 300
　　贷:其他业务收入——固定资产出租收入　　　　　　　　　　　　10 000
　　　　应交税费——应交增值税(销项税额)　　　　　　　　　　　　1 300

借:其他业务成本——固定资产出租成本　　　　　　　　　　　　　　8 000
　　贷:累计折旧　　　　　　　　　　　　　　　　　　　　　　　　8 000

### 复习思考题

1. 什么是收入?收入有哪些特征?收入是如何分类的?
2. 什么是建造合同?建造合同有哪些特点?建造合同分哪几类?
3. 建造合同收入包括哪几部分?
4. 固定造价合同的结果能够可靠地估计的条件有哪些?
5. 成本加成合同的结果能够可靠地估计的条件有哪些?
6. 完工百分比法确认合同收入、合同费用和合同毛利的计算公式是什么?
7. 什么是其他业务收入?其他业务收入包括的内容有哪些?

### 实训练习题

#### 练 习 题 一

(一)目的:练习建造合同收入的核算。
(二)资料:丙施工企业签订了一项总金额(含税)为2 943 000元的固定造价建造合同,

不含税金额 2 700 000 元,增值税 243 000 元,承建一座桥梁。工程已于 2×16 年 5 月开工,预计 2×18 年 8 月完工。最初,预计工程总成本为 2 500 000 元,到 2×17 年年底,预计工程总成本已为 3 000 000 元。该工程于 2×18 年 6 月完成,实际发生成本为 2 800 000 元,因提前两个月且工程质量优良,客户同意支付奖励款 300 000 元。建造该项工程的其他有关资料如表 10-2 所示。

表 10-2　建造该项工程的其他有关资料　　　　　　　　　　　　　　单位:元

| 年份 | | 2×16 | 2×17 | 2×18 | 合计 |
| --- | --- | --- | --- | --- | --- |
| 累计实际发生成本 | | 800 000 | 2 100 000 | 2 800 000 | 2 800 000 |
| 预计完成合同尚需发生成本 | | 1 700 000 | 900 000 | — | — |
| 结算合同价款 | 不含税价款 | 1 000 000 | 1 100 000 | 900 000 | 3 000 000 |
| | 增值税 | 90 000 | 99 000 | 81 000 | 270 000 |
| 实际收到价款 | | 800 000 | 1 000 000 | 1 470 000 | 3 270 000 |

(三) 要求:根据上述资料编制会计分录。

## 练 习 题 二

(一) 目的:练习其他业务收入和其他业务成本的核算。

(二) 资料:某施工企业 6 月份发生如下经济业务:

(1) 对外销售自产的混凝土结构件一批,增值税专用发票上注明的价款 300 000 元,增值税 39 000 元,产品成本 250 000 元。

(2) 出租施工机械两台,增值税专用发票上注明的租金 25 000 元,增值税 3 250 元,本月折旧额为 9 000 元。

(3) 所属运输队对外提供运输作业 8 个台班,共计 16 800 元,增值税 1 512 元,运输成本 12 000 元。

(4) 对外销售材料一批,增值税专用发票上注明的价款 90 000 元,增值税 11 700 元。材料成本 72 000 元。

(三) 要求:根据上述资料编制相关的会计分录。

# 第十一章 工程成本和费用

**课程思政**

**案例研究:** 陕西奥凯电缆有限公司——西安地铁"问题电缆"

2017年3月13日,一篇名为《西安地铁你们还敢坐吗?》的网文爆料:西安地铁3号线所用部分电缆偷工减料,各项生产指标都不符合地铁施工标准,电缆线径的实际横截面积小于标称的横截面积,可能会造成电缆电线发热过大,不仅会损耗大量动力,还可能引发火灾。

2017年3月20日,西安市政府召开新闻发布会,公布西安地铁3号线电缆抽检结果:送检的电缆样本均不合格,将全部更换。3月21日,电缆供应商陕西奥凯电缆有限公司(以下简称"奥凯公司")法定代表人王志伟承认,在西安地铁3号线电缆项目的招标过程中,奥凯公司使用低价竞标方式获得订单,在生产过程中为了获得利润,降低成本,制造了不合格的产品。

中国价格协会线缆价格分会秘书长柏广森表示:"根据我们中缆在线监测到的数据,地铁和铁路项目的线缆采购,如果是业主招标,大多数的项目都是'价不抵本'的,因此供货很容易产生偷工减料、以次充好的问题。只有这样,中标方才能获取利润。"

2017年6月,国务院决定依法依纪对西安地铁"问题电缆"事件严厉问责:由陕西省依法对涉案违法生产企业8名犯罪嫌疑人执行逮捕,依法依纪问责处理相关地方职能部门122名责任人,包括厅级16人、处级58人。2019年3月29日,西安市中级人民法院宣判:奥凯公司被罚人民币3 050万元;奥凯公司法定代表人王志伟被判无期徒刑,剥夺政治权利终身,并处罚金人民币2 150万元;其余7名被告人分别判处有期徒刑7—12年不等的刑期,并处罚金。

(西安地铁"问题电缆"中标始末[J]. 中国招标,2017(16):39-42.)

# 第一节 工程成本核算对象概述

## 一、成本与费用

### (一) 概念

费用是企业在日常活动中发生的、会导致所有者权益减少的、与向所有者分配利润无关的经济利益的总流出,构成产品成本的基础。

成本是为生产某种产品而发生的各种耗费的总和,是对象化的费用。

### (二) 区别

(1) 费用涵盖范围较宽,既包括企业生产各种产品发生的各种耗费,也包括当期及以前期间发生的费用;成本只涵盖为生产产品而发生的耗费。

(2) 费用着重于按会计期间进行归集,成本着重于按产品进行归集。

### (三) 费用的分类

费用按照是否构成产品实体进行分配,可以分为生产成本和期间费用两大类。具体包括以下内容:

(1) 生产成本,是指企业为了生产产品而发生的各种耗费。

(2) 期间费用,一般包括销售费用、财务费用、管理费用等。

## 二、成本核算的基本要求

### (一) 严格遵守国家规定的成本、费用开支范围

成本、费用开支范围是指国家对企业发生的各项支出,允许其在成本、费用中列支的范围,具体包括工程成本和期间费用两大类。施工企业与施工生产经营活动有关的各项支出,都应当按照规定计入企业的成本、费用。

### (二) 加强成本核算的各项基础工作

成本核算的各项基础工作是保证成本核算工作正常进行,以及保证成本核算工作质量的前提条件。施工企业成本核算的基础工作主要包括以下内容:

(1) 建立健全原始记录制度。

(2) 建立健全各项财产物资的收发、领退、清查和盘点制度。

(3) 制定或修订企业定额。

### (三) 划清各种费用界限

为了使施工企业有效地进行成本核算,施工企业应在成本核算过程中划清有关费用开支的界限:

(1) 划清生产成本与期间费用之间的界限。

(2) 划清各期施工生产成本之间的界限。
(3) 划清本期各成本项目之间的界限。
(4) 划清成本核算对象之间的界限。
(5) 划清已完工程成本与未完工程成本的界限。

(四) 加强费用开支的审核和控制

施工企业要由专人负责,依据国家有关法律政策、各项规定及企业内部制定的定额或标准等,对施工生产经营过程中发生的各项耗费进行及时的审核和控制,以检查、监督各项费用是否应该开支,应开支的费用是否应该计入施工生产成本或期间费用。对于不合理、不合法、不利于提高经济效益的费用支出应严格加以限制。做到事前审核、控制,防患于未然;事中审核、控制,纠正偏差,以确保成本目标的实现。

(五) 建立工程项目台账

由于施工企业所承担的工程具有规模大、工期长的特点,工程施工总账、明细账无法反映各工程项目的综合信息,为了全面了解各工程项目的基本情况,及时向企业决策部门及有关管理部门提供所需信息,施工企业还应按单项建造合同建立工程项目台账。其具体内容包括以下几个方面:

(1) 工程项目名称、项目地点、建设单位(或发包单位)名称、合同规定的工程开工时间与完工时间。
(2) 工程合同造价、合同变更调整金额、赔偿款、奖励款、支付的分包款、已扣除的分包款、已扣除的分包款的发票号码、已预缴的税款、已预交的税款的完税凭证号码等。
(3) 预计工程总成本、累计已发生成本以及完成合同尚需发生的成本。
(4) 本年和累计的已在利润表中确认的合同收入、合同成本、毛利及毛利率。
(5) 本年和累计的已获工程合同甲方签证确认的工程量、已办理结算工程的工程价款。
(6) 实际收到的工程价款,包括预收备料款和已收工程进度款等。

### 三、工程成本及其核算的内容

(一) 工程成本的概念

根据《企业会计准则第 15 号——建造合同》,工程成本是指从建造合同签订开始至合同完成止所发生的、与执行合同有关的直接费用和间接费用。

(二) 工程成本核算的内容

1. 直接费用

为完成合同所发生的、可以直接计入合同成本核算对象的各项费用支出(形成工程实体)。具体包括:

(1) 人工费,是指从事建筑安装工程施工人员的薪酬。
(2) 材料费,主要包括建筑安装施工过程中耗用的工程实体或有助于形成工程实体的原材料、辅助材料、结构件、零件、半成品的成本,以及周转材料的摊销和租赁费用等,使用结构件较多的工程,也可以单独设置"结构件"成本项目。
(3) 机械使用费,主要包括施工过程中使用自有施工机械所发生的机械使用费和租用外单位施工机械所支付的租赁费,以及施工机械的安装、拆卸和进出场费。

(4) 其他直接费用,主要包括有关的设计和技术援助费用、施工现场材料二次搬运费、生产工具和用具使用费、检验试验费、冬雨季施工增加费、夜间施工增加费、流动施工津贴、特种地区施工增加费、铁路和公路工程行车干扰费、送变电工程干扰通讯保护措施费、特殊工种技术培训费等。

2. 间接费用

间接费用是指为完成工程所发生的、不易直接归属于工程成本核算对象而应在若干工程之间分摊的费用。它主要是企业下属的施工单位或生产单位为组织和管理施工生产活动而发生的费用,如下属施工单位管理人员工资、福利费、办公费、差旅费等。

### 四、工程成本核算的账户设置

(一)"工程施工"账户

"工程施工"账户核算施工企业实际发生的工程施工合同成本和合同毛利,属于成本类账户。本账户应设置"合同成本"和"合同毛利"两个明细账户。

(1) "合同成本"明细账户核算各项建造合同发生的实际成本,一般包括工程施工中发生的人工费、材料费、机械使用费、其他直接费和间接费用等。合同成本明细账户应按成本核算对象和成本项目进行归集。

成本项目一般包括人工费、材料费、机械使用费、其他直接费、间接费用。

(2) "合同毛利"明细账户核算各项建造合同确认的合同毛利。

"工程施工"账户的借方登记施工企业在施工生产经营过程中发生的材料费、人工费、机械使用费、其他直接费和间接费用(记入"合同成本"明细账户),按规定确认的工程合同收入和合同费用的差额(记入"合同毛利"明细账户)。

需要强调的是,建造合同完工以后,"工程施工"账户与"工程结算"账户应对冲,对冲后"工程施工"账户应无余额。

(二)"机械作业"账户

"机械作业"账户核算施工企业及其内部独立核算的施工单位、机械站和运输队使用自有施工机械与运输设备进行机械作业(包括机械化施工、机械作业等)所发生的各项费用。其借方登记发生的机械作业支出;贷方登记月末按照受益对象分配结转的机械作业支出。期末应无余额。本账户应按施工机械类型(种类)和施工机械使用费项目分别设置机械作业明细账进行明细核算。

需要强调的是,施工企业及其内部独立核算的施工单位,从外单位或本企业其他内部独立核算的机械站租入施工机械,按照规定的台班定额支付的机械租赁费,直接计入成本核算对象的"工程施工——机械使用费"账户,不通过本账户进行核算。

(三)"生产成本——辅助生产"账户

"生产成本——辅助生产"账户,核算施工企业非独立核算的辅助生产部门为工程施工、机械作业、固定资产以及临时设施等生产材料、提供劳务所发生的各项费用。其借方登记实际发生的辅助生产费用支出;贷方登记月末按照受益对象分配结转的辅助生产费用;期末借方余额反映辅助生产部门尚未完工的在产品和未完作业、未结算劳务的实际成本。本账户应按车间、单位或部门设置明细账,并在明细账下按成本核算对象和成本项目进行明细核算。

企业下属的生产车间、单位或部门,如机修车间、木工车间、混凝土车间、供水站、运输队等,如果实行内部独立核算,则所发生的生产费用应在"生产成本——基本生产""机械作业"账户核算,不在"生产成本——辅助生产"账户核算。

### (四)"工程结算"账户

"工程结算"账户核算施工企业根据建造合同约定向建设单位办理结算的累计金额。其借方登记施工企业在合同完工时,与相关工程施工合同的"工程施工"账户对冲的金额;贷方登记施工企业向建设单位办理工程价款结算的金额;期末贷方金额反映施工企业尚未完工建造合同但已办理结算的累计金额。本账户应按照建造合同设置明细账户进行明细核算。

## 五、工程成本核算的程序

施工企业及其所属的施工单位在进行成本核算时,一般应遵循下列程序:
(1) 确定工程成本核算对象。
(2) 根据工程成本核算对象开设"工程施工"明细账。
(3) 确定工程成本计算期。成本计算期即计算成本的间隔时间。一般情况下,工程成本计算期应与工程价款结算期一致,以便收入与费用合理配比。
(4) 本期发生各项施工生产费用时,应按照费用的用途和发生地点,分别归集到"工程施工""机械作业""生产成本——辅助生产"等账户的借方。
(5) 月末,把应由本月负担的转入有关成本费用账户的借方。
(6) 月末,将归集在"生产成本——辅助生产"账户的各项费用,按照各收益对象的受益数量,分配记入"机械作业"和"工程施工——间接费用"等有关账户。
(7) 月末,按照各个工程使用的有施工机械的记录,核算与分配机械使用费,从"机械作业"账户的贷方转入"工程施工"账户的借方。
(8) 施工单位发生的各项间接费用,先在"工程施工——间接费用"账户进行归集,月末再按确定的工程成本核算对象和一定的分配标准分配记入"工程施工——合同成本"账户借方。
(9) 期末确定已完工程或竣工工程的实际成本。通过以上步骤,把应计入本月施工工程合同成本的各项施工生产费用,都集中反映在"工程施工"账户的借方。月末,通过盘点计算未完施工的成本,即可确定本月已完工程的实际成本。合同完成时,应将已竣工工程的合同成本和合同毛利从"工程施工"账户的贷方结转到"工程结算"账户的借方。尚未竣工工程的实际成本仍然保留在"工程施工"账户中,不予结转。

# 第二节 辅助生产费用

## 一、辅助生产的概念和种类

施工企业的辅助生产部门,是指施工企业所属非独立核算的辅助生产车间、单位或部门,如机修车间、木工车间、混凝土车间、供水站、运输队等。

辅助生产是指辅助生产部门为工程施工而发生的辅助生产费用,是工程成本中间接费用的组成部分。

(1) 辅助生产按服务的内容,可以分为生产材料的辅助生产和提供劳务的辅助生产两大类。其中生产材料的辅助生产包括砂石采掘、构件现场制作、铁木件加工等;提供劳务的辅助生产,包括设备维修、固定资产清理、供应水电气、施工机械的安装、拆卸和辅助设施的搭建等。

(2) 辅助生产部门按其生产材料和提供劳务种类的多少,可以分为只生产一种材料与提供一种劳务的单品种的辅助生产和生产多种材料与提供多品种辅助生产两大类。其中只生产一种材料与提供一种劳务的单品种的辅助生产包括供水、供电、供气等;生产多种材料和提供多种劳务的多品种辅助生产包括砂石采掘、铁木件加工等。

## 二、辅助生产费用的归集和分配

### (一) 辅助生产费用的归集

辅助生产部门所发生的各项生产费用,应在"生产成本——辅助生产"或"辅助生产"(对于辅助生产业务较多的企业,也可将辅助生产设为一级账户)账户下,按车间、单位和部门以及确定的成本核算对象和成本项目,设置"辅助生产明细账"进行归集。

成本核算对象一般可按生产的材料(或产品)和提供劳务的类别确定。

成本项目一般可分为人工费、材料费、其他直接费和间接费用。其中,间接费用是指为组织和管理辅助生产所发生的费用。

【例 11-1】 甲施工企业有运输队、机修厂两个辅助生产部门。2×15 年 6 月份运输队领用柴油 8 000 元,分配材料成本差异 80 元,计提职工薪酬 15 000 元,计提固定资产折旧 500 元;机修厂领用机械配件 5 600 元,分配材料成本差异 56 元,计提职工薪酬 18 000 元,计提固定资产折旧费 1 300 元,甲施工企业应编制如下会计分录:

| | |
|---|---:|
| 借:生产成本——辅助生产(运输队) | 23 580 |
| ——辅助生产(机修厂) | 24 956 |
| 贷:原材料 | 13 600 |
| 材料成本差异 | 136 |
| 应付职工薪酬——工资 | 33 000 |
| 累计折旧 | 1 800 |

### (二) 辅助生产费用的分配

由于辅助生产部门所生产的材料(或产品)和劳务的种类不同,辅助生产费用的分配、转出的程序也有所不同。

辅助生产完成验收入库的各种自制材料、结构件等,应按计划成本借记"原材料""周转材料"等账户,按实际成本贷记"生产成本——辅助生产"账户,按实际成本和计划成本之间的差额,借记或贷记"材料成本差异"账户。

辅助生产部门提供水、电、风、气以及设备维修、施工机械的安装、拆卸和运输作业等所发生的辅助生产费用,一般应于月末根据"辅助生产明细账"的记录,编制"辅助生产费用分配表",采用适当的方法在受益对象之间进行分配。

如果一个施工单位内部有若干个辅助生产部门之间相互服务时,为了正确计算辅助生产成本,还需要在各个辅助生产部门之间交互分配辅助生产费用。

辅助生产费用的分配方法主要有五种,直接分配法、交互分配法、计划成本分配法、顺序分配法、代数分配法等,下面只介绍较为简单的直接分配法和运用较多的交互分配法。

### 1. 直接分配法

直接分配法是指在不考虑了各个辅助生产部门之间相互提供产品和劳务的前提下,将辅助生产部门所发生的生产费用直接分配给辅助生产以外的各个受益对象。其具体做法是先按实际发生的辅助生产费用和为辅助生产部门以外的各受益对象生产的产品或提供的劳务数量,计算出实际单位成本,然后再按受益对象的耗用量进行分配。其计算公式如下:

$$辅助生产实际单位成本 = \frac{该辅助生产部门直接发生的费用总额}{该辅助生产部门提供的产品或劳务总量 - 其他辅助生产部门的耗用量}$$

$$某受益对象应分配辅助生产费用 = 该受益对象的耗用量 \times 辅助生产实际单位成本$$

【例 11-2】 假定甲施工企业有机修和供电两个辅助生产车间。2×18 年 5 月在分配辅助生产费用以前,机修车间发生费用 1 200 万元,提供修理工时 500 小时(按修理工时分配费用,其中供电车间 20 小时),其他部门耗用工时如表 11-1 所示;供电车间发生费用 2 400 万元,提供供电度数 20 万度(按耗电度数分配费用,其中机修车间耗用 4 万度),其他部门耗电度数如表 11-1 所示。

表 11-1 辅助生产费用分配表
(直接分配法)

甲施工企业　　　　　　　　　　2×18 年 5 月　　　　　　　　金额单位:万元

| 辅助生产车间名称 | | 机修车间 | | 供电车间 | | 合计 |
|---|---|---|---|---|---|---|
| | | 修理工时(小时) | 修理费用 | 供电度数(万度) | 供电费用 | |
| 待分配辅助生产费用 | | 480 | 1 200 | 16 | 2 400 | 3 600 |
| 费用分配率(万元/小时、万元/万度) | | | 2.5 | | 150 | |
| 受益对象 | 工程施工——甲工程 | 300 | 750 | 9 | 1 350 | 2 100 |
| | 工程施工——乙工程 | 120 | 300 | 4 | 600 | 900 |
| | 机械作业——起重机 | 40 | 100 | | | 100 |
| | 机械作业——自卸汽车 | 20 | 50 | | | 50 |
| | 管理费用 | | | 3 | 450 | 450 |
| 合计 | | 480 | 1 200 | 16 | 2 400 | 3 600 |

借:工程施工——甲工程　　　　　　　　　　　21 000 000
　　　　　　——乙工程　　　　　　　　　　　　9 000 000
　　机械作业——挖掘机　　　　　　　　　　　 1 000 000
　　　　　　——自卸汽车　　　　　　　　　　　　500 000
　　管理费用　　　　　　　　　　　　　　　　　4 500 000
　贷:生产成本——辅助生产(机修车间)　　　　12 000 000
　　　　　　——辅助生产(供电车间)　　　　　24 000 000

## 2. 交互分配法

交互分配法的特点是辅助生产费用通过两次分配完成,首先将辅助生产明细账上的合计数根据各辅助生产车间、部门相互提供的劳务数量计算分配率,在辅助生产车间进行交互分配;然后将各辅助生产车间交互分配后的实际费用(即交互分配前的费用加上交互分配转入的费用,减去交互分配转出的费用),再按提供的劳务量在辅助生产车间以外的各收益单位之间进行分配。这种分配方法的优点是提高了分配的正确性,但同时加大了分配的工作量。

【例 11-3】 承[例 11-2],采用交互分配法分配其辅助生产费用,其辅助生产费用分配表如表 11-2 所示。

表 11-2 辅助生产费用分配表
(交互分配法)

甲施工企业　　　　　　　　　2×18 年 5 月　　　　　　　　　金额单位:万元

| 辅助生产车间名称 | | 机修车间 | | 供电车间 | | 合计 |
|---|---|---|---|---|---|---|
| | | 修理工时(小时) | 修理费用 | 供电度数(万度) | 供电费用 | |
| 交互分配前辅助生产费用 | | 500 | 1 200 | 20 | 2 400 | 3 600 |
| 费用分配率(万元/小时,万元/万度) | | | 2.4 | | 120 | |
| 交互分配 | 辅助生产——机修车间 | | | 4 | 480 | |
| | 辅助生产——供电车间 | 20 | 48 | | | |
| | 小计 | 480 | 1 632 | 16 | 1 968 | |
| | 费用分配率(万元/小时,万元/万度) | | 3.4 | | 123 | |
| 受益对象 | 工程施工——甲工程 | 300 | 1 020 | 9 | 1 107 | 2 127 |
| | 工程施工——乙工程 | 120 | 408 | 4 | 492 | 900 |
| | 机械作业——起重机 | 40 | 136 | | | 136 |
| | 机械作业——自卸汽车 | 20 | 68 | | | 68 |
| | 管理费用 | | | 3 | 369 | 369 |
| | 合计 | 480 | 1 632 | 16 | 1 968 | 3 600 |

借:工程施工——甲工程　　　　　　　　　　　　21 270 000
　　　　　　——乙工程　　　　　　　　　　　　 9 000 000
　　机械作业——挖掘机　　　　　　　　　　　　 1 360 000
　　　　　　——自卸汽车　　　　　　　　　　　　 680 000
　　管理费用　　　　　　　　　　　　　　　　　 3 690 000
　贷:生产成本——辅助生产(机修车间)　　　　 16 320 000
　　　　　　——辅助生产(供电车间)　　　　　 19 680 000

# 第三节 工程实际成本

工程成本包括人工费、材料费、机械使用费、其他直接费和间接费用等成本项目。在工程施工中发生的各项费用,首先应按照确定的工程成本核算对象和成本项目进行归集,凡是能够直接计入有关工程成本核算对象的,直接计入各工程成本核算对象的合同成本明细账户的各成本项目;不能计入各工程成本核算对象的,应先记入"工程施工——间接费用"账户,然后再采用一定的方法分配计入各工程成本核算对象的成本项目,最后计算出各工程的实际成本。

## 一、人工费的核算

### (一) 人工费核算的内容

工程成本中的"人工费",是指施工企业从事建筑安装工程施工的生产人员和在施工现场运料、配料等辅助生产工人的工资、奖金、补贴、职工福利、工资性质的津贴和劳动保护费等。

### (二) 人工费的归集和分配

在工程成本计算中,对于与工作量相关的薪酬,一般都能分清受益对象,可以根据"工程任务单"和有关工资结算凭证计入各工程成本核算对象的"人工费"成本项目。

对于与工作时间相关的薪酬,在只有一个成本核算对象的情况下,仍属直接费用,可直接计入该项工程成本的"人工费"项目;在有多个成本核算对象的情况下,则应采用适当的分配方法,在各项工程之间分配,计入该工程成本的"人工费"项目。为了简化核算手续,可按实际耗用工日数求出每日的平均薪酬(即薪酬分配率),然后再按受益对象耗用的实际工日数进行分配。计算公式如下:

$$\text{建安工人的日平均薪酬} = \frac{\text{建安工人当月计时薪酬总额}}{\text{各工程当月实耗工日总数}}$$

$$\text{某项工程应分配的薪酬费用} = \text{当月实耗工日数} \times \text{建安工人的日平均薪酬}$$

【例 11-4】 某施工企业 2×18 年 5 月份承建甲、乙两项工程,共发生职工薪酬 5 400 000 元,按生产工日比例分配,本月份甲工程耗用 15 000 工日,乙工程耗用 12 000 工日。

日平均薪酬 = 5 400 000 ÷ (15 000 + 12 000) = 200(元/工日)
甲工程应分配的职工薪酬 = 15 000 × 200 = 3 000 000(元)
乙工程应分配的职工薪酬 = 12 000 × 200 = 2 400 000(元)

【例 11-5】 承[例 11-4]甲施工企业 2×18 年 5 月份职工薪酬分配表如表 11-3 所示。

表 11-3 职工薪酬分配表

甲施工企业　　　　　　　　　　2×18 年 5 月 31 日　　　　　　　　　　单位:万元

| 应借账户 | | 成本项目 | 建安工人职工薪酬 | 其他人员职工薪酬 | 合计 |
|---|---|---|---|---|---|
| 工程施工 | 甲工程 | 直接人工 | 300 | | 300 |
| | 乙工程 | 直接人工 | 240 | | 240 |
| | 小计 | | 540 | | 540 |
| 辅助生产成本 | | 直接人工 | | 70 | 70 |
| 机械作业 | | 直接人工 | | 39 | 39 |
| 管理费用 | | 直接人工 | | 160 | 160 |
| 财务费用 | | 直接人工 | | 20 | 20 |
| 合计 | | | 540 | 289 | 829 |

| 借：工程施工——甲工程（人工费） | 3 000 000 |
| ——乙工程（人工费） | 2 400 000 |
| 　　生产成本——辅助生产 | 700 000 |
| 　　机械作业 | 390 000 |
| 　　管理费用 | 1 600 000 |
| 　　财务费用 | 200 000 |
| 　　贷：应付职工薪酬 | 8 290 000 |

## 二、材料费的核算

### （一）材料费核算的内容

工程成本中的"材料费"，是指在施工过程中耗用的构成工程实体或有助于形成工程实体的原材料、辅助材料、结构配件、零件、半成品的成本，以及周转材料的摊销和租赁费用等。

施工企业的材料，除主要用于工程施工外，还用于临时设施、福利设施、固定资产等专项工程以及其他非生产性的耗用。因此，应根据发出材料的用途，严格划分工程耗用与其他耗用的界限，只有直接用于工程的材料才能计入工程成本核算对象的"材料费"成本项目。

### （二）材料费的归集和分配

工程施工中耗用的材料品种较多、数量较大、领用频繁，在核算工程的材料费用时，应根据使用材料的不同情况采用直接分配法或间接分配法进行汇总和分配：

（1）领用时能够点清数量和分清用料对象的，如钢材、水泥、电器材料等，在领料凭证上填明受益工程成本核算对象的名称，财会部门据以计入受益工程成本核算对象的"材料费"成本项目。

（2）领用时能够点清数量，但属于集中配料或统一下料的材料，如油漆、玻璃、木材等，在领料凭证上注明"集中配料"，月末由材料部门会同领料组，根据配料情况，结合材料耗用定额编制"集中配料耗用计算单"，财会部门据以分配计入受益工程成本核算对象。

（3）领用时既不易点清数量，又难以分清工程成本核算对象的，如砖、瓦、灰、砂、石等大堆材料，一般都在露天堆放，在施工过程中连续零星地被耗用，可以根据具体情况，先由材料员或施工班组保管，实行集中搅拌混凝土或砂浆的，由搅拌站验收保管。月末进行实地盘点，并根据"月初结存量＋本月收入量－月末盘点结存量＝本月耗用量"的计算公式确定本月实际耗用总量；然后再根据各工程成本核算对象本月所完成的实物工程量及材料耗用定额，编制"大堆材料耗用计算单"，财会部门据以分配计入有关工程成本核算对象。

（4）周转材料的模板、脚手架等周转材料，应按各工程成本核算对象实际领用数量及规定的摊销方法编制"周转材料摊销计算单"，确定各工程成本核算对象实际领用数并计入其"材料费"成本项目。对某些周转材料（如金属脚手架、组合模板等）实行内部租赁或向外部租赁使用的企业，则应按实际支付的租赁费直接计入受益工程成本核算对象的"材料费"成本项目。

（5）本月已经办理领用手续但尚未耗用，下月仍需继续耗用的材料，应进行盘点，办理"假退料"手续，即用红字填制一份本月的"领料单"，同时再用蓝字填制一份下月的"领料单"。

（6）工程竣工后的剩余材料，企业应填制"退料单"或红字"领料单"，办理材料退库手续，并冲减工程成本中的材料费。工程竣工后，施工现场回收的可利用残次材料、废料和包装物等，企业应填制"残次料交库单"，并估价入账，并冲减工程成本中的材料费。

（7）采用计划成本进行日常核算的企业，平时领用的材料是按计划成本计价，各成本计算期期末，还必须将耗用的计划成本还原为实际成本，分配材料成本差异。

月终，财会部门根据领料单、定额领料单、大堆材料耗用计算单、集中配料耗用计算单、周转材料摊销计算单、退料单、残次品交库单等原始凭证，按材料类别等，分别计算各个工程成本核算对象耗用材料的计划成本和分摊的材料成本差异，编制"材料费用分配表"，据此记入各个工程核算对象的"材料费"成本项目。

【例11-6】 某施工企业2×18年5月份承建甲、乙两项工程，共领用某种材料4 400吨，每吨2 000元。甲工程领用材料2 400吨，乙工程领用材料2 000吨。

$$甲工程应分配的材料费用 = 2\,400 \times 2\,000 = 4\,800\,000(元)$$
$$乙工程应分配的材料费用 = 2\,000 \times 2\,000 = 4\,000\,000(元)$$

【例11-7】 某施工企业2×18年8月承建甲、乙两个工程，两工程当月领用各种材料全部汇总在材料领用汇总表（表11-4）中。

表11-4 材料领用汇总表

甲施工企业　2×18年8月　　　　　　　　　　　　　　　　　　　金额单位：万元

| 项目名称 | 主要材料 | | | | | |
|---|---|---|---|---|---|---|
| | 水泥 | | …… | 其他 | 小计 | 成本差异 |
| | 数量（吨） | 金额 | | | | |
| 甲工程 | 700 | 42 000 | …… | 3 000 | 98 650 | 1 973 |
| 乙工程 | 500 | 30 000 | …… | 2 500 | 79 200 | 1 584 |
| 合计 | 1 200 | 72 000 | …… | 5 500 | 177 850 | 3 557 |

| 项目名称 | 结构件 | | 其他材料 | | 合计 | |
|---|---|---|---|---|---|---|
| | 金额 | 成本差异 | 金额 | 成本差异 | 金额 | 成本差异 |
| 甲工程 | 34 300 | 343 | 7 100 | 71 | 140 050 | 2 387 |
| 乙工程 | 30 400 | 304 | 6 300 | 63 | 115 900 | 1 951 |
| 合计 | 64 700 | 647 | 13 400 | 134 | 255 950 | 4 338 |

根据表11-4，甲施工企业编制如下会计分录：

借：工程施工——甲工程（材料费）　　　　　　　　　　　　140 050
　　贷：原材料——主要材料　　　　　　　　　　　　　　　　98 650
　　　　　　——结构件　　　　　　　　　　　　　　　　　　34 300
　　　　　　——其他材料　　　　　　　　　　　　　　　　　7 100

| | | |
|---|---|---|
| 借:工程施工——乙工程(材料费) | | 115 900 |
|   贷:原材料——主要材料 | | 79 200 |
|         ——结构件 | | 30 400 |
|         ——其他材料 | | 6 300 |
| 借:工程施工——甲工程(材料费) | | 2 387 |
|   贷:材料成本差异——主要材料 | | 1 973 |
|            ——结构件 | | 343 |
|            ——其他材料 | | 71 |
| 借:工程施工——甲工程(材料费) | | 1 951 |
|   贷:材料成本差异——主要材料 | | 1 584 |
|            ——结构件 | | 304 |
|            ——其他材料 | | 63 |

### 三、机械使用费的核算

**(一)机械使用费核算的内容**

工程成本中的机械使用费,是指在施工工程中使用自有施工机械所发生的机械使用费和使用外单位或本企业内部所属独立核算的机械站的施工机械所发生的租赁费。

施工机械主要有:挖掘机、推土机、铲运机、起重机、载重汽车、自卸汽车、装载机、空气压缩机、拖车组、打桩机、混凝土搅拌运输车、混凝土输送泵车等。

在现代施工生产中,主要的施工生产活动,如土石方工程、起吊工程、混凝土搅拌和浇灌、装修工程以及各种建筑材料的水平运输和垂直运输等,都广泛地依靠各种施工机械来完成。

施工企业在施工生产过程中使用的施工机械,分为自有施工机械和租入施工机械。因此,机械使用费的核算也可分为两种情况。

**(二)机械使用费的归集**

1. 租入施工机械费用

企业及所属的施工单位从外单位或本企业其他内部独立核算的机械站租入施工机械所支付的租赁费,一般根据"机械租赁费结算账单"所列金额,直接计入受益工程核算对象的"机械使用费"成本项目。如果发生的施工机械租赁费应有两个或两个以上的工程成本核算对象共同负担,则应根据所支付的租赁费总额和各工程成本核算对象实际使用的台班数进行分配,其计算公式如下:

$$平均台班租赁费 = \frac{施工机械租赁费总额}{租入施工机械作业台班数}$$

$$某工程成本核算对象应负担的施工机械租赁费 = 该工程成本核算对象实际使用的台班数 \times 平均台班租赁费$$

【例11-8】某施工企业向机械施工公司租入挖土机1台,用于承包的四项工程施工,2×18年5月份使用的台班数如表11-5所示。根据对方单位月底前发来的账单,5月份使用费为200 000元,已用银行存款付讫。

**表 11-5　机械使用台班月报表**

2×18 年 5 月

| 机械名称 | 台数 | 工作台班 | | | | | 停工台班 | | |
|---|---|---|---|---|---|---|---|---|---|
| | | 甲工程 | 乙工程 | 丙工程 | 丁工程 | 小计 | 修理 | 气候停机 | 待工 |
| 0.3立方米履带式挖土机 | 1 | 100 | 50 | 40 | 10 | 200 | 10 | 18 | 21 |

（1）各工程应承担的机械使用费：

$$平均台班租赁费 = \frac{200\,000}{200} = 1\,000(元/台班)$$

甲工程应承担的使用费 = $100 \times 1\,000 = 100\,000$（元）

乙工程应承担的使用费 = $50 \times 1\,000 = 50\,000$（元）

丙工程应承担的使用费 = $40 \times 1\,000 = 40\,000$（元）

丁工程应承担的使用费 = $10 \times 1\,000 = 10\,000$（元）

（2）甲施工企业应编制的会计分录：

```
借：工程施工——甲工程                        100 000
        ——乙工程                           50 000
        ——丙工程                           40 000
        ——丁工程                           10 000
    贷：银行存款                                        200 000
```

2．自有施工机械费用

1）自有施工机械费用包括的成本项目

（1）人工费，是指驾驶和操作施工机械人员的薪酬。

（2）燃料及动力费，是指施工机械或设备所耗用的液体燃料、固体燃料和电力等费用。

（3）折旧费用，是指按规定对施工机械、运输设备计提的固定资产折旧费用、替换工具和部件（如轮胎、钢丝绳）的摊销费和维修费等。

（4）其他直接费，是指施工机械、运输设备所耗用的润滑和擦拭材料费用以及预算定额所规定的其他费用，如养路费、过渡费以及施工机械的搬运、安装、拆卸和辅助设施费等。

（5）间接费用，是指施工企业所属内部独立核算的机械站和运输队等为组织和管理机械施工或运输作业所发生的各项费用，包括管理人员的薪酬、办公费以及管理用固定资产折旧和修理费用等。

2）自有施工机械费用的两种不同的处理方法

（1）施工企业所属各施工单位的自有施工机械和运输设备，只核算机械作业的直接成本，而间接费用直接分配计入各工程的"间接费用"成本项目。

（2）施工企业所属内部独立核算的机械站和运输队，则根据上述成本费用，归集当月实际发生的机械作业费用总额（包括间接费用），计算当月机械作业总成本，并根据当月机械作业完成的工程量计算机械作业的实际单位成本。

施工企业及其所属各施工单位使用自有施工机械进行机械作业所发生的各项费用，应通过"机械作业"账户，并按照成本核算对象和成本项目归集。

成本核算对象一般应以施工机械的种类确定。对于大型施工机械,应按单机或机组确定成本核算对象;对重型机械,可按机械类别确定成本核算对象;对没有专人使用的小型施工机械,如打夯机、砂浆机等,可将几类机械合并为一个成本核算对象。

（三）机械使用费的分配

施工企业使用自有施工机械所发生的机械使用费,其分配方法主要包括以下几种。

1. 台班分配法

台班分配法是指根据成本核算对象使用机械的台班数进行分配。其计算公式如下:

$$\begin{matrix} \text{某工程成本核算对象} \\ \text{应负担的机械使用费} \end{matrix} = \begin{matrix} \text{该工程机械的} \\ \text{每台班实际成本} \end{matrix} \times \begin{matrix} \text{该工程成本核算对象} \\ \text{实际使用的台班数} \end{matrix}$$

其中:

$$\text{某种机械的每台班实际成本} = \frac{\text{该种机械本月发生的费用总额}}{\text{该种机械本月实际工作的台班总数}}$$

台班分配法主要适用于按单机或机组进行成本核算的施工机械。

2. 预算分配法

预算分配法是指按照实际发生的机械作业费占预算定额规定的机械使用费的比例进行分配的方法。其计算公式如下:

$$\begin{matrix} \text{某工程成本核算对象} \\ \text{应负担的机械使用费} \end{matrix} = \begin{matrix} \text{该工程成本核算对象} \\ \text{预算机械使用费} \end{matrix} \times \begin{matrix} \text{实际发生的机械使用费} \\ \text{占预算机械使用费比率} \end{matrix}$$

其中:

$$\begin{matrix} \text{该工程成本核算对象} \\ \text{预算机械使用费} \end{matrix} = \begin{matrix} \text{该工程成本核算对象} \\ \text{实际完成的工作量} \end{matrix} \times \begin{matrix} \text{单位工程量机械} \\ \text{使用费预算定额} \end{matrix}$$

$$\begin{matrix} \text{实际发生的机械使用费} \\ \text{占预算机械使用费比率} \end{matrix} = \frac{\text{实际发生的机械费用总额}}{\text{工程成本核算对象的预算机械使用费总额}} \times 100\%$$

预算分配法主要适用于不便于计算机械使用台班、无机械台班和无台班单价预算定额的中小型施工机械的分配,如几个成本核算对象共同使用的混凝土搅拌机的费用。

3. 作业量法

作业量法是指以各种机械所完成的作业量为基础进行分配的方法。其计算公式如下:

$$\begin{matrix} \text{某工程成本核算对象} \\ \text{应负担的某种机械使用费} \end{matrix} = \begin{matrix} \text{该种机械为该工程成本} \\ \text{核算对象提供的作业量} \end{matrix} \times \begin{matrix} \text{该种机械单位作业量} \\ \text{的实际成本} \end{matrix}$$

其中:

$$\text{该种机械单位作业量的实际成本} = \frac{\text{该种机械实际发生费用总额}}{\text{该种机械实际完成的作业量}}$$

作业量法主要适用于能够计算完成作业量的单台或某类施工机械,如机车运输作业,按照单台或某类汽车提供的吨公里计算作业量。

【例11-9】 甲施工企业2×18年4月份将自有的0.3立方米的挖掘机和轮胎式起重机在承包的工程中使用,这两台机械在使用中发生的各项费用如表11-6所示。

表 11-6　机械作业明细表

2×18 年 4 月　　　　　　　　　　　　　　　　　　　　　单位：元

| 费用项目 | 0.3 立方米挖掘机 | 轮胎式起重机 | 合计 |
|---|---|---|---|
| 材料费 | 4 000 | 1 600 | 5 600 |
| 人工费 | 7 200 | 8 000 | 15 200 |
| 燃料动力费 | 44 000 | 33 000 | 77 000 |
| 替换工具部件 | 20 000 | 20 000 | 40 000 |
| 计提折旧 | 56 000 | 42 000 | 98 000 |
| 材料成本差异 | −1 900 | −700 | −2 600 |
| 合计 | 129 300 | 103 900 | 233 200 |

根据上述资料，甲施工企业可编制如下会计分录：

借：机械作业——挖掘机　　　　　　　　　　　　　　　　　　　129 300
　　　　　　——轮胎式起重机　　　　　　　　　　　　　　　　103 900
　　贷：原材料——其他材料　　　　　　　　　　　　　　　　　 82 600
　　　　　　　——机械配件　　　　　　　　　　　　　　　　　 40 000
　　　　应付职工薪酬——工资　　　　　　　　　　　　　　　　 15 200
　　　　累计折旧　　　　　　　　　　　　　　　　　　　　　　 98 000
　　　　材料成本差异　　　　　　　　　　　　　　　　　　　　（2 600）

【例 11-10】 承［例 11-9］，月末根据以上资料，编制"机械使用费分配表"，见表 11-7。

表 11-7　机械使用费分配表

2×18 年 4 月　　　　　　　　　　　　　　　　　　　　　金额单位：元

| 收益工程项目 | 0.3 立方米挖掘机 | | 轮胎式起重机 | | 合计 |
|---|---|---|---|---|---|
| | 每台班成本 | 2 586 | 每台班成本 | 1 039 | |
| | 台班 | 金额 | 台班 | 金额 | |
| 甲工程 | 28 | 72 408 | 30 | 31 170 | 103 578 |
| 乙工程 | 22 | 56 892 | 70 | 72 730 | 129 622 |
| 合计 | 50 | 129 300 | 100 | 103 900 | 233 200 |

根据"机械使用费分配表"，甲施工企业可编制如下会计分录：

借：工程施工——甲工程（机械使用费）　　　　　　　　　　　103 578
　　　　　　——乙工程（机械使用费）　　　　　　　　　　　129 622
　　贷：机械作业——挖掘机　　　　　　　　　　　　　　　　129 300
　　　　　　　　——轮胎式起重机　　　　　　　　　　　　　103 900

## 四、其他直接费的核算

### （一）其他直接费核算的内容

施工企业工程成本中的其他直接费，是指在施工过程中直接发生的但不属于材料费、人

工费和机械使用费的其他直接施工生产费用,主要包括以下内容:

(1) 生产工具用具使用费。

(2) 冬雨季施工费。

(3) 夜间施工增加费。

(4) 仪器仪表使用费。

(5) 检验试验费。

(6) 特殊地区施工增加费。

此外,还包括临时设施摊销费、因场地狭小等原因而发生的材料二次搬运费、水电费、特殊工种培训费、工程定位复测、工程点交、场地清理费用、流动施工津贴等。

(二) 其他直接费的归集和分配

施工企业在生产过程中发生的其他间接费,应根据具体情况进行归集和分配:

(1) 凡是在其他直接费发生时能够分清受益对象的,应直接记入各工程成本核算对象的合同成本明细账的"其他直接费"成本项目中。

(2) 凡是在其他直接费发生时不能够分清受益对象的"工程施工——合同成本(其他直接费)"账户,月末再根据一定的方法分配计入各工程成本核算对象的"其他直接费"成本项目中。

(3) 凡是在其他直接费发生时难于同成本项目中的人工费、材料费、机械使用费分开单独核算,如冬雨季施工、夜间施工费、流动施工津贴、场地清理费、材料二次搬运费的人工费等。为了简化核算手续,便于工程成本分析和考核,施工企业可以将这些其他直接费在发生时直接计入"人工费""材料费""机械使用费"等成本项目中进行核算。

【例 11-11】 某施工企业承包甲、乙两个工程,2×18 年 12 月对两个施工现场进行清理,总共发生清理费 55 640 元。

月末根据台班数对所发生的清理费进行分配,台班记录如表 11-8 所示。

表 11-8 其他直接费台班分配表

2×18 年 12 月  金额单位:元

| 工程成本核算对象 | 台班 | 金额 |
| --- | --- | --- |
| 甲工程 | 36 | 31 297.5 |
| 乙工程 | 28 | 24 342.5 |
| 合计 | 64 | 55 640.0 |

借:工程施工——其他直接费　　　　　　　　　　　　　　55 640
　　贷:银行存款　　　　　　　　　　　　　　　　　　　　　　55 640

根据分配的结果,做如下会计分录:

借:工程施工——甲工程(其他直接费)　　　　　　　　　31 297.50
　　　　　　　——乙工程(其他直接费)　　　　　　　　　24 342.50
　　贷:工程施工——其他直接费　　　　　　　　　　　　　55 640.00

## 五、间接费用的核算

### (一)间接费用核算的内容

间接费用是指施工企业各施工单位(包括工程处、施工队、项目经理等部门),为组织和管理工程施工所发生的全部支出。间接费用包括施工生产单位管理人员基本工资、奖金、补贴、工资性质的津贴、职工福利、劳动保护费、行政管理用固定资产折旧及修理费、物料消耗、周转材料摊销、取暖费、办公费、差旅费、财产保险费、检验试验费、工程保修费、劳动保护费及其他费用等。

### (二)间接费用的归集和分配

间接费用是指施工企业为管理多项工程而发生的费用,属于共同费用,难以分清受益对象。因此,施工企业应在"工程施工"账户设置"间接费用"明细账户,汇总本期发生的各项间接费用,月末再按照一定的标准分配计入各有关工程成本核算对象。

施工企业发生的间接费用,其分配标准应与预算取费基础相一致,而预算取费基础会因工程类别不同而不同。一般情况下,建筑工程应以各工程成本的直接费用作为分配标准。设备安装工程应以安装工程的人工费用作为分配标准。但是,在实际工作中,由于施工企业承担的施工工程往往既有建筑工程又有设备安装工程,有的辅助生产单位的产品或劳务可能还会对外销售,因此施工企业的间接费用一般需要二次分配。

首先,施工企业发生的全部间接费用应在不同类别的工程、产品、劳务和作业间进行分配。在实际工作中,由于间接费用的许多项目,同生产工人的工资、工人人数或劳动时间有着一定的内在联系,因此,通常以各类工程、产品、劳务和作业中的人工费作为间接费用第一次分配的分配标准。其计算公式如下:

$$间接费用分配率 = \frac{企业本期实际发生的费用总额}{各类工程(产品、劳务、作业等)成本中人工费总额} \times 100\%$$

$$\begin{matrix}某类工程(产品、劳务、作业等)\\应分配的间接费用\end{matrix} = \begin{matrix}该类工程(产品、劳务、作业等)\\成本中人工费总额\end{matrix} \times 间接费分配率$$

其次,施工企业间接费用的第二次分配是将第一次分配到各类工程和产品的间接费用再分配到某类工程或劳务内部各成本核算对象中去。第二次分配是按照工程(或产品、劳务、作业)类别不同,分别以直接费或人工费为基础进行分配。其计算公式如下:

1. 建筑工程间接费用分配方法

$$建筑工程间接费用分配率 = \frac{建筑工程本期应分配的间接费用总额}{全部建筑工程直接费用成本总额} \times 100\%$$

$$\begin{matrix}某建筑工程成本核算对象\\应分配的间接费用\end{matrix} = \begin{matrix}该建筑工程成本核算对象\\本期应发生的直接费用\end{matrix} \times \begin{matrix}建筑工程间\\接费用的分配率\end{matrix}$$

2. 安装工程间接费用分配方法

$$安装工程间接费用分配率 = \frac{安装工程本期应分配的间接费用总额}{全部安装工程直接费用成本总额} \times 100\%$$

$$\begin{matrix}某安装工程成本核算对象\\应分配的间接费用\end{matrix} = \begin{matrix}该安装工程成本核算对象\\本期应发生的直接费用\end{matrix} \times \begin{matrix}安装工程间\\接费用的分配率\end{matrix}$$

施工企业在工程施工过程中所发生的间接费用,一般在发生的当时很难分清受益对象。因此,需要经过一个归集和分配的过程,才能计入工程成本。为了归集和分配间接费用,施工企业应在"工程施工"账户设置"间接费用"明细账户,在发生间接费用时,借记"工程施工——间接费用"账户,贷记"银行存款"等账户;月末按照一定的方法进行分配后,借记"工程施工——某工程(间接费用)"账户,贷记"工程施工——间接费用"账户。

【例 11-12】 某施工企业 2×18 年 8 月份发生间接费用 228 900 元,甲工程、乙工程、丙工程三个成本核算对象本月发生的直接费和人工费如表 11-9 所示。

表 11-9 直接费人工费汇总表

2×18 年 8 月　　　　　　　　　　　　　　　　　　单位:元

| 成本核算对象 | 直接费 | 人工费 |
| --- | --- | --- |
| 甲工程 | 500 801 | 92 260 |
| 乙工程 | 899 573 | 166 239 |
| 丙工程 | 611 996 | 111 412 |
| 合计 | 2 012 370 | 369 911 |

按直接费比例法计算:

$$甲工程应承担的间接费用 = 500\ 801 \times \frac{228\ 900}{2\ 012\ 370} = 56\ 964.35(元)$$

$$乙工程应承担的间接费用 = 899\ 573 \times \frac{228\ 900}{2\ 012\ 370} = 102\ 323.26(元)$$

$$丙工程应承担的间接费用 = 611\ 996 \times \frac{228\ 900}{2\ 012\ 370} = 69\ 612.39(元)$$

根据上述的分配结果,该施工企业编制如下会计分录:

借:工程施工——甲工程(间接费用)　　　　　　　　　　　　56 964.35
　　　　——乙工程(间接费用)　　　　　　　　　　　　　102 323.26
　　　　——丙工程(间接费用)　　　　　　　　　　　　　69 612.39
　贷:工程施工——间接费用　　　　　　　　　　　　　　　228 900.00

或者:

按人工费比例法计算:

$$甲工程应承担的间接费用 = 92\ 260 \times \frac{228\ 900}{369\ 911} = 57\ 090.26(元)$$

$$乙工程应承担的间接费用 = 166\ 239 \times \frac{228\ 900}{369\ 911} = 102\ 868.28(元)$$

$$丙工程应承担的间接费用 = 111\ 412 \times \frac{228\ 900}{369\ 911} = 68\ 941.46(元)$$

根据上述的分配结果,该施工企业编制如下会计分录:

借:工程施工——甲工程(间接费用)　　　　　　　　　　　　57 090.26
　　　　——乙工程(间接费用)　　　　　　　　　　　　　102 838.28
　　　　——丙工程(间接费用)　　　　　　　　　　　　　68 941.46
　贷:工程施工——间接费用　　　　　　　　　　　　　　　228 900.00

### 六、工程完工结转实际成本

施工企业为正确组织合同工程成本的核算,应根据工程合同确定的成本核算对象,开设工程成本明细账,将施工生产过程中发生的各种成本费用,及时计入按成本核算对象设置的成本明细账中,以便及时反映施工过程中发出的各种支出,当合同工程完工时,该明细账的累计发生额,就是该项已完工程的实际成本。

【例 11-13】 M 工程已竣工,采用竣工后一次结算办法,结转实际成本 3 000 000 元。编制如下会计分录:

借:工程结算——M 工程　　　　　　　　　　　　　　　　　　3 000 000
　　贷:工程施工——M 工程　　　　　　　　　　　　　　　　　　3 000 000

## 第四节　期间费用

### 一、期间费用的内容

期间费用是指不计入产品成本中而在发生时计入当期损益的费用。施工企业的期间费用,包括管理费用和财务费用。期间费用发生时直接计入当期损益。

#### (一)管理费用

管理费用是指施工企业行政管理部门为管理和组织企业的工程生产经营活动而发生的各项费用,具体包括以下内容:

(1) 公司经费。公司经费是指企业的董事会和行政管理部门在企业的经营管理中发生的,或者应当由企业统一负担的费用,具体包括行政管理部门职工工资、奖金、职工福利费、差旅费、办公费、折旧费、修理费、物料消耗、低值易耗品摊销以及其他公司经费。

(2) 董事会费。董事会费是指企业最高权力机构(如董事会)及其成员为执行职能而发生的各项费用,包括董事会成员津贴、差旅费和会议费等。

(3) 咨询费。咨询费是指企业向有关咨询机构进行科学技术、经营管理咨询时支付的费用,包括聘请经济技术顾问、法律顾问等支付的费用。

(4) 聘请中介机构费。聘请中介机构费是指企业聘请中国注册会计师进行查账、验资以及进行资产评估等发生的各项费用。

(5) 业务招待费。业务招待费是指企业为施工生产经营活动的合理需要而支付的招待费用。

(6) 技术转让费。技术转让费是指企业使用非专利技术而支付的费用。

(7) 研究与开发费。研究与开发费是指企业自行研发新产品、新技术、新工艺过程中研究阶段发生的支出以及开发阶段发生的不符合资本化条件的各项支出。

(8) 无形资产摊销。无形资产摊销是指专利权、商标权、著作权、土地使用权、非专利技术等无形资产的摊销。

（9）诉讼费。诉讼费是指企业因起诉或者应诉而发生的各项费用。

（10）行政管理部门负担的工会经费和职工教育经费。

（11）其他管理费用。

（二）财务费用

财务费用是指施工企业为筹集生产经营所需资金而发生的各项费用，包括利息支出（减利息收入）、汇兑损失（减汇兑收益）、相关的手续费以及企业发生的现金折扣（减收到的现金折扣）等内容。

## 二、核算期间费用应设置的账户

为了核算和监督企业发生的各项期间费用，施工企业应设置如下会计账户。

（一）"管理费用"账户

"管理费用"账户核算管理费用的发生和结转情况。该账户借方登记企业发生的各项管理费用，贷方登记期末转入"本年利润"账户的管理费用，结转后该账户应无余额。该账户按管理费用的费用项目进行明细核算。

（二）"财务费用"账户

"财务费用"账户核算财务费用的发生和结转情况。该账户借方登记企业发生的各项财务费用，贷方登记期末转入"本年利润"账户的财务费用，结转后该账户应无余额。该账户按财务费用的费用项目进行明细核算。

【例11-14】 甲施工企业2×18年5月份共发生费用224 000元，其中：管理人员薪酬150 000元，办公大楼折旧费45 000元，管理人员报销差旅费21 000元，其他费用8 000元（均以银行存款支付）。甲施工企业应编制如下会计分录：

借：管理费用　　　　　　　　　　　　　　　　　　　　　　224 000
　　贷：应付职工薪酬　　　　　　　　　　　　　　　　　　　　150 000
　　　　累计折旧　　　　　　　　　　　　　　　　　　　　　　 45 000
　　　　银行存款　　　　　　　　　　　　　　　　　　　　　　 29 000

【例11-15】 承[例11-14]，2×18年5月31日，将"管理费用"账户余额全部转入"本年利润"账户。甲施工企业应编制如下会计分录：

借：本年利润　　　　　　　　　　　　　　　　　　　　　　224 000
　　贷：管理费用　　　　　　　　　　　　　　　　　　　　　　224 000

【例11-16】 甲施工企业2×18年5月1日向银行借入生产经营用短期借款360 000元，期限6个月，年利率5%，利息按月计提按季支付，本金到期归还。甲施工企业应编制如下会计分录：

本月应计利息 = 360 000×5%÷12 = 1 500（元）

借：财务费用　　　　　　　　　　　　　　　　　　　　　　  1 500
　　贷：应付利息　　　　　　　　　　　　　　　　　　　　　　  1 500

【例 11-17】 2×18 年 5 月 31 日,将"财务费用"账户余额 89 000 元全部转入"本年利润"账户。甲施工企业应编制如下会计分录:

借:本年利润　　　　　　　　　　　　　　　　　　　　　　　89 000
　　贷:财务费用　　　　　　　　　　　　　　　　　　　　　　　89 000

## 复习思考题

1. 什么是成本?成本和费用的区别是什么?费用如何分类?
2. 什么是工程成本?工程成本核算的内容有哪些?
3. 工程成本核算一般设置哪些账户?
4. 生产成本包括哪两个二级明细账户?
5. 辅助生产费用的分配方法有哪几种?
6. 工程成本包括哪几项成本项目?
7. 什么是机械使用费?它一般包括哪些成本项目?机械使用费分为哪两种?
8. 什么是期间费用?施工企业的期间费用主要包括哪几种?

## 实训练习题

### 练 习 题 一

(一)目的:练习辅助生产费用的核算。

(二)资料:如表 11-10 所示。

表 11-10　辅助生产费用明细表　　　　　　　　　　　　　单位:元

| 项目 | 混凝土车间 | 木工车间 |
| --- | --- | --- |
| 职工工资 | 11 400 | 9 000 |
| 固定资产折旧 | 5 800 | 3 200 |
| 机械配件 | 600 | 450 |
| 水电费 | 150 | 100 |
| 银行存款 | 2 000 | 800 |
| 合　计 | 19 950 | 13 550 |

结转本月混凝土车间生产费用 19 950 元,其中甲工程应负担 12 500 元,乙工程负担 7 450 元;木工车间生产费用 13 550 元,其中甲工程应负担 6 200 元,乙工程负担 7 350 元。

(三)要求:根据上述资料编制会计分录。

### 练 习 题 二

(一)目的:练习自有施工机械使用费的核算。

(二)资料:乙施工企业有塔吊、挖掘机、混凝土搅拌车各一台,2×18 年 3 月发生的经济业务如表 11-11 所示。

表 11-11　机械作业明细表　　　　　　　　　　　　　　　单位:元

| 项目 | 塔吊 | 挖掘机 | 混凝土搅拌车 |
| --- | --- | --- | --- |
| 耗用的材料 | 226 000 | 310 500 | 618 850 |
| 支付的工资 | 135 600 | 186 300 | 371 310 |
| 耗用的机械配件 | 45 200 | 62 100 | 123 770 |
| 耗用的油料 | 18 080 | 24 840 | 49 508 |
| 计提的折旧 | 22 600 | 31 050 | 61 885 |
| 水电费 | 4 520 | 6 210 | 12 377 |
| 合计 | 452 000 | 621 000 | 1 237 700 |

(三) 要求:根据上述资料编制会计分录。

## 练 习 题 三

(一) 目的:练习间接费用的核算。

(二) 资料:乙施工企业 2×18 年 8 月份发生如下经济业务:

(1) 计提现场管理人员工资 50 000 元。

(2) 按现场管理人员工资总额 50 000 的 2%、1.5% 分别计提工会经费、职工教育经费。

(3) 现场管理人员报销差旅费 5 000 元。

(4) 计提施工管理用房折旧费 30 000 元。

(5) 报销施工交通用车油费 4 800 元,施工管理部门办公材料费 1 000 元。

(6) 临时设施摊销额 45 000 元。

(7) 支付检测仪器使用费 2 000 元。

(8) 支付特殊工种保险费 1 000 元。

(9) 本月甲工程人工费 300 000 元、乙工程人工费 200 000 元,按照甲、乙工程人工费的比例分摊间接费用。

(三) 要求:根据上述资料编制会计分录。

## 练 习 题 四

(一) 目的:练习工程成本的核算。

(二) 资料:乙施工企业 2×18 年 5 月份发生如下经济业务:

(1) 本月发生的人工费资料如表 11-12 所示。

表 11-12　职工薪酬汇总表　　　　　　　　　　　　　　　金额单位:元

| 工程成本核算对象 | 实际用工数(小时) | 平均工资(元/小时) | 应分配工资 |
| --- | --- | --- | --- |
| A 工程 | 17 100 | | 1 197 000 |
| B 工程 | 12 900 | | 903 000 |
| 合计 | 30 000 | 70 | 2 100 000 |

(2) 领用材料如表 11-13 所示。

表 11-13　领用材料汇总表　　　　　　　　　　　　　　　　　　单位：元

| 工程成本核算对象 | 主要材料 | | 结构件 | | 其他材料 | | 周转材料摊销 |
| --- | --- | --- | --- | --- | --- | --- | --- |
| | 计划成本 | 成本差异 | 计划成本 | 成本差异 | 计划成本 | 成本差异 | |
| A 工程 | 810 000 | 8 100 | 201 000 | 4 020 | 97 200 | −972 | 14 400 |
| B 工程 | 765 000 | 7 650 | 69 000 | 1 380 | 41 100 | −411 | 10 200 |
| 合计 | 1 575 000 | 15 750 | 270 000 | 5 400 | 138 300 | −1 383 | 24 600 |

(3) 机械使用费分配表如表 11-14 所示。

表 11-14　机械使用费分配表　　　　　　　　　　　　　　　　　　单位：元

| 工程成本核算对象 | 塔吊 | 混凝土搅拌机 | 挖土机 |
| --- | --- | --- | --- |
| A 工程 | 240 000 | 225 000 | 459 000 |
| B 工程 | 90 000 | 180 000 | 38 760 |
| 合计 | 330 000 | 405 000 | 497 760 |

(4) 发生其他直接费 397 800 元，其中 A 工程应分摊 175 200 元，B 工程应分摊 222 600 元，已通过银行存款支付。

(5) 发生间接费用 189 206 元，款项已通过银行支付。

(6) 间接费用分配表如表 11-15 所示。

表 11-15　间接费用分配表　　　　　　　　　　　　　　　　　　单位：元

| 工程成本核算对象 | 分配标准 | 分配率 | 分配金额 |
| --- | --- | --- | --- |
| A 工程 | 1 197 000 | | 107 847 |
| B 工程 | 903 000 | | 81 359 |
| 合计 | 2 100 000 | 9.01% | 189 206 |

(7) 月初 A 工程期初余额为 0；B 工程期初余额总额为 924 900 元，分别为人工费 330 000 元、材料费 165 000 元、机械使用费 96 000 元、其他直接费 43 500 元、间接费用 290 400 元。A 工程当月没有完工，B 工程当月全部完工。

(三) 要求

(1) 编制甲、乙工程的工程成本明细账。

(2) 根据上述资料编制会计分录。

## 练 习 题 五

(一) 目的：练习管理费用的核算。

(二) 资料：乙施工企业 2×18 年 5 月份发生如下经济业务：

(1) 行政管理部门购入办公用品 5 000 元，以现金支付。

(2) 计提行政管理部门人员工资 60 000 元。

(3) 按工资总额 60 000 元的 2%、1.5% 分别计提工会经费、职工教育经费。

(4) 行政管理人员报销差旅费 5 000 元。

(5) 计提办公大楼折旧 300 000 元、管理用具摊销额 50 000 元。

(6) 支付业务招待费 30 000 元。

(7) 支付聘请经济技术顾问、法律顾问的费用 20 000 元。

(8) 支付新产品研发费用 30 000 元。

(9) 支付办公大楼维护费用 2 000 元。

(10) 月末,结转本月发生的管理费用。

(三) 要求:根据上述资料编制会计分录。

# 第十二章 利 润

**课程思政**

**案例研究：康美药业财务舞弊——会计差错与会计造假**

2019年4月30日，康美药业股份有限公司（简称"康美药业"）发布了《关于前期会计差错更正的公告》，揭开了康美药业财务（会计）造假的面纱。《关于前期会计差错更正的公告》显示，2016—2018年，康美药业累计虚增货币资金886.8亿元，累计虚增营业收入291.28亿元，累计虚增营业利润41.01亿元，累计多计利息收入5.1亿元，引起证券市场"炸雷"。而康美药业实际控制人、董事长兼总经理马兴田，在面对公众质疑回应说"财务（会计）差错和财务（会计）造假是两件事"，更是引起市场哗然。

会计差错是由多种原因造成，包括会计造假、财务舞弊以及计算错误。因此会计差错可能是一般会计错误所致，也可能是会计造假或财务舞弊导致。康美药业的"会计差错"事件，无论从"会计差错"的更正力度和范围，事件的直接危害性，还是社会负面影响的深度和广度，即从规模和性质上看，都是典型的会计造假行为。2019年5月5日，上海证券交易所《关于对康美药业股份有限公司媒体报道有关事项的问询函》指出：康美药业应当严格区分会计准则理解错误和管理层有意财务舞弊行为性质的不同。

2021年1月17日，广东省佛山市中级人民法院宣判：康美药业原董事长、总经理马兴田因操纵证券市场罪、违规披露、不披露重要信息罪以及单位行贿罪数罪并罚，被判处有期徒刑12年，并处罚金人民币120万元；康美药业原副董事长、常务副总经理许冬瑾及其他责任人员11人，因参与相关证券犯罪被分别判处有期徒刑并处罚金。

（袁小平，刘光军，彭韶兵.会计差错与会计造假辨析：以康美药业为例[J].财会通讯，2020(11)：138-142.）

利润是企业在一定会计期间的经营成果。利润包括收入减去费用后的净额、直接计入当期利润的利得和损失等。未计入当期利润的利得和损失扣除所得税影响后的金额计入其他综合收益项目。净利润与其他综合收益的合计金额为综合收益总额。利得是指由企业非日常活动形成的、会导致所有者权益增加的、与所有者投入资本无关的经济利益的流入。损失是指由企业非日常形成的、会导致所有者权益减少的、与所有者投入资本无关的经济利益的流出。

与利润有关的计算公式主要如下。

（一）营业利润

营业利润 ＝ 营业收入 － 营业成本 － 税金及附加 － 销售费用 － 管理费用
－ 财务费用 － 资产减值损失 ＋ 公允价值变动收益（－ 公允价值变动损失）
＋ 投资收益（－ 投资损失）＋ 资产处置收益（－ 损失）＋ 其他收益

其中：营业收入是指企业经营业务所确认的收入总额，包括主营业务收入和其他业务收入。

营业成本是指企业经营业务所确认的实际成本总额，包括主营业务成本和其他业务成本。

资产减值损失是指企业计提各项资产减值准备所形成的损失。

公允价值变动收益（或公允价值变动损失）是指企业交易性金融资产等公允价值变动形成的应计入当期损益的利得（或损失）。

投资收益（或投资损失）是指企业以各种方式对外投资所取得的收益（或发生的损失）。

资产处置收益（或资产处置损失）是指企业出售划分为持有待售的非流动资产（金融工具、长期股权投资和投资性房地产除外）或处置组时确认的处置利得或损失，处置未划分为持有待售的固定资产、在建工程、生产性生物资产及无形资产而产生的处置利得或损失，以及债务重组中因处置非流动资产产生的利得或损失和非货币性资产交换产生的利得或损失。

其他收益，是指记入其他收益的政府补助等。

（二）利润总额

利润总额 ＝ 营业利润 ＋ 营业外收入 － 营业外支出

其中：营业外收入是指企业发生的与其日常活动无直接关系的各项利得。营业外支出是指企业发生的与其日常活动无直接关系的各项损失。

（三）净利润

净利润 ＝ 利润总额 － 所得税费用

其中：所得税费用是指企业确认的应从当期利润总额中扣除的所得税费用。

# 第一节　营业外收支

## 一、营业外收入

### （一）营业外收入核算的内容

营业外收入是指企业发生的与其日常活动无直接关系的各项利得。营业外收入并不是企业经营资金耗费所发生的,实际上是经济利益的净流入,不需要与有关的费用进行配比。营业外收入主要包括非流动资产损毁报废利得、政府补助、盘盈利得、捐赠利得、债务重组利得等。

其中:非流动资产损毁报废利得是指包括因自然灾害发生损毁、已丧失使用功能等原因而报废清理产生的利得。

政府补助是指与企业日常活动无关的政府补助。

盘盈利得是企业对现金等资产清查盘点时发生盘盈,报经批准后计入营业外收入的金额。

捐赠利得是指企业接受捐赠产生的利得。

(二)营业外收入的账务处理

企业通过"营业外收入"账户,核算营业外收入的取得及结转情况。该账户可按营业外收入项目进行明细核算。

1. 确认处置非流动资产利得

企业确认处置非流动资产利得时,借记"固定资产清理""临时设施清理"等账户,贷记"营业外收入"账户。

【例12-1】 甲施工企业将固定资产报废清理的净收益 5 000 元转作营业外收入,应编制如下会计分录:

借:固定资产清理　　　　　　　　　　　　　　　　　　　　　　　　　5 000
　　贷:营业外收入　　　　　　　　　　　　　　　　　　　　　　　　　　　5 000

2. 确认与企业日常活动无关的政府补助利得

企业确认与企业日常活动无关的政府补助利得,借记"银行存款"等账户,贷记"营业外收入"账户,或通过"递延收益"账户分别计入当期收益。

3. 确认盘盈利得、捐赠利得

企业确认盘盈利得、捐赠利得计入营业外收入,借记"库存现金""待处理财产损溢"等账户,贷记"营业外收入"账户。

【例12-2】 甲施工企业接受捐赠 200 000 元,已存入银行,应编制如下会计分录:

借:银行存款　　　　　　　　　　　　　　　　　　　　　　　　　　　20 000
　　贷:营业外收入　　　　　　　　　　　　　　　　　　　　　　　　　　　20 000

4. 期末账务处理

期末,应将"营业外收入"账户余额转入"本年利润"账户,借记"营业外收入"账户,贷记"本年利润"账户。结转后本账户应无余额。

【例12-3】 甲施工企业本期营业外收入总额为 280 000 元,期末转入本年利润,应编制如下会计分录:

借:营业外收入　　　　　　　　　　　　　　　　　　　　　　　　　280 000
　　贷:本年利润　　　　　　　　　　　　　　　　　　　　　　　　　　　280 000

## 二、营业外支出

(一)营业外支出核算的内容

营业外支出是指企业发生的与其日常活动无直接关系的各项损失,主要包括非流动资产损毁报废损失、公益性捐赠支出、盘亏损失、罚没支出、债务重组损失等。

其中：非流动资产损毁报废损失通常包括因自然灾害发生损毁、已丧失使用功能等原因而报废清理产生的损失。

公益性捐赠支出是指企业对外进行公益性捐赠发生的支出。

盘亏损失是指对于财产清查盘点盘亏的资产，查明原因并报经批准后计入营业外支出的金额。

非常损失是指对于因客观因素（如自然灾害等）造成的损失，扣除保险公司赔偿后应计入营业外支出的净损失。

罚没支出是指企业支付的行政罚款、税务罚款，以及其他违反法律法规、合同协议等而支付的罚款、违约金、赔偿金等支出。

### （二）营业外支出的账务处理

企业通过"营业外支出"账户，核算营业外支出的发生及结转情况。该账户可按营业外支出项目进行明细核算。

#### 1. 确认非流动资产毁损报废损失

企业确认处置非流动资产毁损报废损失时，借记"营业外支出"账户，贷记"固定资产清理""临时设施清理"等账户。

【例 12-4】甲施工企业 2×08 年 12 月 1 日取得一项价值 300 000 元的固定资产，2×16 年 12 月报废时已累计折旧 240 000 元，计提减值准备 30 000 元，残值收入 20 000 元，不考虑其他因素，出售时应编制如下会计分录：

借：累计折旧　　　　　　　　　　　　　　　　　　　　240 000
　　固定资产减值准备　　　　　　　　　　　　　　　　 30 000
　　固定资产清理　　　　　　　　　　　　　　　　　　 30 000
　　贷：固定资产　　　　　　　　　　　　　　　　　　　　　300 000

借：银行存款　　　　　　　　　　　　　　　　　　　　 20 000
　　贷：固定资产清理　　　　　　　　　　　　　　　　　　　 20 000

借：营业外支出——非流动资产损毁报废损失　　　　　　 10 000
　　贷：固定资产清理　　　　　　　　　　　　　　　　　　　 10 000

#### 2. 确认盘亏、罚款支出

企业确认盘亏、罚款支出计入营业外支出，借记"营业外支出"账户，贷记"待处理财产损溢""库存现金"等账户。

【例 12-5】甲施工企业年底财产经查，发现短缺原材料 24 000 元，经批准转作营业外支出。不考虑其他因素，应编制如下会计分录：

（1）盘亏原材料时：

借：待处理财产损溢　　　　　　　　　　　　　　　　　24 000
　　贷：原材料　　　　　　　　　　　　　　　　　　　　　　 24 000

（2）批准处理时：

借：营业外支出——盘亏损失　　　　　　　　　　　　　24 000
　　贷：待处理财产损溢　　　　　　　　　　　　　　　　　　 24 000

3. 期末账务处理

期末,应将"营业外支出"账户余额转入"本年利润"账户,借记"本年利润"账户,贷记"营业外支出"账户。结转后本账户应无余额。

【例 12-6】 甲施工企业本期营业外支出总额为 960 000 元,期末转入本年利润,应编制如下会计分录:

借:本年利润                                                        960 000
　　贷:营业外支出                                                        960 000

## 第二节 所得税费用

企业的所得税费用包括当期所得税和递延所得税两部分,其中,当期所得税是指当期应交所得税。递延所得税包括递延所得税资产和递延所得税负债。递延所得税资产是指以未来期间很可能取得用来抵扣可抵扣暂时性差异的应纳税所得额为限确认的一项资产。递延所得税负债是指根据应纳税暂时性差异计算的未来期间应付所得税的金额。

### 一、应交所得税的计算

应交所得税是指企业按照税法规定计算确定的针对当期发生的交易和事项,应交纳给税务部门的所得税金额,即当期应交所得税。应纳税所得额是在企业税前会计利润(即利润总额)的基础上调整确定的,计算公式为:

应纳税所得额 = 税前会计利润 + 纳税调整增加额 − 纳税调整减少额

纳税调整增加额主要包括税法规定允许扣除项目中,企业已计入当前费用但超过税法规定扣除标准的金额(如超过税法规定标准的职工福利费、工会经费、职工教育经费、业务招待费、公益性捐赠支出、广告费和业务宣传费等),以及企业已计入当期损失但税法规定不允许扣除项目的金额(如税收滞纳金、罚金、罚款)。

纳税调整减少额主要包括按税法规定允许弥补的亏损和准予免税的项目,如前 5 年内未弥补亏损和国债利息收入等。

企业当期应交所得税的计算公式为:

应交所得税 = 应纳税所得额 × 所得税税率

【例 12-7】 甲施工企业 2×18 年全年利润总额为(即税前会计利润)为 18 000 000 元,其中包括本年收到的国债利息收入 500 000 元,超过税法规定的公益性捐赠支出 200 000 元,所得税税率为 25%。再无其他纳税调整项目。

按照税法规定,企业购买国债的利息收入免交所得税,即在计算应纳税所得额时可将其扣除;同时超过税法规定的公益性捐赠在计算应纳税所得额时不可将其扣除。甲施工企业当期所得税的计算如下:

应纳税所得额 = 18 000 000 − 500 000 + 200 000 = 17 700 000(元)
当期应交所得税额 = 17 700 000 × 25% = 4 425 000(元)

## 二、所得税费用的账务处理

企业根据会计准则的规定,计算确定的当前所得税和递延所得税之和,即为应从当期利润总额中扣除的所得税费用。即:

所得税费用 = 当期所得税 + 递延所得税

企业应通过"所得税费用"账户,核算企业所得税费用的确认及其结转情况。期末,应将"所得税费用"账户的余额转入"本年利润"账户,借记"本年利润"账户,贷记"所得税费用"账户,结转后本账户应无余额。

【例 12-8】 甲施工企业 2×18 年递延所得税负债年初数为 500 000 元,年末数为 700 000 元,递延所得税资产年初数为 300 000 元,年末数为 200 000 元,当年所得税为 8 000 000 元。甲施工企业应编制如下会计分录:

甲施工企业所得税费用的计算如下:

递延所得税 = (700 000 − 500 000) − (200 000 − 300 000) = 300 000(元)
所得税费用 = 当期所得税 + 递延所得税 = 8 000 000 + 300 000 = 8 300 000(元)

借:所得税费用　　　　　　　　　　　　　　　　　　　　　　　8 300 000
　　贷:应交税费——应交所得税　　　　　　　　　　　　　　　　　8 000 000
　　　　递延所得税负债　　　　　　　　　　　　　　　　　　　　　　200 000
　　　　递延所得税资产　　　　　　　　　　　　　　　　　　　　　　100 000

# 第三节　本　年　利　润

## 一、结转本年利润的方法

会计期末结转本年利润的方法有表结法和账结法两种。

(一) 表结法

表结法下,各损益类账户每月月末只需结计出本期发生额和月末累计余额,不结转到"本年利润"账户,只有在年末时才将全年累计金额结转入"本年利润"账户。但每月月末要将损益类账户的本月发生额合计数填入利润表的本月数栏,同时将本月末累计余额填入利润表的本年累计数栏,通过利润表计算反映各期的利润(或亏损)。表结法下,年终损益类账户无需结转入"本年利润"账户,从而减少转账环节和工作量,同时并不影响利润表的编制及有关损益指标的利用。

(二) 账结法

账结法下,每月月末均编制转账凭证,将在账上结计出的各损益类账户的余额转入"本年利润"账户。结转后"本年利润"账户的本月余额反映当月实现的利润或发生的亏损,"本年利润"账户的本年余额反映本年累计实现的利润或发生的亏损。账结法在各月均可通过"本年利润"账户提供当月及本年累计的利润(或亏损)额,但增加了转账环节和工作量。

## 二、结转本年利润的账务处理

企业应设置"本年利润"账户,核算企业本年度实现的净利润(或发生的净损失)。

会计期末,企业应将"主营业务收入""其他业务收入""营业外收入"等账户的余额分别转入"本年利润"账户的贷方,将"主营业务成本""其他业务成本""税金及附加""销售费用""管理费用""财务费用""资产减值损失""营业外支出""所得税费用"等账户的余额分别转入"本年利润"账户的借方。企业还应将"公允价值变动损益""投资收益"账户的净收益转入"本年利润"账户的贷方,将"公允价值变动损益""投资收益""资产处置收益""其他收益"账户的净损失转入"本年利润"账户的借方。结转后"本年利润"账户如为贷方余额,表示当年实现的净利润;如为借方余额,表示当年发生的净亏损。

年度终了,企业还应将"本年利润"账户的本年累计余额转入"利润分配——未分配利润"账户。如"本年利润"为贷方余额,借记"本年利润"账户,贷记"本年利润——未分配利润"账户;如为借方余额,作相反的会计分录。结转后"本年利润"账户应无余额。

【例 12-9】 甲施工企业 2×18 年有关损益类科目的年末余额如表 12-1 所示(该企业采用表结法年末一次结转损益类科目,所得税税率为 25%)。

表 12-1 2×18 年有关损益类科目的年末余额

单位:元

| 科目名称 | 借或贷 | 结账前余额 |
| --- | --- | --- |
| 主营业务收入 | 贷 | 36 000 000 |
| 其他业务收入 | 贷 | 450 000 |
| 公允价值变动损益 | 贷 | 120 000 |
| 投资收益 | 贷 | 160 000 |
| 资产处置收益 | 贷 | 134 000 |
| 其他收益 | 贷 | 20 000 |
| 营业外收入 | 贷 | 80 000 |
| 主营业务成本 | 借 | 25 000 000 |
| 其他业务成本 | 借 | 240 000 |
| 税金及附加 | 借 | 1 200 000 |
| 管理费用 | 借 | 4 800 000 |
| 财务费用 | 借 | 320 000 |
| 资产减值损失 | 借 | 16 000 |
| 营业外支出 | 借 | 240 000 |

甲施工企业 2×18 年年末结转本年利润应编制如下会计分录：

(1) 将各项收入、利得类账户年末余额结转入"本年利润"：

借：主营业务收入 36 000 000
　　其他业务收入 450 000
　　公允价值变动损益 120 000
　　投资收益 160 000
　　资产处置收益 134 000
　　其他收益 20 000
　　营业外收入 80 000
　　贷：本年利润 36 964 000

(2) 将各项费用、损失类账户年末余额结转入"本年利润"：

借：本年利润 31 816 000
　　贷：主营业务成本 25 000 000
　　　　其他业务成本 240 000
　　　　税金及附加 1 200 000
　　　　管理费用 4 800 000
　　　　财务费用 320 000
　　　　资产减值损失 16 000
　　　　营业外支出 240 000

(3) 计算利润总额：

利润总额＝36 964 000－31 816 000＝5 148 000(元)

(4) 假定甲施工企业 2×18 年不存在所得税纳税调整因素：

应交所得税＝5 148 000×25％＝1 287 000(元)

(5) 确认所得税费用：

借：所得税费用 1 287 000
　　贷：应交税费——应交所得税 1 287 000

(6) 将所得税费用结转入"本年利润"账户：

借：本年利润 1 287 000
　　贷：所得税费用 1 287 000

(7) 将"本年利润"账户年末余额转入"利润分配——未分配利润"账户：

借：本年利润 3 861 000
　　贷：利润分配——未分配利润 3 861 000

## 复习思考题

1. 什么是利润？什么是营业利润？什么是利润总额？什么是净利润？
2. 什么是营业外收入？营业外收入包括哪些内容？

3. 什么是营业外支出？营业外支出包括哪些内容？
4. 什么是应纳税所得额？应纳税所得额和税前利润有何区别？
5. 什么是递延所得税？什么是递延所得税资产？什么是递延所得税负债？
6. 什么是表结法？什么是账结法？

## 实训练习题

### 练 习 题 一

（一）目的：练习营业外收入、营业外支出的核算。

（二）资料：乙施工企业2×18年5月发生如下经济业务：

(1) 接受现金捐赠800 000元，已存入银行。

(2) 年底财产经查，发现短缺原材料20 000元，经批准转作营业外支出。

(3) 将临时设施报废清理的净损失30 000元转作营业外支出。

(4) 将本期的营业外收入和营业外支出转入本年利润。

（三）要求：根据上述资料编制会计分录。

### 练 习 题 二

（一）目的：练习所得税的核算。

（二）资料：乙施工企业2×18年的利润总额为20 000 000元。其中包括本年收到的国债利息200 000元，超过税法规定的业务招待费100 000元，因夜间施工噪音超标交纳的罚款20 000元，所得税税率为25%，再无其他纳税调整项目。

（三）要求：根据上述资料编制会计分录。

# 第十三章 财务报告

**会计文化：** "算圣"刘洪与珠算

珠算被称为"古代的计算机"，是中国历史长河中璀璨的文化明珠，曾与会计有着密不可分的联系。2008年6月14日，国务院批准珠算（珠算文化）列入第二批国家级非物质文化遗产名录。2013年12月4日，联合国教科文组织通过决议，将中国珠算项目列入教科文组织人类非物质文化遗产名录。世界珠算心算联合会将每年的8月8日确定为"世界珠算日"。

珠算始于汉代，至宋走向成熟，元明达于兴盛，清代以来在中国全国范围内普遍流传。刘洪是东汉杰出的天文学家和数学家，是汉光武帝刘秀的侄子刘兴的后代，现山东省临沂市蒙阴县人。《后汉书》记载：洪善算，当世无偶。他创造了我国第一部历法《乾象历》，著有《九章算术》。公元190年成功地发明了"正负数珠算"，被后人尊为"珠算的早期奠基人""珠算之父""算圣"。刘洪以算盘为工具，将加减乘除内化于算珠中，以此形成了珠算运算体系，使当时人们的计算能力实现了一次飞跃。

20世纪80年代之前，珠算是我国会计人员必备的技能之一，而会计专业的学生必须通过珠算技术等级鉴定并达到要求的水平才能具备毕业的资格。但在计算机、人工智能与大数据的时代背景下，"数智化"会计带来的是从环境到制度，从流程到模式，从报告到形态的变革。2021年财政部发布的《会计信息化发展规划（2021—2025年）》，明确提出"加强培养复合型会计信息化人才"。因此，珠算时代的人"盘"协同也将逐步革新为智能财会时代的人"机"协同。

（张月玲,唐正,生华."算圣"刘洪及珠算民族文化的传承研究：兼论高等会计教育视角的珠算文化传承[J].商业会计,2022(16):108-110.）

## 第一节 财务报告概述

### 一、财务报告及其目标

财务报告是指企业对外提供的反映企业某一特定日期的财务状况和某一会计期间的经营成果、现金流量等会计信息的文件。财务报告包括财务报表和其他应当在财务报告中披露的相关信息和资料。

财务报告的目标是向财务报告使用者提供与财务状况、经营成果和现金流量等有关的会计信息,反映企业管理层受托责任履行情况,有助于财务报告使用者作出经济决策。财务报告使用者通常包括投资者、债权人、政府及其有关部门和社会公众。

### 二、财务报表的组成

财务报表是对企业财务状况、经营成果和现金流量的结构性表述。一套完整的财务报表至少应当包括资产负债表、利润表、现金流量表、所有者权益(或股东权益)变动表及其附注。

资产负债表、利润表、现金流量表和所有者权益(或股东权益)变动表分别从不同角度反映企业财务状况、经营成果、现金流量和所有者权益变动。资产负债表反映企业特定日期所拥有的资产、需偿还的债务以及股东(投资者)拥有的净资产情况;利润表反映企业一定期间的经营成果及利润或亏损的情况,表明企业运用所拥有的资产的获利能力;现金流量表反映企业在一定会计期间现金和现金等价物流入和流出的情况;所有者权益(或股东权益)变动表反映构成所有者权益各组成部分当期增减变动的情况。

附注是财务报表不可或缺的组成部分,是对在资产负债表、利润表、现金流量表和所有者权益变动表等报表中列示项目的文字描述或明细资料,以及对未能在这些报表中列示项目的说明等。

## 第二节 资产负债表

### 一、资产负债表概述

资产负债表是指反映企业在某一特定日期的财务状况的报表。资产负债表主要反映资产、负债和所有者权益三方面的内容,并满足"资产=负债+所有者权益"平衡式。

#### (一)资产

资产反映由过去的交易或事项形成并由企业在某一特定日期所拥有或控制的,预期会给企业带来经济利益的资源。资产应当按照流动资产和非流动资产两大类别在资产负债表中列示,在流动资产和非流动资产类别下进一步按性质分项列示。

流动资产是指预计在一个正常营业周期中变现、出售或耗用,或者主要为交易目的而持有,或者预计在资产负债表日起一年内(含1年)变现的资产,或者自资产负债日起1年内交换其他资产或清偿负债的能力不受限制的现金或现金等价物。资产负债表中列示的流动资产项目通常包括:货币资金、交易性金融资产、应收票据、应收账款、预付账款、应收利息、应收股利、其他应收款、存货和1年内到期的非流动资产等。

非流动资产是指流动资产以外的资产。资产负债表中列示的非流动资产项目通常包括:长期股权投资、固定资产、在建工程、工程物资、固定资产清理、无形资产、开发支出、长期待摊费用以及其他非流动资产等。

(二)负债

负债反映在某一特定日期所承担的,预期会导致经济利益流出企业的现时义务。负债应当按照流动负债和非流动负债两大类别在资产负债表中列示,在流动负债和非流动负债类别下进一步按性质分项列示。

流动负债是指预计在一个正常营业周期中清偿,或者主要为交易目的而持有,或者自负债负债表日起1年内(含1年)到期应予以清偿,或者企业无权自主地将清偿推迟至资产负债日后1年以上的负债。资产负债表中列示的流动负债项目通常包括:短期借款、交易性金融负债、应付票据、应付账款、预收账款、应付职工薪酬、应交税费、应付利息、应付股利、其他应付款、1年内到期的非流动负债等。

非流动负债是指流动负债以外的负债。非流动负债项目通常包括:长期借款、应付债券和其他非流动负债。

(三)所有者权益

所有者权益是指企业资产扣除负债后的剩余权益,反映企业在某一特定日期股东(投资者)拥有的净资产的总额。所有者权益一般按照实收资本、资本公积、其他综合收益、盈余公积和未分配利润分项列示。

## 二、资产负债表的结构

我国企业的资产负债表采用账户式结构。账户式资产负债表是在报表的左方列示资产项目,右方列示负债和所有者权益项目。我国的资产负债表分左右两方,左方为资产项目,大体按资产的流动性大小排列,流动性强的资产如"货币资金""交易性金融资产"等排在最前面,流动性弱的资产如"长期股权投资""固定资产"等排在后面。右方为负债及所有者权益项目,一般按要求清偿时间的先后顺序排序,"短期借款""应付票据""应付账款"等需要1年以内或者长于1年的一个营业周期内偿还的流动负债排在前面,"长期借款"等在1年以上才需要偿还的非流动负债排在中间,在企业清算之前不需要偿还的所有者权益项目排在后面。

账户式资产负债表中的资产各项目的合计等于负债和所有者权益各项目的合计,即资产负债表左方和右方平衡。因此,通过账户式资产负债表,可以反映资产、负债、所有者权益之间的内在关系,即"资产=负债+所有者权益"。我国资产负债表格式如表13-1所示。

表 13-1　资产负债表　　　　　　　　　　　　　　会企 01 表

编制单位：　　　　　　　　　　___ 年 _ 月 _ 日　　　　　　　　　　单位：元

| 资　产 | 上年年末余额 | 期末余额 | 负债和所有者权益（或股东权益） | 上年年末余额 | 期末余额 |
|---|---|---|---|---|---|
| 流动资产： | | | 流动负债： | | |
| 　货币资金 | | | 　短期借款 | | |
| 　交易性金融资产 | | | 　交易性金融负债 | | |
| 　衍生金融资产 | | | 　衍生金融负债 | | |
| 　应收票据 | | | 　应付票据 | | |
| 　应收账款 | | | 　应付账款 | | |
| 　应收款项融资 | | | 　预收款项 | | |
| 　预付款项 | | | 　合同负债 | | |
| 　其他应收款 | | | 　应付职工薪酬 | | |
| 　存货 | | | 　应交税费 | | |
| 　合同资产 | | | 　其他应付款 | | |
| 　持有待售资产 | | | 　持有待售负债 | | |
| 　年内到期的非流动资产 | | | 　一年内到期的非流动负债 | | |
| 　其他流动资产 | | | 　其他流动负债 | | |
| 　　流动资产合计 | | | 　　流动负债合计 | | |
| 非流动资产： | | | 非流动负债： | | |
| 　债权投资　其他债权投资 | | | 　长期借款 | | |
| 　其他债权投资　债权投资 | | | 　应付债券 | | |
| 　长期应收款 | | | 　其中:优先股 | | |
| 　长期股权投资 | | | 　永续债 | | |
| 　其他权益工具投资 | | | 　租赁负债 | | |
| 　其他非流动金融资产 | | | 　长期应付款 | | |
| 　投资性房地产 | | | 　预计负债 | | |
| 　固定资产 | | | 　递延收益 | | |
| 　在建工程 | | | 　递延所得税负债 | | |
| 　工程物资 | | | 　其他非流动负债 | | |
| 　固定资产清理 | | | 　　非流动负债合计 | | |
| 　生产性生物资产 | | | 　负债合计 | | |
| 　油气资产 | | | 所有者权益（或股东权益）： | | |

(续表)

| 资产 | 上年年末余额 | 期末余额 | 负债和所有者权益（或股东权益） | 上年年末余额 | 期末余额 |
|---|---|---|---|---|---|
| 使用权资产 | | | 实收资本（或股本） | | |
| 无形资产 | | | 其他权益工具 | | |
| 开发支出 | | | 其中：优先股 | | |
| 商誉 | | | 永续债 | | |
| 长期待摊费用 | | | 资本公积 | | |
| 递延所得税资产 | | | 减：库存股 | | |
| 其他非流动资产 | | | 其他综合收益 | | |
| 非流动资产合计 | | | 专项储备 | | |
| | | | 盈余公积 | | |
| | | | 未分配利润 | | |
| | | | 所有者权益（或股东权益）合计 | | |
| 资产合计 | | | 负债和所有者权益（或股东权益）合计 | | |

## 三、资产负债表的编制

### （一）资产负债表项目的填列方法

资产负债各项目均需填列"年初余额"和"期末余额"两栏。其中"年初余额"栏内各项数字，应根据上年年末资产负债表的"期末余额"栏内所列数字填列。"期末余额"栏主要有以下几种填列方法：

（1）根据总账科目余额填列。如"交易性金融资产""短期借款""应付票据"等项目，根据"交易性金融资产""短期借款""应付票据"各总账科目的余额直接填列；有些项目则需根据几个总账科目的期末余额计算填列，如"货币资金"项目，需要根据"货币资金""银行存款""其他货币资金"三个总账科目的期末余额的合计数填列。

（2）根据明细账科目余额计算填列。如"应付账款"科目，需要根据"应付账款"和"预付账款"两个科目所属的相关明细科目的期末贷方余额计算填列；"应收账款"项目，需要根据"应收账款"和"预收账款"两个科目所属的相关明细科目的期末借方余额计算填列。

（3）根据总账科目和明细科目余额分析填列。如"长期借款"项目，需要根据"长期借款"总账科目余额扣除"长期借款"科目所属的明细科目中将在1年内到期且企业不能自主地将清偿义务展期的长期借款后的金额计算填列。

（4）根据有关科目余额减去其备抵账户余额后的净额填列。如资产负债表中"应收票据""应收账款""长期股权投资""在建工程"等项目，应当根据"应收票据""应收账款""长期股权投资""在建工程"等科目的期末余额减去"坏账准备""长期股权投资减值准备""在建工程减值准备"等科目余额后的净额填列。"投资性房地产""固定资产"项目,应当根据"投资性房地产""固定资产"科目的期末余额减去"投资性房地产累计折旧""累计折旧""投资性房地产减值准备""固定资产减值准备"等科目余额后的净额填列;"无形资产"项目,应当根据"无形资产"科目的期末余额,减去"累计摊销""无形资产减值准备"等科目余额后的净额填列;"临时设施"项目,应当根据"临时设施"科目的期末余额,减去"临时设施摊销"等科目余额后的净额填列。

(5) 综合运用上述填列方法分析填列。如资产负债表中的"存货"项目,需要根据"材料采购""在途物资""原材料""周转材料""委托加工物资""材料成本差异""工程施工""生产成本"等总账科目期末余额的分析汇总数,再减去"存货跌价准备""工程结算"等科目余额后的净额填列。

(二) 资产负债表项目的填列说明

资产负债表中资产、负债和所有者权益主要项目的填列说明如下。

1. 资产项目的填列说明

(1) "货币资金"项目,反映企业库存现金、银行结算户存款、外埠存款、银行汇票存款、银行本票存款、信用卡存款、信用证保证金存款等的合计数。本项目应根据"库存现金""银行存款""其他货币资金"科目的期末余额合计数填列。

(2) "交易性金融资产"项目,反映企业持有的以公允价值计量且其变动计入当期损益的金融资产,以及企业持有的指定为以公允价值计量且其变动计入当期损益的金融资产的期末账面价值。本项目应根据"交易性金融资产"科目的相关明细科目期末余额分析填列。自资产负债表日起超过1年到期且预期持有超过1年的以公允价值计量其变动计入当期损益的非流动金融资产的期末账面价值,在"其他非流动资产"项目反映。

(3) "衍生金融负债"项目,反映企业衍生工具形成资产和负债的期末余额。本项目应根据"衍生工具""套期工具"和"被套期工具"等科目的期末贷方余额分析填列。

(4) "应收票据"项目,反映资产负债表日以摊余成本计量的、企业因销售商品、提供劳务等收到的商业汇票,包括银行承兑汇票和商业承兑汇票。本项目应根据"应收票据"科目的期末余额,减去"坏账准备"科目中相关坏账准备余额后的金额分析填列。

(5) "应收账款"项目,反映资产负债表日以摊余成本计量的、企业因销售商品、提供劳务等经营活动应收取的款项。本项目应根据"应收账款"科目的期末余额,减去"坏账准备"科目中相关坏账准备余额后的金额分析填列。

(6) "应收款项融资"项目,反映资产负债表日企业持有的以公允价值计量且其变动计入其他综合收益的应收票据和应收账款等。本项目应根据"应收票据""应收账款"科目的明细科目期末余额分析填列。

(7) "预付账款"项目,反映企业按照购货合同规定预付给供应单位的款项等。本项目根据"预付账款"和"应付账款"科目所属各明细科目的期末借方余额合计数,减去"坏账准备"科目中有关预付账款计提的坏账准备期末余额后的净额填列。如"预付账款"科目所属明细科目期末有贷方余额的,应在资产负债表"应付账款"项目中填列。

(8) "其他应收款"项目,反映企业除应收票据、应收账款、预付账款等经营活动以外的其他应收、暂付的款项。本项目应根据"应收利息""应收股利""其他应收款"科目的期末余额合计数,减去"坏账准备"科目中相关坏账准备期末余额后的净额填列。其中"应收利息"仅反映相关金融工具已到期可收取但于资产负债表日尚未收到的利息。基于实际利率法计提的金融工具的利息应包含在相应金融工具的账面余额中。

(9)"存货"项目,反映企业期末在库、在途和在加工中的各项存货的可变现净值或成本(成本与可变现净值孰低)。存货包括各种材料、商品、在产品、半成品、包装物、低值易耗品、发出商品、委托代销商品、工程施工等。本项目应根据"材料采购""原材料""库存商品""周转材料""低值易耗品""委托加工物资""发出商品""生产成本""受托代销商品""工程施工"等科目的期末余额合计,减去"受托代销商品款""存货跌价准备""工程结算"等科目期末余额后的净额填列。材料采用计划成本核算,以及库存商品采用计划成本核算的企业,还应按加或减"材料成本差异"后的金额填列。

(10)"合同资产"项目,反映企业按照《企业会计准则第14号——收入》的相关规定,根据本企业履行履约义务与客户付款之间的关系在资产负债表中列示的合同资产。"合同资产"项目应根据"合同资产"科目的相关明细科目期末余额分析填列,同意合同下的合同资产和合同负债应当以净额列示,其中净额为借方余额的,应当根据其流动性在"合同资产"或"其他非流动资产"项目中填列,已计提减值准备的,还应以减去"合同资产减值准备"科目中相关的期末月后的金额填列;其中净额为贷方余额的,应当根据其流动性在"合同负债"或"其他非流动负债"项目中填列。

(11)"持有待售资产"项目,反映资产负债表中划分为持有待售类别的非流动资产及划分为持有待售类别中的处置组中的流动资产和非流动资产的期末账面价值。该项目应根据"持有待售资产"科目的期末余额,减去"持有待售资产减值准备"科目的期末余额后的金额填列。

(12)"一年内到期的非流动资产"项目,反映企业将于1年内到期的非流动资产项目金额。本项目应根据有关科目的期末余额分析填列。

(13)"债权投资"项目,反映资产负债表日以摊余成本计量的长期债券投资的期末账面价值。本项目应根据"债权投资"科目的相关明细科目期末余额,减去"债券投资减值准备"科目的相关减值准备的期末余额后的金额分析填列。自资产负债表日起1年内到期的长期债券投资的期末账面价值,在"一年内到期的非流动资产"项目反映,企业购入的以摊余成本计量的1年内到期的债权投资的期末账面价值,在"其他流动资产"项目反映。

(14)"其他债权投资"项目,反映资产负债表日企业指定为以公允价值计价且其变动计入其他综合收益的长期债券投资的期末账面价值。本项目应根据"其他债权投资"科目的相关明细科目期末余额分析填列,自资产负债表日起1年内到期的长期债券投资的期末账面价值,在"一年内到期的非流动资产"项目反映,企业购入的以公允价值计价且其变动计入其他综合收益的1年内到期的债权投资的期末账面价值,在"其他流动资产"项目反映。

(15)"长期应收款"项目,反映企业租赁产生的应收款项和采用递延方式分期收款,实质上具有融资性质的销售商品和提供劳务等经营活动产生的应收款项。本项目应根据"长期应收款"科目的期末余额,减去相应的"未确认融资收益"科目和"坏账准备"科目所属相关明细科目期末余额后的金额填列。

(16)"长期股权投资"项目,反映投资方对被投资方实施控制、重大影响的权益性投资,以及对其合营企业的权益投资。本项目应根据"长期股权投资"科目的期末余额减去"长期股权投资减值准备"科目期末余额后的净额填列。

（17）"其他权益工具投资"项目，反映资产负债表日企业指定为以公允价值计价且其变动计入其他综合收益的非交易性权益工具投资的期末账面价值。该项目应根据"其他权益工具投资"科目的期末余额填列。

（18）"固定资产"项目，反映资产负债表日固定资产的期末账面价值和尚未清理完毕的固定资产清理净损益。本项目根据"固定资产"科目期末余额，减去"累计折旧"和"固定资产减值准备"科目期末余额后，以及"固定资产清理"科目的期末余额填列。

（19）"在建工程"项目，反映资产负债表日企业尚未达到预定可使用状态的在建工程的期末账面价值和企业为在建工程准备的各项工程物资的期末账面价值。本项目根据"在建工程"科目的期末余额，减去"在建工程减值准备"科目期末余额后的金额，以及"工程物资"科目的期末余额，减去"工程物资减值准备"科目期末余额后的金额填列。

（20）"工程物资"项目，反映企业尚未使用的各项工程物资的实际成本。本项目根据"工程物资"科目的期末余额填列。

（21）"固定资产清理"项目，反映企业因出售、毁损、报废等原因转入清理但尚未清理完毕的固定资产的净值，以及固定资产清理过程中所发生的清理费用和变价收入等各项金额的差额。本项目应根据"固定资产清理"科目的期末借方余额填列；如"固定资产清理"科目期末为贷方余额，以"－"号填列。

（22）"使用权资产"项目，反映资产负债表日承租人企业持有的使用权资产的期末账面价值。本项目根据"使用权资产"科目期末余额，减去"使用权资产累计折旧"和"使用权资产减值准备"科目期末余额后的净额填列。

（23）"无形资产"项目，反映企业持有的专利权、非专利技术、商标权、著作权、土地使用权等无形资产的成本减去累计摊销和资产减值准备后的净值。本项目应根据"无形资产"科目的期末余额，减去"累计摊销"和"无形资产减值准备"科目期末余额后的净额填列。

（24）"开发支出"项目，反映企业开发无形资产过程中能够资本化形成无形资产成本的支出部分。本项目应当根据"研发支出"科目中所属的"资本化支出"明细科目期末余额填列。

（25）"长期待摊费用"项目，反映企业已经发生但应由本期和以后各期负担的分摊期限在1年以上的各项费用。本项目应根据"长期待摊费用"科目的期末余额减去将于1年内（含1年）摊销的数额后的金额分析填列。但长期待摊费用的摊销期限只剩1年或不足1年的，或预计在1年内（含1年）进行摊销的部分，不得归类为流动资产，仍在非流动资产项目中填列，转入"一年内到期的非流动资产"项目填列。

（26）"递延所得税资产"项目，反映企业根据所得税准则确认的可抵扣暂时性差异产生的所得税资产。本项目根据"递延所得税资产"科目的期末余额填列。

（27）"其他非流动资产"项目，反映企业除上述非流动资产以外的其他非流动资产。本项目应根据有关科目的期末余额填列。

2. 负债项目的填列说明

（1）"短期借款"项目，反映企业向银行或其他金融机构等借入的期限在1年期以下（含1年）的各种借款。本项目应根据"短期借款"科目的期末余额填列。

（2）"交易性金融负债"项目，反映企业资产负债表日承担的交易性金融负债，以及企业持有的直接指定为以公允价值计量且其变动计入当期损益的金融负债的期末账面价值,该项目应根据"交易性金融负债"科目的相关明细科目余额填列。

(3)"应付票据"项目,反映资产负债表日以摊余成本计量的、企业因购买材料、商品、接受劳务和分包工程等开出、承兑的商业汇票,包括银行承兑汇票和商业承兑汇票。本项目应根据"应付票据"科目的期末余额填列。

(4)"应付账款"项目,反映资产负债表日以摊余成本计量的、企业因购买材料、商品、接受劳务和分包工程等经营活动应支付的款项。本项目应根据"应付账款"和"预付账款"科目所属相关明细科目的期末贷方余额合计数填列。如"应付账款"科目所属明细科目期末有借方余额的,应在资产负债表"预付账款"项目内填列。

(5)"预收款项"项目,反映企业按照合同规定预收的款项。本项目根据"预收账款"和"应收账款"科目所属各明细科目的期末贷方余额合计数填列。如"预收账款"科目所属明细科目期末有借方余额的,应在资产负债表"应收账款"项目内填列。

(6)"合同负债"项目,反映企业按照《企业会计准则——收入》(2018)的相关规定,根据本企业履行履约义务与客户付款之间的关系在资产负债表中列示的合同负债,"合同负债"项目应根据"合同负债"的相关明细科目的期末余额分析填列。

(7)"应付职工薪酬"项目,反映企业为获得职工提供的服务或解除劳动关系而给予的各种形式的报酬或补偿。企业提供给职工配偶、子女、受赡养人、已故员工遗属及其他受益人等的福利,也属于职工薪酬。职工薪酬主要包括短期薪酬、离职后福利、辞退福利和其他长期职工福利。本项目应根据"应付职工薪酬"科目所属各明细科目的期末贷方余额分析填列。

(8)"应交税费"项目,反映企业按照税法规定计算应交纳的各种税费,包括增值税、消费税、城市维护建设税、教育费附加、企业所得税、资源税、土地增值税、房产税、城镇土地使用税、车船税等。企业代扣代缴的个人所得税,也通过本科目列示。企业所交纳的税金不需要预计应交数的,如印花税、耕地占用税等,不在本项目列示。需要说明的是,"应交税费"科目下的"应交增值税""未交增值税""待抵扣进项税额""待认证进项税额""增值税留抵税额"等明细科目期末借方余额应根据情况,在"资产负债表"中的"其他流动资产"或"其他非流动资产"项目列示;"应交税费——待转销项税额"等科目期末贷方余额应根据情况在"资产负债表"中的"其他流动负债"或"其他非流动负债"项目列示;"应交税费"科目下的"未交增值税""简易计税""转让金融商品应交增值税""代扣代缴增值税"等科目期末贷方余额应在资产负债表中的"应交税费"项目列示。

(9)"其他应付款"项目,反映企业除应付票据、应付账款、预收账款、应付职工薪酬、应交税费等经营活动以外的其他应付和暂收的款项。本项目应根据"应付利息""应付股利""其他应付款"科目的期末余额合计数填列。其中,"应付利息"科目仅反映相关金融工具已到期应支付但于资产负债表日尚未支付的利息。基于实际利率法计提的金融工具的利息应包含在相应金融工具的账面余额中。

(10)"持有待售负债"项目,反映资产负债表日处置组中划分为持有待售类别的资产直接相关的负债的期末账面价值。本科目应根据"持有待售负债"科目的期末余额填列。

(11)"一年内到期的非流动负债"项目,反映企业非流动负债中将于资产负债表日后1年之内到期的金额,如将于1年内偿还的长期借款。本项目应根据有关科目的期末余额分析填列。

(12)"长期借款"项目,反映企业向银行或其他金融机构借入的期限在1年期以上(不含1年)的各期借款。本项目应根据"长期借款"科目的期末余额,扣除"长期借款"科目所属的明细科目中将在资产负债表日起1年内到期且企业不能自主地将清偿义务展期的长期借款后的金额计算填列。

(13)"应付债券"项目,反映企业为筹集长期资金而发行的债券本金(和利息)。本项目应根据"应付债券"科目的期末余额填列。

(14)"租赁负债"项目,反映资产负债表日承租人企业尚未支付的租赁付款额的期末账面价值。本项目应根据"租赁负债"科目的期末余额填列。自资产负债表日起1年内到期应予以偿还的租赁负债的期末账面价值,在"一年内到期的非流动负债"项目反映。

(15)"长期应付款"项目,应根据"长期应付款"科目的期末余额,减去相关的"未确认融资费用"科目的期末余额后的金额,以及"专项应付款"科目的期末余额填列。

(16)"预计负债"项目,反映企业根据或有事项等相关准则确认的各项预计负债,包括对外提供担保、未决诉讼、产品质量保证、重组义务以及固定资产和矿区权益弃置义务等产生的预计负债。本项目应根据"预计负债"科目的期末余额填列。企业按照《企业会计准则第22号——金融工具确认和计量》的相关规定,对贷款承诺等项目计提的损失准备,应在本项目填列。

(17)"递延收益"项目,反映尚待确认的收入或收益。本项目核算包括企业政府补助准则确认的应在以后期间计入当期损益的政府补助金额、售后租回形成融资租赁的售价与资产账面价值差额等其他递延性收入。本项目应根据"递延收益"科目的期末余额填列。本项目中摊销期限只剩1年或不足1年的,或预计在1年内(含1年)进行摊销的部分,不得归类为流动负债,仍应在本项目填列,不转入"一年内到期的非流动负债"项目。

(18)"递延所得税负债"项目,反映根据所得税准则确认的应缴纳暂时性差异产生的所得税负债。本项目应根据"递延所得税负债"科目的期末余额填列。

(19)"其他非流动负债"项目,反映企业除长期借款、应付债券等项目以外的其他非流动负债。本项目应根据有关科目的期末余额填列。其他非流动负债项目应根据有关科目期末余额减去1年内到期(含1年)到期偿还数后的余额分析填列。非流动负债各项目中将于1年内(含1年)到期的非流动负债,应在"一年内到期的非流动负债"项目内反映。

3. 所有者权益项目的填列说明

(1)"实收资本(或股本)"项目,反映企业各投资者实际投入的资本(或股本)总额。本项目应根据"实收资本(或股本)"科目的期末余额填列。

(2)"其他权益工具"项目,反映资产负债表日企业发行在外的除普通股以外分类为权益工具的金融工具的期末账面价值,并下设"优先股"和"永续债"两个项目,分别反映企业发行的分类为权益工具的优先股和永续债的账面价值。

(3)"资本公积"项目,反映企业收到投资者超出其注册资本或股本中所占的份额以及直接计入所有者权益的利得和损失。本项目应根据"资本公积"科目的期末余额填列。

(4)"其他综合收益"项目,反映企业其他综合收益的期末余额。本项目应根据"其他综合收益"科目的期末余额填列。

(5)"专项储备"项目,反映高危行业企业按照国家规定提取的安全生产费的期末账面价值。本项目应根据"专项储备"科目的期末余额填列。

(6)"盈余公积"项目,反映企业盈余公积的期末余额。本项目应根据"盈余公积"科目的期末余额填列。

(7)"未分配利润"项目,反映企业尚未分配的利润。本项目应根据"本年利润"科目和"利润分配"科目的余额计算填列。未弥补的亏损在本项目以"一"号填列。

## 第三节 利润表

### 一、利润表概述

利润表是反映企业在一定会计期间的经营成果的报表。

通过利润表,可以反映企业在一定会计期间收入、费用、利润(或亏损)的数额和构成情况,帮助财务报表使用者全面了解企业的经营成果,分析企业的获利能力及盈利增长趋势,从而为其作出经济决策提供依据。

### 二、利润表的结构

我国企业的利润表采用多步式格式,如表13-2所示。

表13-2 利润表　　　　　　　　　　　　　　　　　　　　　　会企02表

编制单位：　　　　　　　　　　　__年__月　　　　　　　　　　　　单位：元

| 项目 | 本期金额 | 上期金额 |
|---|---|---|
| 一、营业收入 | | |
| 　减:营业成本 | | |
| 　　税金及附加 | | |
| 　　销售费用 | | |
| 　　管理费用 | | |
| 　　研发费用 | | |
| 　　财务费用 | | |
| 　　　其中:利息费用 | | |
| 　　　　利息收入 | | |
| 　加:其他收益 | | |
| 　　投资收益(损失以"一"号填列) | | |
| 　　　其中:对联营企业和合营企业的投资收益 | | |
| 　　　以摊余成本计量的金融资产终止确认收益(损失以"一"号填列) | | |

（续表）

| 项目 | 本期金额 | 上期金额 |
| --- | --- | --- |
| 净敞口套期收益（损失以"－"号填列） | | |
| 公允价值变动损益（损失以"－"号填列） | | |
| 信用减值损失（损失以"－"号填列） | | |
| 资产减值损失（损失以"－"号填列） | | |
| 资产处置收益（损失以"－"号填列） | | |
| 二、营业利润（亏损以"－"号填列） | | |
| 　加：营业外收入 | | |
| 　减：营业外支出 | | |
| 三、利润总额（亏损总额以"－"号填列） | | |
| 　减：所得税费用 | | |
| 四、净利润（亏损以"－"号填列） | | |
| （一）持续经营净利润（净亏损"－"号填列） | | |
| （二）终止经营净利润（净亏损"－"号填列） | | |
| 五、其他综合收益的税后净额 | | |
| （一）以后不能重分类进收益的其他综合收益 | | |
| 1. 重新计量收益计划变动额 | | |
| 2. 权益法下不能转损益的其他综合收益 | | |
| 3. 其他权益工具投资公允价值变动 | | |
| 4. 企业自身信用风险公允价值变动 | | |
| …… | | |
| （二）以后将重分类进损益的其他综合收益 | | |
| 1. 权益法下可转损益的其他综合收益 | | |
| 2. 其他债权投资公允价值变动损益 | | |
| 3. 金融资产重分类计入其他综合收益的金额 | | |
| 4. 其他债权投资信用减值准备 | | |
| 5. 现金流量套期 | | |
| 6. 外币财务报表折算差额 | | |
| 六、综合收益总额 | | |
| 七、每股收益 | | |
| （一）基本每股收益 | | |
| （二）稀释每股收益 | | |

### 三、利润表的编制

#### (一)利润表项目的填列方法

我国企业利润表的主要编制步骤和内容如下:

第一步,以营业收入为基础,减去营业成本、营业税金及附加、销售费用、管理费用、财务费用、资产减值损失,加上公允价值变动收益(减去公允价值变动损失)和投资收益(减去投资损失),计算出营业利润。

第二步,以营业利润为基础,加上营业外收入,减去营业外支出,计算利润总额。

第三步,以利润总额为基础,减去所得税费用,计算出净利润。

第四步,以净利润(或净亏损)为基础,计算每股收益。

第五步,以净利润(或净亏损)和其他综合收益为基础,计算综合收益总额。

利润表各项目均需填列"本期金额"和"上期金额"两栏。其中"本期金额"栏内各项数字,应根据上年该期利润表的"本期金额"栏内所列数字填列。"本期金额"栏内各期数字,除"本期每股收益"和"稀释每股收益"项目外,应当按照相关科目的发生额分析填列。如"营业收入"项目,根据"主营业务收入""其他业务收入"科目的发生额分析计算填列;"营业成本"项目,根据"主营业务成本""其他业务成本"科目的发生额分析计算填列。

#### (二)利润表的填列说明

(1)"营业收入"项目,反映企业经营主要业务和其他业务所确认的收入总额。本项目应根据"主营业务收入"和"其他业务收入"科目的发生额分析填列。企业一般应当以"主营业务收入"和"其他业务收入"总账科目的贷方发生额之和,作为利润表中"营业收入"的项目金额。当年发生销售退回的,以应冲减销售退回主营业务收入后的金额,填列"营业收入"项目。

(2)"营业成本"项目,反映企业经营主要业务和其他业务所发生的成本总额。本项目应根据"生营业务成本"和"其他业务成本"科目的发生额分析填列。

(3)"税金及附加"项目,反映企业经营业务应负担的消费税、城市维护建设税、教育费附加、土地增值税、资源税、车船税、城镇土地增值税、印花税等相关税费。本项目应根据"税金及附加"科目的发生额分析填列。

(4)"销售费用"项目,反映企业在销售商品过程中发生的包装费、广告费等费用和为销售本企业商品而专设的销售机构的职工薪酬、业务费等经营费用。本项目应根据"销售费用"科目的发生额分析填列。

(5)"管理费用"项目,反映企业为组织和管理生产经营发生的管理费用。本项目应根据"管理费用"的发生额分析填列。

(6)"研发费用"项目,反映企业进行研究与开发过程发生的费用化支出以及计入管理费用的自行研发无形资产的摊销。本项目应根据"管理费用"科目下的"研发费用"明细科目的发生额以及"管理费用"科目下的"无形资产摊销"明细科目的发生额分析填列。

(7)"财务费用"项目,反映企业筹集生产经营所需资金等而发生的应予费用化的利息支出。本项目应根据"财务费用"科目的相关明细科目发生额分析填列。其中:"利息费用"项目,反映企业为筹集生产经营所需资金而发生的应予费用化的利息支出,本项目应根据

"财务费用"科目的相关明细科目的发生额分析填列。"利息收入"项目，反映企业应冲减财务费用的利息收入，本项目应根据"财务费用"科目的相关明细科目的发生额分析填列。

(8) "其他收益"项目，反映计入其他收益的政府补助，以及其他与日常活动相关且计入其他收益的项目。本项目应根据"其他收益"科目的发生额分析填列。

(9) "投资收益"项目，反映企业以各种方式对外投资所取得的收益。本项目应根据"投资收益"科目的发生额分析填列。如为(借方)投资损失，本项目以"－"号填列。

(10) "净敞口套期收益"项目，反映净敞口套期下被套期项目累计公允价值变动转入当期损益的金额或现金流量套期储备转入当期损益的金额。本项目应根据"净敞口套期收益"科目的发生额分析填列；如为套期损失，本项目以"－"号填列。

(11) "公允价值变动收益"项目，反映企业应当计入当期损益的资产或负债公允价值变动收益。本项目应根据"公允价值变动损益"科目的发生额分析填列，如为净损失，本项目以"－"号填列。

(12) "信用减值损失"项目，反映企业按照《企业会计准则第22号——金融工具确认和计量》的要求计提的各项金融工具信用减值准备所确认的信用损失。本项目应根据"信用减值损失"科目的发生额分析填列。

(13) "资产减值损失"项目，反映企业各项资产发生的减值损失。本项目应根据"资产减值损失"科目的发生额分析填列。

(14) "资产处置收益"项目，反映企业出售划分为持有待售的非流动资产(金融工具、长期股权投资和投资性房地产除外)和处置组(子公司业务除外)时确认的处置利得或损失，以及处置未划分为持有待售的固定资产、在建工程、生产性生物资产及无形资产而发生的处置利得或损失，债务重组中因处置非流动资产(金融工具、长期股权投资和投资性房地产除外)产生的利得或损失也包括在本项目内。本项目应根据"资产处置损益"科目的发生额分析填列；如为处置损失，本项目以"－"号填列。

(15) "营业利润"项目，反映企业实现的营业利润。如为亏损，本项目以"－"号填列。

(16) "营业外收入"项目，反映企业发生的与经营业务无直接关系的各项收入。本项目应根据"营业外收入"科目的发生额分析填列。

(17) "营业外支出"项目，反映企业发生的与经营业务无直接关系的各项支出。本项目应根据"营业外支出"科目的发生额分析填列。

(18) "利润总额"项目，反映企业实现的利润。如为亏损，本项目以"－"号填列。

(19) "所得税费用"项目，反映企业应从当期利润总额中扣除的所得税费用。本项目应根据"所得税费用"科目的发生额分析填列。

(20) "净利润"项目，反映企业实现的净利润。如为亏损，本项目以"－"号填列。

(21) "其他综合收益的税后净额"项目，反映企业根据企业会计准则规定未在损益中确认的各项利得和损失扣除所得税影响后的净额。

(22) "综合收益总额"项目，反映起立净利润与其他综合收益的合计金额。

(23) "每股收益"项目，包括基本每股收益和稀释每股收益两项指标，反映普通股和潜在股已公开交易的企业，以及正处在公开发行普通股或潜在普通股过程中的企业每股收益信息。

## 第四节 所有者权益变动表

### 一、所有者权益变动表概述

所有者权益变动表是指反映构成所有者权益各组成部分当期增减变动情况的报表。

通过所有者权益变动表,既可以为报表使用者提供所有者权益总量增减变动的信息,也能为其提供所有者权益增减变动的结构性信息,特别是能够让报表使用者理解所有者权益增减变动的根源。

### 二、所有者权益变动表的结构

在所有者权益变动表上,企业应当单独列示反映下列信息的项目:①综合收益总额;②会计政策变更和差错更正的累计影响金额;③所有者投入资本和向所有者分配利润等;④提取的盈余公积;⑤实收资本或资本公积、盈余公积、未分配利润的期初和期末余额及其调节情况。

所有者权益变动表以矩阵的形式列示:一方面,列示导致所有者权益变动的交易或事项,即所有者权益变动的来源,对一定时期所有者权益的变动情况进行全面反映;另一方面,按照所有者权益各组成部分(即实收资本、资本公积、其他综合收益、盈余公积、未分配利润和库存股)列示交易或事项对所有者权益各部分的影响。

我国企业所有者权益变动表的格式如表13-3所示。

表13-3 所有者权益变动表　　　　　　会企04表

编制单位:　　　　　　　　年度　　　　　　　　单位:元

| 项目 | 本年金额 | | | | | | | 上年金额 | | | | | | |
|---|---|---|---|---|---|---|---|---|---|---|---|---|---|---|
| | 实收资本(或股本) | 资本公积 | 减:库存股 | 其他综合收益 | 盈余公积 | 未分配利润 | 所有者权益合计 | 实收资本(或股本) | 资本公积 | 减:库存股 | 其他综合收益 | 盈余公积 | 未分配利润 | 所有者权益合计 |
| 一、上年年末余额 | | | | | | | | | | | | | | |
| 加:会计政策变更 | | | | | | | | | | | | | | |
| 　前期差错更正 | | | | | | | | | | | | | | |
| 二、本年年初余额 | | | | | | | | | | | | | | |
| 三、本年增减变动金额(减少以"-"号填列) | | | | | | | | | | | | | | |
| (一)综合收益总额 | | | | | | | | | | | | | | |
| (二)所有者投入和减少资本 | | | | | | | | | | | | | | |

(续表)

| 项　目 | 本年金额 | | | | | | | 上年金额 | | | | | | |
|---|---|---|---|---|---|---|---|---|---|---|---|---|---|---|
| | 实收资本（或股本） | 资本公积 | 减：库存股 | 其他综合收益 | 盈余公积 | 未分配利润 | 所有者权益合计 | 实收资本（或股本） | 资本公积 | 减：库存股 | 其他综合收益 | 盈余公积 | 未分配利润 | 所有者权益合计 |
| 1. 所有者投入资本 | | | | | | | | | | | | | | |
| 2. 股份支付计入所有者权益的金额 | | | | | | | | | | | | | | |
| 3. 其他 | | | | | | | | | | | | | | |
| （三）利润分配 | | | | | | | | | | | | | | |
| 1. 提取盈余公积 | | | | | | | | | | | | | | |
| 2. 对所有者（或股东）的分配 | | | | | | | | | | | | | | |
| 3. 其他 | | | | | | | | | | | | | | |
| （四）所有者权益内部结转 | | | | | | | | | | | | | | |
| 1. 资本公积转增资本（或股本） | | | | | | | | | | | | | | |
| 2. 盈余公积转增资本（或股本） | | | | | | | | | | | | | | |
| 3. 盈余公积弥补亏损 | | | | | | | | | | | | | | |
| 4. 其他 | | | | | | | | | | | | | | |
| 四、本年年末余额 | | | | | | | | | | | | | | |

## 三、所有者权益变动表的编制

### （一）所有者权益变动表项目的填列方法

所有者权益变动表各项目均需填列"本年金额"和"上年金额"两栏。

所有者权益变动表"上年金额"栏内各项数字，应根据上年度所有者权益变动表"本年金额"栏内所列数字填列。上年度所有者权益变动表规定的各个项目的名称和内容同本年度不一致，应对上年度所有者权益变动表格项目的名称和数字按照本年度的规定进行调整，填入所有者权益变动表的"上年金额"栏内。

所有者权益变动表"本年金额"栏内各项数字一般根据"实收资本（或股本）""资本公积""其他综合收益""盈余公积""利润分配""库存股""以前年度损益调整"账户的发生额分析填列。

企业的净利润及其分配情况作为所有者权益变动的组成部分，不需要单独编制利润分配表列示。

(二) 所有者权益变动表主要项目说明

1. 上年年末余额项目

"上年年末余额"项目反映企业上年资产负债表中实收资本(或股本)、资本公积、库存股、其他综合收益、盈余公积、未分配利润的年末余额。

2. "会计政策变更""前期差错更正"项目

"会计政策变更""前期差错更正"项目,分别反映企业采用追溯调整法处理的会计差错更正的累计影响金额。

3. "本年增减变动金额"项目

(1) "综合收益总额"项目,反映净利润和其他综合收益扣除所得税影响后的净额相加后的合计金额。

(2) "所有者投入和减少资本"项目,反映企业当年所有者投入的资本和减少的资本。①"所有者投入资本"项目,反映企业接受投资者投入形成的实收资本(或股本)和资本溢价或股本溢价。②"股份支付计入所有者权益的金额"项目,反映企业处于等待期中的权益结算的股份支付当年计入资本公积的金额。

(3) "利润分配"项目,反映企业当年的利润分配金额。

(4) "所有者权益内部结转"项目,反映企业构成所有者权益的组成部分之间的增减变动情况。①"资本公积转增资本(或股本)"项目,反映企业资本公积转增资本或股本的金额。②"盈余公积转增资本(或股本)"项目,反映企业盈余公积转增资本或股本的金额。③"盈余公积弥补亏损"项目,反映企业盈余公积弥补亏损的金额。

# 第五节 附 注

## 一、附注概述

附注是对资产负债表、利润表、现金流量表和所有者权益变动表等报表中列示项目的文字描述或明细资料,以及对未能在这些报表中列示项目的说明。附注主要起到两方面的作用:第一,附注的披露,是对资产负债表、利润表、现金流量表和所有者权益变动表列示项目的含义的补充说明,帮助使用者更准确地把握其含义。例如,通过阅读附注中披露的固定资产折旧政策的说明,使用者可以掌握报告企业与其他企业在固定资产折旧政策上的异同,以便进行更准确的比较。第二,附注提供了对资产负债表、利润表、现金流量表和所有者权益变动表中未列示项目的详细或明细说明。例如,通过阅读附注中披露的存货增减变动情况,使用者可以了解资产负债表未单列存货分类信息。

通过附注与资产负债表、利润表、现金流量表和所有者权益变动表列示项目的相互参照关系,以及对未能在报表中列示项目的说明,可以使报表使用者全面了解企业的财务状况、经营成果和现金流量。

## 二、附注的主要内容

附注是财务报表的重要组成部分。企业应当按照如下顺序披露附注的内容。

### (一)企业的基本状况

(1)企业注册地、组织形式和总部地址。

(2)企业的业务性质和主要经营活动。

(3)母公司以及集团最终母公司的名称。

(4)财务报告的批准报出者和财务报告批准报出日。

(5)营业期限有限的企业,还应当披露有关营业期限的信息。

### (二)财务报表的编制基础

财务报告的编制基础是指财务报告在持续经营基础上还是非持续经营基础上编制的。企业一般是在持续经营基础上编制财务报表,清算、破产属于非持续经营基础。

### (三)遵循企业会计准则的声明

企业应当声明编制的财务报表符合企业会计准则的要求,真实、完整地反映了企业的财务状况、经营成果和现金流量等有关信息,以此明确企业编制财务报表所依据的制定基础。

### (四)重要会计政策和会计估计

企业应当披露采用的重要会计政策和会计估计,不重要的会计政策和会计估计可以不披露。在披露重要会计政策和会计估计时,企业应当披露重要会计政策的确定依据和财务报表项目的计量基础,以及会计估计中所采用的关键假设和不确定因素。

会计政策的确定依据,主要是指企业在运用会计政策过程中所作的对报表中确认的项目金额最具影响的判断,有助于使用者理解企业选择和运用会计政策的背景,增加财务报表的可理解性。财务报表项目的计量基础,是指企业计量该项目采用的是历史成本、重置成本、可变现净值、现值还是公允价值,这直接影响所有者对财务报表的理解和分析。

在确定报表中确认的资产和负债的账面价值过程中,企业有时需要对不确定的未来事项在资产负债表日对这些资产和负债的影响加以估计,如企业预计持有至到期投资未来现金流量采用的折现率和假设。这类假设的变动对这些资产和负债项目金额的确定影响很大,有可能在下一个会计年度内作出重大调整,因此,强调这一披露要求,有助于提高财务报表的可理解性。

### (五)会计政策和会计估计变更以及差错更正的说明

企业应当按照会计政策、会计估计变更和差错更正会计准则的规定,披露会计政策和会计估计以及差错变更的有关情况。

### (六)报表重要项目的说明

企业对报表重要事项的说明,应当按照资产负债表、利润表、现金流量表和所有者权益变动表及其项目列示的顺序,采用文字和数字描述相结合的方式进行披露。报表重要项目的明细金额合计应与报表项目金额相衔接,主要包括以下重要项目:

1.以公允价值计量且其变动计入当期损益的金融资产

企业应当披露以公允价值计量且其变动计入当期损益的金融资产的账面价值,并分别反映交易性金融资产和在初始时指定为以公允价值计量且其变动计入当期损益的金融资产。对于指定以公允价值计量且其变动计入当期损益的金融资产,应当披露下列信息:

(1) 指定的金融资产的性质。

(2) 初始确认时对上述金融资产作出指定的标准。

(3) 如何满足运用指定的标准。

2. 应收款项

企业应当披露应收款项的账龄结构和客户类别以及期初、期末账面余额等信息。

3. 存货

企业应当披露下列信息:

(1) 各类存货的期初和期末账面价值。

(2) 确定发出存货成本所采用的方法。

(3) 存货可变现净值的确定依据,存货跌价准备的计提情况,当期计提的存货跌价准备的金额,当期转回的存货跌价准备的金额,以及计提和转回的有关情况。

(4) 用于担保的存货账面价值。

4. 长期股权投资

企业应当披露下列信息:

(1) 对控制、共同控制、重大影响的判断。

(2) 对投资主体的判断及主体身份的转换。

(3) 企业集团的构成情况。

(4) 重要的非全资子公司的相关信息。

(5) 对使用企业集团资产和清偿企业集团债务的重大限制。

(6) 纳入合并财务报表范围的结构化主体的相关信息。

(7) 企业在其子公司的所有者权益份额发生变化的情况。

(8) 投资性主体的相关信息。

(9) 合营企业和联营企业的相关信息。

(10) 重要的合营企业和联营企业的主要财务信息。

(11) 不重要的合营企业和联营企业的汇总财务信息。

(12) 与企业在合营企业和联营企业中权益相关的风险信息。

(13) 未纳入合并财务报表范围的结构化主体的基本信息。

(14) 与权益相关资产负债的账面价值和最大损失敞口。

(15) 企业是结构化主体的发起人但在结构化主体中没有权益的情况。

(16) 向未纳入合并财务报表范围的结构化主体提供支持的情况。

(17) 未纳入合并财务报表范围结构化主体的额外信息披露。

5. 投资性房地产

企业应当披露下列信息:

(1) 投资性房地产的种类、金额和计量模式。

(2) 采用成本模式的,投资性房地产的折旧或摊销,以及减值准备的计提情况。

(3) 采用公允价值模式的,公允价值的确定依据和方法,以及公允价值变动对损益的影响。

(4) 房地产转换情况、理由,以及对损益或所有者权益的影响。
(5) 当期处置的投资性房地产及其对损益的影响。

6. 固定资产

企业应当披露下列信息:
(1) 固定资产的确认条件、分类、计量基础和折旧方法。
(2) 各类固定资产的使用寿命、预计净残值和折旧率。
(3) 各类固定资产的期初和期末原价、累计折旧额及固定资产减值准备累计金额。
(4) 当期确认的折旧费用。
(5) 对固定资产所有权的限制及金额和用于担保的固定资产账面价值。
(6) 准备处置的固定资产名称、账面价值、公允价值、预计处置费用和预计处置时间等。

7. 无形资产

企业应当披露下列信息:
(1) 无形资产的期初和期末账面余额、累计摊销额及减值准备累计金额。
(2) 使用寿命有限的无形资产,其使用寿命的估计情况;使用寿命不确定的无形资产,其使用寿命不确定的判断依据。
(3) 无形资产的摊销方法。
(4) 用于担保的无形资产的账面价值、当期摊销额等情况。
(5) 计入当期损益和确认为无形资产的研究开发支出金额。

8. 职工薪酬

企业应当披露短期职工薪酬相关的下列信息:
(1) 应当支付给职工的工资、奖金、津贴和补贴,及其期末应付未付金额。
(2) 应当为职工交纳的医疗保险费、工伤保险费和生育保险费等社会保险费,及其期末应付未付金额。
(3) 应当为职工缴存的住房公积金,及其期末应付未付金额。
(4) 为职工提供的货币性福利,及其计算依据。
(5) 依据短期利润分享计划提供的职工薪酬金额及其计算依据。
(6) 其他短期薪酬。

9. 应交税费

企业应当披露应交税费的构成及期初、期末账面余额等信息。

10. 短期借款和长期借款

企业应当披露短期借款、长期借款的构成及期初、期末账面余额等信息,对于期末逾期借款,应分别贷款单位、借款金额、逾期时间、年利率、逾期未偿还原因和逾期还款期等进行披露。

11. 应付债券

企业应当披露应付债券的构成及期初、期末账面余额等信息。

12. 长期应付款

企业应当披露长期应付款的构成及期初、期末账面余额等信息。

13. 营业收入

企业应当披露营业收入的构成及本期、上期发生额等信息。

14. 公允价值变动损益

企业应当披露公允价值变动损益的构成及本期、上期发生额等信息。

15. 投资收益

企业应当披露投资收益的构成及本期、上期发生额等信息。

16. 资产减值损失

企业应当披露资产减值损失的构成及本期、上期发生额等信息。

17. 营业外收入

企业应当披露营业外收入的构成及本期、上期发生额等信息。

18. 营业外支出

企业应当披露营业外支出的构成及本期、上期发生额等信息。

19. 所得税费用

企业应当披露下列信息：

(1) 所得税费用(收益)的主要组成部分。

(2) 所得税费用(收益)与会计利润关系的说明。

20. 其他综合收益

企业应当披露下列信息：

(1) 其他综合收益各项目及其所得税影响。

(2) 其他综合收益各项目原计入其他综合收益、当期转出计入当期损益的金额。

(3) 其他综合收益各项目的期初和期末余额及其调节情况。

21. 借款费用

企业应当披露下列信息：

(1) 当期资本化的借款费用金额。

(2) 当期用于计算确定借款费用资本化金额的资本化率。

(七) 或有和承诺事项、资产负债表日后非调整事项、关联方关系及其交易等需要说明的事项

企业应当披露可能对企业财务状况产生重大影响的或有和承诺事项、资产负债表日后事项、关联方关系和交易等事项，并披露可能出现的结果，不重要的可以不披露。

(八) 有助于财务报表使用者评价企业管理成本的目标、政策及程序的信息

企业应当披露企业管理成本的目标，政策及程序的相关信息，帮助财务报表使用者快速、准确地理解财务报表，使会计信息有一个更好的传递。

### 复习思考题

1. 什么是财务报告？财务报告的目标是什么？
2. 财务报表的组成？
3. 什么是资产负债表？
4. 什么是利润表？
5. 什么是现金流量表？
6. 什么是所有者权益变动表？

7. 什么是财务报表附注？附注的主要内容有哪些？

## 实训练习题

### 练 习 题 一

（一）目的：练习资产负债表的编制方法
（二）资料：乙施工企业 2×18 年 12 月 31 日有关账户余额如表 13-4 所示。
（三）要求：根据上述资料编制乙施工企业 2×18 年的资产负债表。

表 13-4　资产、负债、所有者权益类账户余额　　　　　　　　　　　　　单位：元

| 会计科目 | 借方金额 | 贷方金额 |
| --- | --- | --- |
| 货币资金 | 1 021 323.50 | |
| 银行存款 | 52 795 051.40 | |
| 其他货币资金 | 2 100 000.00 | |
| 交易性金融资产 | | |
| 应收票据 | 5 240 000.00 | |
| 应收账款 | 127 105 325.60 | |
| 坏账准备 | | 1 134 928.20 |
| 其他应收款 | 50 000.00 | |
| 原材料 | 20 295 200.00 | |
| 周转材料 | 6 638 970.00 | |
| 持有待售资产 | 6 069 842.80 | |
| 工程施工 | 89 880 000.00 | |
| 长期股权投资 | 161 550 000.00 | |
| 固定资产 | 48 058 300.00 | |
| 减：累计折旧 | | 23 666 931.90 |
| 临时设施 | 12 659 830.00 | |
| 临时设施摊销 | | 6 588 640.00 |
| 短期借款 | | 10 000 000.00 |
| 应付账款 | | 29 865 435.50 |
| 预收账款 | | 65 932 150.00 |
| 其他应付款 | | 135 866.60 |
| 应交税费 | | 207 980.00 |
| 长期借款 | | 114 550 814.10 |
| 其中：一年内到期的长期借款 | | 4 726 814.10 |
| 实收资本 | | 180 000 000.00 |
| 资本公积 | | 20 000 000.00 |
| 盈余公积 | | 13 954 560.00 |
| 本年利润 | | 35 304 054.20 |
| 利润分配 | | 32 122 482.80 |

## 练 习 题 二

（一）目的：练习资产负债表的编制方法。
（二）资料：乙施工企业 2×18 年 12 月 31 日有关账户余额如表 13-5 所示。
（三）要求：根据上述资料编制乙施工企业 2×18 年的利润表。

表 13-5　损益类账户发生额表　　　　　　　　　　　　单位：元

| 会计科目 | 借方金额 | 贷方金额 |
| --- | --- | --- |
| 主营业务收入 |  | 36 000 000.00 |
| 主营业务成本 | 25 560 000.00 |  |
| 其他业务收入 |  | 45 600.00 |
| 其他业务成本 | 23 564.00 |  |
| 税金及附加 | 1 198 800.00 |  |
| 管理费用 | 4 725 638.38 |  |
| 财务费用 | 320 800.00 |  |
| 投资收益 |  | 165 000.00 |
| 资产处置收益 |  | 35 000.00 |
| 其他收益 |  | 12 000.00 |
| 资产减值损失 | 255 000.00 |  |
| 公允价值变动损益 |  | 35 000.00 |
| 营业外收入 |  | 234 487.00 |
| 营业外支出 | 237 279.00 |  |
| 所得税费用 | 1 046 100.00 |  |

# 模 拟 实 训 题

## 注意事项

(1) 陕西众泰建筑安装有限公司(企业代码:794130948)

(2) 材料按实际成本法进行核算,材料领用的成本按加权平均法进行计算。

(3) 周转材料采用分次摊销法,周转材料采用先进先出法,本月钢模板脚手架使用次数均为1次。

(4) 固定资产核算,固定资产按平均年限法计提折旧,净残值率均为4%。各类固定资产预计使用年限为:房屋、建筑物20年,运输设备5年,一般设备10年。

(5) 与工资有关的各项经费、基金的计提(均指企业负担的部分);医疗保险费10%、养老保险费12%、失业保险费2%、住房公积金10.5%、工会经费2%、职工教育经费1.5%。

(6) 与工资有关的各项经费、基金的计提(均指个人负担的部分);医疗保险费2%、养老保险费8%、失业保险费1%、住房公积金5%。

(7) 相关税率:企业所得税税率25%、制造业增值税税率16%、建筑业增值税税率10%、城市维护建设税税率7%、教育费附加率3%。

(8) 机修车间作为非独立核算单位。

## 账户期初余额表

**总账期初余额**　　　　　　　　　2×15年11月30日

| 资产 | 余额 | 负债及所有者权益 | 余额 |
| --- | --- | --- | --- |
| 库存现金 | 46 323.50 | 短期借款 | 10 000 000.00 |
| 银行存款 | 53 195 649.83 | 应付票据 | |
| 其他货币资金 | 2 100 000.00 | 应付账款 | 29 878 435.50 |
| 应收票据 | 5 000 000.00 | 预收账款 | 65 932 150.00 |
| 应收账款 | 127 105 325.60 | 其他应付款 | 135 866.60 |
| 坏账准备 | −635 526.63 | 应付职工薪酬 | |
| 其他应收款 | 50 000.00 | 应交税费 | 193 300.00 |
| 材料采购 | | 应付利息 | 75 000.00 |
| 原材料 | 18 490 880.00 | 应付利润 | |
| 周转材料 | 6 638 970.00 | 长期借款 | 114 477 494.10 |
| 材料成本差异 | | 应付债券 | |
| 委托加工物资 | | 长期应付款 | |

(续表)

| 资产 | 余额 | 负债及所有者权益 | 余额 |
|---|---|---|---|
| 库存商品 | | 其他长期负债 | |
| 工程施工 | 89 880 000.00 | | |
| 长期股权投资 | 161 550 000.00 | | |
| 固定资产 | 48 058 300.00 | 实收资本 | 180 000 000.00 |
| 减：累计折旧 | −23 666 931.90 | 资本公积 | 20 000 000.00 |
| 固定资产清理 | | 盈余公积 | 13 954 560.00 |
| 临时设施 | 12 659 830.00 | 本年利润 | 27 114 891.40 |
| 临时设施摊销 | −6 588 640.00 | 利润分配 | 32 122 482.80 |
| 无形资产 | | | |
| 资产合计 | 493 884 180.40 | 负债及所有者权益合计 | 493 884 180.40 |

**明细账期初余额**

| 总账科目 | 二级明细科目 | 摘要 | 借方余额 | 贷方余额 |
|---|---|---|---|---|
| 应收账款 | 海邦五金交电 | 6M³ 反应釜安装 | 1 296 000.00 | |
| | 铭盛科技 | 建材试验室 | 10 000 000.00 | |
| | 蓝光电子 | 临时仓库 | 5 689 325.60 | |
| | 龙腾置业 | 学府大厦 | 110 120 000.00 | |
| 小计 | | | 127 105 325.60 | |

| 总账科目 | 二级明细科目 | 摘要 | 借方余额 | 贷方余额 |
|---|---|---|---|---|
| 预收账款 | 华宇置业 | 华宇家园一期 | | 50 000 000.00 |
| | 东方印刷厂 | 哈佛公馆 | | 15 000 000.00 |
| | 鼎晟股份有限公司 | 四色机安装 | | 932 150.00 |
| 小计 | | | | 65 932 150.00 |

| 总账科目 | 二级明细科目 | 摘要 | 借方余额 | 贷方余额 |
|---|---|---|---|---|
| 工程施工 | 华宇家园 | 华宇家园一期 | 60 670 000.00 | |
| | 哈佛公馆 | 哈佛公馆 | 12 256 100.00 | |
| | 四色机安装 | 鼎晟公司 | 1 623 900.00 | |
| | 办公楼装修 | 蓝光电子 | 4 820 700.00 | |
| | 三废项目土建工程 | 铭盛科技 | 10 509 300.00 | |
| 小计 | | | 89 880 000.00 | |

| 总账科目 | 二级明细科目 | 摘要 | 借方余额 | 贷方余额 |
| --- | --- | --- | --- | --- |
| 应付账款 | 多乐士官方旗舰店 | 货款 | | 1 700 435.50 |
| | 迅德有色金属线材厂 | 货款 | | 9 865 000.00 |
| | 海泰实业有限公司 | 货款 | | 15 485 410.00 |
| | 衣加衣服装加工厂 | 货款 | | 113 000.00 |
| | 通达金属材料有限公司 | 货款 | | 2 714 590.00 |
| 小计 | | | | 29 878 435.50 |

| 总账科目 | 二级明细科目 | 摘要 | 借方余额 | 贷方余额 |
| --- | --- | --- | --- | --- |
| 其他应收款 | 张涵予 | 暂借住院费 | 30 000.00 | |
| | 李煜 | 暂借差旅费 | 20 000.00 | |
| 小计 | | | 50 000.00 | |

| 总账科目 | 二级明细科目 | 摘要 | 借方余额 | 贷方余额 |
| --- | --- | --- | --- | --- |
| 长期股权投资 | 投资成本 | | 101 050 000.00 | |
| | 损益调整 | | 60 500 000.00 | |
| 小计 | | | 161 550 000.00 | |

| 总账科目 | 二级明细科目 | 摘要 | 借方余额 | 贷方余额 |
| --- | --- | --- | --- | --- |
| 其他应付款 | 教育经费 | | | 120 510.00 |
| | 其他 | | | 15 356.60 |
| 小计 | | | | 135 866.60 |

| 总账科目 | 二级明细科目 | 摘要 | 借方余额 | 贷方余额 |
| --- | --- | --- | --- | --- |
| 应交税费 | 未交增值税 | | | 168 000.00 |
| | 城市维护建设税 | | | 11 760.00 |
| | 个人所得税 | | | 21 500.00 |
| | 教育费附加 | | | 5 040.00 |
| | 待认证进项税额 | | 13 000 | 193 300.00 |
| 小计 | | | | |

| 总账科目 | 二级明细科目 | 单位 | 数量 | 单价 | 金额 |
|---|---|---|---|---|---|
| 库存材料 | 断桥铝 | 千克 | 2 100 | 250.00 | 525 000.00 |
| | 平板中空玻璃 | 平方米 | 7 086 | 100.00 | 708 600.00 |
| | 镀锌管 | 吨 | 35.8 | 5 600.00 | 200 480.00 |
| | 多乐士漆 | 桶 | 100 | 468.00 | 46 800.00 |
| | 水泥 | 吨 | 20 000 | 500.00 | 10 000 000.00 |
| | 三联开关 | 只 | 8 000 | 23.25 | 186 000.00 |
| | 电线 | 卷 | 1 600 | 350.00 | 560 000.00 |
| | 螺纹钢 | 吨 | 1 340 | 4 600.00 | 6 164 000.00 |
| | 工作服 | 件 | 200 | 500.00 | 100 000.00 |
| 小计 | | | | | 18 490 880.00 |

| 总账科目 | 二级明细科目 | 三级明细科目 | 单位 | 数量 | 借方金额 | 贷方金额 |
|---|---|---|---|---|---|---|
| 周转材料 | 在库 | 钢模板 | 平方米 | 5 300 | 690 070.00 | |
| | 在库 | 脚手架 | 米 | 35 000 | 2 038 900.00 | |
| | 在用 | 钢模板 | 平方米 | 24 830 | 3 227 400.00 | |
| | 在用 | 脚手架 | 米 | 29 060 | 1 685 800.00 | |
| | 摊销 | 钢模板 | | | | 327 800.00 |
| | 摊销 | 脚手架 | | | | 675 400.00 |
| 小计 | | | | | 7 642 170.00 | 1 003 200.00 |

## 主要经济业务

陕西众泰建筑安装有限公司(企业代码:794130948)2×15年12月份发生的经济业务如下:

**12月2日:**

(1) 长新街道开来收据,12月物业管理费计5 600元,当即以银行存款支付。

(2) 海邦五金交电公司用转账支票解来应收工程款1 296 000元。

(3) 与诚信门窗加工厂签订了委托加工断桥铝门窗的加工合同:加工断桥铝门1 200平方米、断桥铝窗2 000平方米。合同规定本公司负责提供加工断桥铝门窗所需的材料,发出委托加工材料计:断桥铝400 000元(1 600千克),平板中空玻璃300 000元(3 000平方)。

**12月3日:**

(4) 从通达金属材料有限公司购入螺纹钢(钢材)200吨,已验收入库,价款900 000元、增值税额117 000元,以银行存款支付。

(5) 从红星修配商店购入机修用备件三轮地轴一只,开来发票一张,计 523 元,当即以现金支付,其费用由机修车间承担。

(6) 从多乐士官方旗舰店购入多乐士漆 500 桶,计货款 225 000 元、增值税额 29 250 元。已验收入库。

(7) 采购员丁一从公牛电器旗舰店采购三联电器开关 2 000 只,计 48 000 元,增值税额 6 240 元。已验收入库,经批准由银行支付。

(8) 鼎晟股份有限公司委托设备安装工程(四色机安装)于上月底完工,现已通过验收。合同不含税总价为 2 316 000 元,增值税额 208 440 元。收到鼎晟股份有限公司开来转账支票,金额 1 592 290 元(已预收工程款 932 150 元)。

**12月4日：**

(9) 报销职工丁萍市内交通费及午餐补贴(业务招待费)600 元。

(10) 报销职工李丽餐费(业务招待费)4 894 元。

(11) 职工张涵予偿还所欠住院费 30 000 元。

(12) 支付通达金属材料有限公司货款 2 714 590 元。

**12月6日：**

(13) 机修车间李煜报销差旅费 16 568 元,退回多余预支款项 3 432 元。

(14) 报销王界餐费(业务招待费列支)8 500 元。

(15) 从汉顿五金旗舰店购入 6#镀锌管 12 吨,计金额 66 000 元,增值税额 8 580 元,款项以银行存款支付。

(16) 从通达金属材料有限公司购入三相电线 2 000 卷,计货款 720 000 元,增值税额 93 600 元,以银行存款支付。

(17) 以银行存款支付长虹刻字社工地宣传画廊修缮费 4 300 元,作业务宣传费,由管理费用列支。

(18) 经理室报销购汽油费 800 元,过路费 350 元,停车费 85 元。

**12月7日：**

(19) 向通达金属材料有限公司购入螺纹钢(钢材类)1 840 吨,计货款 8 280 000 元,增值税额 1 076 400 元,材料已验收入库,货款未付。

(20) 从多乐士官方旗舰店购入多乐士漆(化工类)500 桶,计货款 234 000 元,增值税额 30 420 元,材料已验收入库,货款未付。

(21) 经理室报销餐费 4 380 元(业务招待费)。

**12月8日：**

(22) 从得力自营官方旗舰店购打印纸(办公费)计 600 元,当即以现金付讫。

(23) 从通明电料商店购入电工劳防手套 1 000 副,计货款 5 400 元,已验收入库,当即以转账支票付清货款。

**12月9日：**

(24) 各部门领用劳防手套。其中：机修车间 104 副；华宇家园一期 96 副；管理部门 50 副。

(25) 根据工程施工分包合同,华宇家园一期基础部分已如期完工通过验收,经批准同意支付骊山建筑工程公司华宇家园一期进度款 15 000 000 元(记入工程施工——华宇家园项目费用),增值税 1 350 000 元,款项尚未支付。

**12 月 11 日:**

(26) 京瓷打字复印店开来发票,收取印图表费(办公费)1 226.13 元,当即以银行存款付讫。

(27) 技术员王勤预支差旅费 10 000 元。

(28) 总经理室报销餐费 6 562 元。

(29) 从永乐五金商店购入电焊条 118.4 千克(其他类),计 4 889.92 元,材料已验收入库。

**12 月 12 日:**

(30) 向中国平安保险公司购买 2×16 年年度财产保险费 875 000 元。
向中国银行借入 9 个月期短期借款 12 000 000 元。

(31) 京瓷打印复印店开来发票,共计费用 658 元。当即以银行存款付讫。

(32) 支付本月份生活用水(管理费用)水费 248.60 元,当即以现金支付。

(33) 签发支票预付诚信塑钢门窗加工费 100 000 元(预付账款)。

**12 月 13 日:**

(34) 支付职工李煜出差暂支差旅费 7 500 元。

(35) 支付行车槽钢吊装费(机修车间费用)1 800 元。

(36) 机修车间现金报销配钥匙费用 130 元。

(37) 以现金报销驾驶员徐俊等人招待餐费 422 元(业务招待费)。

(38) 从汉顿五金旗舰店购入 6♯镀锌管 30 吨,计货款 174 000 元,进项税额 22 620 元,材料已验收入库,货款以银行存款支付。

(39) 上月从衣加衣服装加工厂购入工作服,已验收入库(上月暂估预付款 113 000 元已计入"应付账款"科目,上月暂估本月红字冲回)。今收到开来发票,价款 104 000 元,增值税 13 520 元,经批准同意付款,货款以银行存款支付。

**12 月 14 日:**

(41) 西安供电所委托银行收款,收取 11 月份华宇家园施工工地电费 19 810 元,收到银行付讫通知。

(42) 开具三个月期限的商业承兑汇票付迅德有色金属线材厂应付货款 9 865 000 元。

(43) 收到海邦五金交电公司发票,货已验收入库,当即以银行存款支付。

| 1 不锈钢弯头 | 1 640 只 | 计金额 19 188 元 |
| 2 不锈钢三通 | 3 040 只 | 计金额 26 144 元 |
| 3 不锈钢长球阀 | 3 200 只 | 计金额 26 240 元 |

**12 月 15 日:**

(44) 根据工资汇总表发放工资。

| 借方科目 | 基本工资 | 奖金 | 津贴 | 应发工资 | 代扣税款 | | | 实发工资 |
|---|---|---|---|---|---|---|---|---|
| | | | | | 所得税 | 社保 | 住房公积金 | |
| 工程施工——华宇家园 | 387 200.00 | 71 920.00 | 45 400.00 | 504 520.00 | 17 555.72 | 55 497.20 | 25 226.00 | 406 241.08 |
| 工程施工——三废土建项目 | 208 520.00 | 35 200.00 | 3 120.00 | 246 840.00 | 8 589.26 | 27 152.40 | 12 342.00 | 198 756.34 |
| 工程施工——哈佛公馆 | 289 600.00 | 49 200.00 | 35 600.00 | 374 400.00 | 13 027.95 | 41 184.00 | 18 720.00 | 301 468.05 |
| 工程施工——办公楼装修 | 115 840.00 | 19 600.00 | 16 920.00 | 152 360.00 | 5 301.65 | 16 759.60 | 7 618.00 | 122 680.75 |
| 辅助生产——机修车间 | 92 680.00 | 14 000.00 | 1 560.00 | 108 240.00 | 3 766.41 | 11 906.40 | 5 412.00 | 87 155.19 |
| 管理费用 | 144 000.00 | 23 200.00 | 0.00 | 167 200.00 | 5 818.04 | 18 392.00 | 8 360.00 | 134 629.96 |
| 合计 | 1 237 840.00 | 213 120.00 | 102 600.00 | 1 553 560.00 | 54 059.04 | 170 891.60 | 77 678.00 | 1 250 931.36 |

(45) 根据《工资汇总表》编制《工资分配表》，根据工资分配表计提工资、工会经费 2%、职工教育经费 1.5%、医疗保险费 10%、养老保险费 12%、失业保险费 2%、住房公积金 10.5%。

(46) 以银行存款将本月提取的工会经费解缴工会。

(47) 根据西安市社会保险费通知书支付本月应缴各项社会保险费用（包括工资代扣个人承担部分）。

(48) 根据西安公积金汇缴书支付本月住房公积金（包括工资代扣个人承担部分）。

**12月18日：**

(49) 从迅德有色金属线材厂购买钢模板（在库周转材料）一批计 16 000 平方米，经验收合格入库，价款用 9 月 25 日开出的银行汇票支付，现同时收到开户银行汇票结算凭证及发票，计货款 1 760 000 元，进项税 228 800 元，代垫运费 38 000 元。同时收到银行退还余款 73 200 元的收账通知。

(50) 华宇家园项目领用钢模板 13 000 平方米，账面成本每平方米 130 元，总计 1 690 000 元。

(51) 在库钢模板 1 800 平方米因损坏严重不能继续再使用，经过批准同意报废，该批钢模板账面价值 234 000 元，已摊销 216 000 元。

(52) 出售报废在库钢模板，收到银行存款 12 000 元（会计处理红字冲"管理费用"）。

**12月19日：**

(53) 职工王勤报销外埠差旅费 7 110 元，余款退回财务处。

(54) 收到银行税金缴款书上缴 11 月份税金。

**12月22日：**

(55) 请快益修公司疏通下水管道（记入"管理费用"），以现金支付服务费 420 元。

(56) 以银行存款支付因华宇家园施工造成行人伤害赔偿医药费 135 800 元（记入"营业外支出"账户）。

**12月23日：**

(57) 收到通过银行转来的委托收款凭证，自来水公司收取 12 月份华宇家园工地施工用水费15 484元。

(58) 收到通过银行转来的委托收款凭证,电力公司收取12月份三废项目土建工程施工用电费135 685.60元。

(59) 签发转账支票支付前欠多乐士官方旗舰店应付货款1 700 435.50元。

(60) 收到诚信门窗加工厂加工完工的断桥铝门1 200平方米,断桥铝窗2 000平方米,并退回断桥铝120千克,平板中空玻璃100平方米。断桥铝门窗经验收合格后入库。收到开来加工费发票,断桥铝门每平方米60元,断桥铝窗每平方米100元,共计272 000元。

**12月25日:**

(61) 经理室现金报销购汽油费750元,过路费500元,停车费360元。

**12月27日:**

(62) 支付中国联通2×16年1~3月份宽带费3 360元。

(63) 管理部门李静预借差旅费35 000元。

**12月28日:**

(64) 收到通达金属材料有限公司委托运输公司运来的螺纹钢200吨,价款1 100 000元,增值税143 000元,货款未付;运输公司运费14 000元,码头费4 000元,已用银行存款支付。

(65) 收到龙腾置业学府大厦项目部分工程款,计50 000 000元。

**12月29日:**

(66) 偿还中国银行咸宁路支行的短期借款7 000 000元。

(67) 支付交通事故赔偿费20 000元(记入"营业外支出"账户)。

(68) 将铭盛科技8月30日签发的一张不带息6个月期银行承兑汇票,金额为5 000 000元,向银行贴现,银行贴现年利率为5.4%。

(69) 按固定资产类别。计提本月份折旧额394 118.8元。其中:辅助生产——机修车间258 003元,行政管理部门136 115.8元

**12月30日:**

(70) 预提四季度长期借款利息(作财务费用)560 000元。

(71) 摊销12月份临时设施费。其中:华宇家园395 000元;哈佛公馆98 000元;三废项目土建工程364 700元。

(72) 按使用次数摊销12月份在用周转材料,其中:钢模板预计可使用10次,脚手架预计可使用8次。根据周转材料摊销资料,编制周转材料摊销表,摊销本月周转材料。

| 项目 | 在用模板 | | 在用脚手架 | |
| --- | --- | --- | --- | --- |
| | 单位 | 数量 | 单位 | 数量 |
| 华宇家园 | 平方米 | 13 000.00 | 米 | 12 000.00 |
| 哈佛公馆 | 平方米 | 11 000.00 | 米 | 9 060.00 |
| 办公楼装修 | 平方米 | 9 000.00 | 米 | 8 000.00 |
| 三废项目土建工程 | 平方米 | 4 830.00 | 米 | 0.00 |
| 合计 | | 37 830.00 | | 29 060.00 |

(73) 根据供应部门12月份发料汇总数量表,按加权平均法计算结转本月领用材料成本,编制本月材料领用汇总表。

**库存材料发料汇总表**

2×15年12月30日

| 项目 | 单位 | 华宇家园 | 三废项目土建工程 | 办公楼装修 | 哈佛公馆 | 机修车间 | 行政部门 | 合计 |
|---|---|---|---|---|---|---|---|---|
| 断桥铝门 | 平方米 | 600 | 200 | 240 | 100 | 0 | 0 | 1 140 |
| 断桥铝窗 | 平方米 | 800 | 0 | 320 | 480 | 0 | 0 | 1 600 |
| 螺纹钢 | 吨 | 1 400 | 1 260 | 100 | 560 | 0 | 0 | 3 320 |
| 水泥 | 吨 | 5 000 | 0 | 1 000 | 1 000 | 0 | 0 | 7 000 |
| 多乐士漆 | 桶 | 120 | 0 | 240 | 180 | 90 | 60 | 690 |
| 三联开关 | 只 | 0 | 0 | 600 | 300 | 48 | 0 | 948 |
| 弯头 | 只 | 300 | 30 | 200 | 400 | 8 | 0 | 938 |
| 三通 | 只 | 540 | 60 | 150 | 500 | 12 | 0 | 1 262 |
| 长球阀 | 只 | 650 | 60 | 180 | 600 | 16 | 0 | 1 506 |
| 镀锌管 | 吨 | 20 | 2 | 8 | 25 | 0.26 | 0 | 55.26 |
| 三相电线 | 卷 | 450 | 70 | 560 | 1 200 | 70 | 0 | 2 350 |
| 电焊条 | 千克 | 40 | 25 | 10 | 21 | 22.4 | 0 | 118.4 |
| 工作服 | 件 | 78 | 12 | 35 | 30 | 12 | 8 | 175 |

(74) 要求:根据上述材料领用情况,编制相关会计分录。

(75) 三废项目土建工地撤点,临时活动房(临时设施)拆除,账面原值1 360 983元,已摊销1 215 860元,拆除墙体等材料作价38 000元,已验收入库。

(76) 按工时结转本月机修费用。本月份机修车间为各部门服务工时如下:

| 项目 | 华宇家园项目 | 哈佛公馆 | 三废项目土建工程 | 管理部门 |
|---|---|---|---|---|
| 工时 | 1 450 | 628 | 560 | 62 |

(77) 收到中国银行转来中国铁通专业托收凭证,付讫电话费2 512.20元。

(78) 三废项目土建工程竣工通过验收,工程合同总价19 500 000元,增值税1 755 000元。根据合同规定合同完工后实行一次结算工程价款。

(79) 收到铭盛科技上述工程价款,其中转账支票一张,金额11 255 000元;到期日为2×16年3月31日的银行承兑汇票一张,金额10 000 000元。

(80) 华宇家园一期工程如期完工。按合同规定实行按工程进度划分阶段,分段结算工程价款。施工合同总价228 000 000元(不含税),已发生工程支出中8 800 000元为二期工程的费用支出;按工程预算预计还将发生支出118 000 000元。

(81) 收到华宇置业工程款60 000 000元。

(82) 支付前欠骊山建筑工程公司工程款 16 350 000 元。

(83) 收到银行 12 月 23 日的付款通知,结算本季度流动资金借款利息 112 500 元(10、11 月各计提了 37 500 元)。

(84) 收到银行 12 月 23 日结算利息通知,第四季度利息收入 287 500 元。

(85) 计算结转本月应交增值税、城市维护建设税、教育费附加。

(86) 年末按应收账款余额 0.5% 计提本月坏账准备金。

(87) 将损益类各账户的月转入"本年利润"账户。

(88) 假设本年利润总额没有调整项目,按 25% 税率计算结转 2×15 年企业应交所得税。

(89) 分别按净利润的 10% 计提法定公积金,5% 计提任意公积金,20% 计提应付利润。

(90) 将"本年利润"账户和"利润分配"账户各明细账户的余额转入"利润分配——未分配利润"账户。

(91) 编制 12 月份资产负债表、利润表、应交税费明细表、现金流量表。

## 步骤

(1) 根据资料增加相关的账户(一级账户、明细账户)。

(2) 填制期初余额并找平。

(3) 填制会计凭证,同时根据资料增加相关的账户(一级账户、明细账户)。

(4) 审核、调整会计凭证、登账、结账。

(5) 编制会计报表。

## 上交成果

(1) 电子成果:成果电子版。

(2) 纸质成果:记账凭证、资产负债表、利润表、科目余额表、库存现金明细账、银行存款明细账、原材料明细账、工程施工明细账、应交税费明细表。

### 附录 1

## 关于做好建筑业营改增建设工程
## 计价依据调整准备工作的通知

建办标〔2016〕4 号

各省、自治区住房城乡建设厅,直辖市建委,国务院有关部门:

为适应建筑业营改增的需要,我部组织开展了建筑业营改增对工程造价及计价依据影响的专题研究,并请部分省市进行了测试,形成了工程造价构成各项费用调整和税金计算方法,现就工程计价依据调整准备有关工作通知如下。

一、为保证营改增后工程计价依据的顺利调整,各地区、各部门应重新确定税金的计算方法,做好工程计价定额、价格信息等计价依据调整的准备工作。

二、按照前期研究和测试的成果,工程造价可按以下公式计算:工程造价=税前工程造价×(1+11%)。其中,11%为建筑业拟征增值税税率,税前工程造价为人工费、材料费、施工机具使用费、企业管理费、利润和规费之和,各费用项目均以不包含增值税可抵扣进项税额的价格计算,相应计价依据按上述方法调整。

三、有关地区和部门可根据计价依据管理的实际情况,采取满足增值税下工程计价要求的其他调整方法。

各地区、各部门要高度重视此项工作,加强领导,采取措施,于 2016 年 4 月底前完成计价依据的调整准备,在调整准备工作中的有关意见和建议请及时反馈我部标准定额司。

联系人:程文锦　010-58933231

中华人民共和国住房和城乡建设部办公厅<br>
2016 年 2 月 19 日

## 附录2

# 财政部　国家税务总局
# 关于全面推开营业税改征增值税试点的通知

财税〔2016〕36号

各省、自治区、直辖市、计划单列市财政厅（局）、国家税务局、地方税务局，新疆生产建设兵团财务局：

经国务院批准，自2016年5月1日起，在全国范围内全面推开营业税改征增值税（以下称营改增）试点，建筑业、房地产业、金融业、生活服务业等全部营业税纳税人，纳入试点范围，由交纳营业税改为交纳增值税。现将《营业税改征增值税试点实施办法》《营业税改征增值税试点有关事项的规定》《营业税改征增值税试点过渡政策的规定》和《跨境应税行为适用增值税零税率和免税政策的规定》印发你们，请遵照执行。

本通知附件规定的内容，除另有规定执行时间外，自2016年5月1日起执行。《财政部 国家税务总局关于将铁路运输和邮政业纳入营业税改征增值税试点的通知》（财税〔2013〕106号）、《财政部 国家税务总局关于铁路运输和邮政业营业税改征增值税试点有关政策的补充通知》（财税〔2013〕121号）、《财政部 国家税务总局关于将电信业纳入营业税改征增值税试点的通知》（财税〔2014〕43号）、《财政部 国家税务总局关于国际水路运输增值税零税率政策的补充通知》（财税〔2014〕50号）和《财政部 国家税务总局关于影视等出口服务适用增值税零税率政策的通知》（财税〔2015〕118号），除另有规定的条款外，相应废止。

各地要高度重视营改增试点工作，切实加强试点工作的组织领导，周密安排，明确责任，采取各种有效措施，做好试点前的各项准备以及试点过程中的监测分析和宣传解释等工作，确保改革的平稳、有序、顺利进行。遇到问题请及时向财政部和国家税务总局反映。

财政部　国家税务总局<br>
2016年3月23日

## 附录 3

# 关于调整增值税税率的通知

财税〔2018〕32 号

各省、自治区、直辖市、计划单列市财政厅(局)、国家税务局、地方税务局,新疆生产建设兵团财政局:

为完善增值税制度,现将调整增值税税率有关政策通知如下:

一、纳税人发生增值税应税销售行为或者进口货物,原适用17%和11%税率的,税率分别调整为16%、10%。

二、纳税人购进农产品(7.530,0.36,5.02%),原适用11%扣除率的,扣除率调整为10%。

三、纳税人购进用于生产销售或委托加工16%税率货物的农产品,按照12%的扣除率计算进项税额。

四、原适用17%税率且出口退税率为17%的出口货物,出口退税率调整至16%。原适用11%税率且出口退税率为11%的出口货物、跨境应税行为,出口退税率调整至10%。

五、外贸企业2018年7月31日前出口的第四条所涉货物、销售的第四条所涉跨境应税行为,购进时已按调整前税率征收增值税的,执行调整前的出口退税率;购进时已按调整后税率征收增值税的,执行调整后的出口退税率。生产企业2018年7月31日前出口的第四条所涉货物、销售的第四条所涉跨境应税行为,执行调整前的出口退税率。

调整出口货物退税率的执行时间及出口货物的时间,以出口货物报关单上注明的出口日期为准,调整跨境应税行为退税率的执行时间及销售跨境应税行为的时间,以出口发票的开具日期为准。

六、本通知自2018年5月1日起执行。此前有关规定与本通知规定的增值税税率、扣除率、出口退税率不一致的,以本通知为准。

七、各地要高度重视增值税税率调整工作,做好实施前的各项准备以及实施过程中的监测分析、宣传解释等工作,确保增值税税率调整工作平稳、有序推进。如遇问题,请及时上报财政部和税务总局。

财政部 税务总局
2018年4月4日

附录 4

模拟实训应用指南

# 参 考 文 献

[1] 全国新大纲会计从业资格考试专用教材编写组. 会计基础[M]. 上海:立信会计出版社,2016.
[2] 财政部会计资格评价中心. 初级会计实务[M]. 北京:中国财政经济出版社,2016.
[3] 财政部会计资格评价中心. 中级会计事务[M]. 北京:中国财政经济出版社,2017.
[4] 财政部会计资格评价中心. 经济法基础[M]. 北京:中国财政经济出版社,2016.
[5] 财政部会计资格评价中心. 经济法[M]. 北京:中国财政经济出版社,2018.
[6] 中国注册会计师协会. 会计[M]. 北京:中国财政经济出版社,2018.
[7] 中国注册会计师协会. 税法[M]. 北京:中国财政经济出版社,2018.
[8] 李志远,李建军,陈颖. 施工企业营改增实务[M]. 北京:中国市场出版社,2016.
[9] 王玉红. 施工企业会计[M]. 大连:东北财经大学出版社,2016.
[10] 牛丽文. 施工企业会计[M]. 北京:机械工业出版社,2012.
[11] 殷惠芬. 施工企业模拟实习[M]. 上海:立信会计出版社,2005.
[12] 财政部会计司编写组. 企业会计准则讲解[M]. 北京:人民出版社,2007.
[13] 企业会计准则编审委员会. 企业会计准则 2017 版.[M]. 上海:立信会计出版社,2017.
[14] 企业会计准则编审委员会. 企业会计准则应用指南[M]. 上海:立信会计出版社,2017.
[15] 宋本强. 新编施工企业会计[M]. 上海:立信会计出版社 2006.
[16] 俞文青. 施工企业会计[M]. 4 版. 上海. 立信会计出版社,1999.
[17] 中华人民共和国财政部. 企业会计准则应用指南 2018 年版[M]. 上海:立信会计出版社,2018.